TEACH YOURSELF BOOKS

FRENCH

FRENCH

Gaëlle Graham

Advisory Editor: Paul Coggle
Institute of Languages and Linguistics
University of Kent at Canterbury

TEACH YOURSELF BOOKS

To all my pupils, past and present,
who have taught me so much

Long-renowned as the authoritative source for self-guided learning – with more than 30 million copies sold worldwide – the *Teach Yourself* series includes over 200 titles in the fields of languages, crafts, hobbies, sports, and other leisure activities.

British Library Cataloguing in Publication Data
Graham, Gaëlle
  French.—(Teach yourself books)
  1. French language—Rhetoric
  I. Title
  808'.0441   PC2420

Library of Congress Catalog Card Number: 92-80897

First published in UK 1984 by Hodder Headline Plc, 338 Euston Road, London NW1 3BH

First published in US 1992 by NTC Publishing Group
An imprint of NTC/Contemporary Publishing Company
4255 West Touhy Avenue, Lincolnwood (Chicago), Illinois 60646 – 1975 U.S.A.

The 'Teach Yourself' name and logo are registered trade marks of Hodder & Stoughton Ltd in the UK.

Typeset by Rowland Phototypesetting Ltd, Bury St Edmunds, Suffolk.
Printed in England by Cox & Wyman Ltd, Reading, Berkshire.

First published 1984
Second edition 1991
Reissued 1992
Impression number   25 24 23 22 21 20 19
Year   2002 2001 2000 1999 1998 1997

Contents

Conseils aux lecteurs

There is no use pretending that learning a language by yourself can be made an easy task: it simply can't! It is no use, either, expecting to understand, speak or read French perfectly at the end of a 'Teach Yourself' course, because this would be very unrealistic.

In my mind the best way to view this course is to consider it as a key to the French language, and a small one at that. I have tried to provide the learner with four useful tools:

1 a notion of the basic French structures used in everyday conversation in order to deal with basic everyday needs such as asking your way or ordering a meal in a restaurant;
2 a basic conversational vocabulary – which should not be separated from the structures – to deal with most aspects of everyday life;
3 basic structures and vocabulary which should allow the learner to read printed matter, including items such as road signs, job advertisements or simple newspaper articles. It should also give the learner a guide to letter-writing and form-filling;
4 a brief introduction to the French way of life, without which the learning of the language would be meaningless.

How to work on each unit

The fourteen units are divided into a number of different sections, and each of these can be considered a complete learning programme. Each section includes a varying number of items, such as a dialogue with vocabulary, exercises, the introduction of a language function, and general information. These items can be treated as a daily task, depending on the amount of time you can afford each day. Some are short or purely informative and can be dealt with fairly rapidly, others require more time.

The dialogues represent the sort of conversation that could occur in a particular everyday situation. There are generally two in each unit. The grammar and vocabulary used in the dialogues, as well as features of the situations in which they take place, are then developed. Initially, the dialogue can be read through without the help of the vocabulary list. Either way, the idea is to check how much you can understand without any help. Don't be over-ambitious or too pessimistic: aim at understanding the subject of the conversation. Once you have an overall idea of this, you can then attempt to work out all the details for yourself.

The vocabulary is divided into **Mots nouveaux et expressions idiomatiques** (new words essential to the comprehension of each dialogue and typically French expressions which cannot be translated word for word), and **Verbes** (listed in their infinitive form as well as the form they take in the text). Vocabulary items are listed in the order in which they appear. The time spent in making sense of the dialogue and the learning of any new vocabulary items is absolutely vital. Everything new should be learnt systematically before moving on to the next section.

The exercises generally fall into the following categories:

Vrai ou faux – a comprehension exercise consisting of a series of statements in French, directly related to the content of the dialogue. These statements must be read very carefully, referring back to the text if necessary, and then declared **vrai** (*true*) or **faux** (*false*).

Répondez en anglais – based on the dialogue or on other texts such as advertisements or newspaper articles. Questions are in English and should be answered in English.

Répondez en français The purpose of this exercise is twofold: to check your understanding of French and to check your ability to answer briefly and to the point. Questions are in French and must be answered in French.

Most of the units include exercises which provide you with a chance to practise the use of a new language function. Exercises of this type generally consist of two columns, one for cues and the other for responses. The task consists in linking the cues to the appropriate response.

Réfléchissez et choisissez – a multiple-choice exercise which is generally based on the content of the second dialogue in each unit. It is basically a comprehension exercise.

Un peu de lecture This is a reading exercise. The sources for the reading passages are mainly samples of 'realia', i.e. genuine French documents, adverts, lists of films, exhibitions, restaurants or newspaper articles. The questions in English are meant not only to test your comprehension of the passage, but also to give you clues as to its meaning.

Complétez les phrases – a gap-filling exercise. In some cases it is absolutely necessary to use the list of words provided in order to complete the exercise; in other cases it might be more demanding to try and complete the sentences without looking at it. This is both a comprehension exercise and a way of checking your knowledge of grammatical structures. Even if you are not absolutely sure of the overall meaning of a sentence, you should be able to see whether the missing word should be a noun, pronoun, adjective, verb or preposition.

Interlude and **Information** aim to provide information about France, French institutions or French ways of life, or alternatively extra vocabulary required for a particular topic.

Un peu de grammaire is exactly what it claims to be – just a small amount of grammar – enough explanation to make sense of the main structures used in the course. Occasionally, it includes a grammatical exercise.

Acknowledgments

Thanks are due to the following for permission to reproduce copyright material:

p. 51 Le tableau horaire (SNCF); p. 106 Cinémas (*Le Figaro* et *L'Aurore*); p. 121 La carte AFA (Automobile-Club de l'Ouest); p. 133 Connaissez-vous les limitations de la vitesse? (Comité interministériel de la sécurité routière); pp. 135–7, 139 Le code Robert (La Route Robert); pp. 140–41 Sur deux roues, papiers en règle (Centre de documentation et d'information de l'assurance); p. 147 'Des stages de mécanique auto en Aveyron' (extrait de *L'argus de l'automobile* du 9 avril 1981); p. 157 'Signatures' (*Le Matin*); pp. 169–70 Une cabine téléphonique (Secrétariat d'Etat aux PTT); p. 173 Le télégramme (Secrétariat d'Etat aux PTT); p. 188 Températures prévues aujourd'hui (*Le Matin*); p. 190 'La pluie et le beau temps' (*Le Matin*); pp. 194–5 *Guide Officiel Camping Caravaning* (Société Edirégie); pp. 199–200 'Les centres aérés municipaux' (*Guide Vacances Jeunesse*, Office municipal de la jeunesse de Boulogne); p. 209 'Faits et Chiffres' (*Le Monde*); pp. 227–8 Les transports parisiens (RATP); pp. 230–31 Tableau de renseignements (Galeries Lafayette); p. 237 'Mode: Rayon «loisirs»' (*Le Monde*); pp. 246–7 Votre Table Ce Soir (*Le Monde*); p. 257 Expositions: Centre Georges Pompidou (*Le Monde*); p. 258 'La jeunesse à 20 ans' (*Le Monde*).

A simple guide to French pronunciation

A language is primarily something that you hear and something that you speak. When learning a new language the most important thing to do is to listen to it. Reading about the way it sounds is therefore very unsatisfactory. However, I shall attempt to describe the sounds of French in a very simple way. Where possible I shall compare them with English sounds and give a very simple description of the position of the tongue in relation to the palate. I shall also indicate the position of the lips and jaws.

The positive aspect of this method is that it should give you, the learner, an aware⁻ . of the importance of the position of the tongue, lips and jaws in the articulation of sounds, not only in French but also in your own language. As a result it should make the production of new sounds slightly easier. The position of the tongue is very important. In order to describe it, it is necessary to divide the tongue into three broad areas:

the tip of the tongue (its very end)
the front of the tongue (more or less the centre of the blade)
the back of the tongue.

I shall also mention the palate. There is an important difference between the hard palate and the soft palate. You need only feel the roof of your mouth with your tongue in order to discover the difference between the two.

In order to give a visual representation of the sounds, I shall use the International Phonetic Alphabet (IPA). Don't worry if you are not familiar with it. Try to rely on the comparisons made with English sounds and on the description of the position of the various speech organs mentioned above.

Vowels

IPA symbol	French examples	Similar English sounds	Characteristic position of tongue (T), Lips (L), jaw (J)
/i/	**idée** ide **ami** ami **ici** isi	be, meet (the French sound is shorter)	T: The whole tongue is raised towards the hard palate, as high as possible L: spread J: together.
/e/	**été** ete **assez** ase **aller** ale **et** e	ready, play (with a Scottish accent)	T: The front of the tongue is raised towards the middle of the hard palate L: neutral J: nearly together.
/ɛ/	**mais** mɛ **sept** sɛt **même** mɛm **béret** berɛ **rester** rɛste **scène** sɛn **les** lɛ	men, pen, get	T: The front of the tongue is slightly lifted towards the hard palate L: neutral J: slightly open.
/a/	**là** la **la** la **malade** malad	cap, pat, sack	T: Front is only very slightly lifted (passage between tongue and palate is wide) L: neutral J: wide.

	Examples	English comparison	Articulation
/a/ (usually replaced by /a/ these days)	**pâté** pate **là-bas** laba **pas** pɑ	dark, part, father	T: The tip is kept against the lower teeth. The back is slightly raised towards soft palate L: *not* rounded J: wide open.
/y/	**rue** ry **plus** ply **futur** fytyr	no very similar sound in English: 'dew' with very rounded lips	T: Very similar to /i/. L: rounded and pouting. Try practising /i/ and /y/, first **lit**, then **lu**, keeping the same tongue position, but rounding your lips for **lu**. J: not far apart.
/ø/	**deux** dø **peu** pø **heureux** ørø **œufs** ø	no satisfactory comparison: 'adieu' with very rounded lips	T: As for /e/ L: rounded and pouting, but open wider than for /y/ J: not far apart.
/œ/	**heure** œr **seul** sœl **œuf** œf	something between the 'ur' in t*ur*n and 'er' in butt*er*	T: As for /ɛ/. L: rounded but not pouting. As for /y/ and /ø/.
/u/	**ouvert** uvɛr **sous** su **où** u	hoot, two, do	T: Back is raised towards the soft palate L: rounded and closed, as for /y/. J: not far apart.
/o/	**gros** gro **beau** bo **rôle** rol **chaud** ʃo	as in go, but very much shorter	T: Back is retracted towards the pharynx L: very rounded J: not far apart.

/ɔ/	**homme** ɔm **mort** mɔr **code** kɔd	hot, dog	T: Back slightly raised towards the larynx L: rounded as for /o/, but with a wider opening J: wide apart.
/ə/	**menu** məny **petit** pəti **le** lə **fenêtre** fənetr	about, better (neutral vowel, sometimes called 'schwa')	T: As for /œ/ L: only slightly rounded J: not far apart.

Nasalised vowels

These are very common in French. The **m** or **n** is swallowed, and the preceding vowel is pronounced in a nasal fashion (i.e. through the nose).

/ɑ̃/	**camp** kɑ̃ **grand** grɑ̃ **emblème** ɑ̃blɛm **cent** sɑ̃	calm, part (pronounced in a nasal fashion)	T: Same as for /ɑ/ L: not rounded J: wide apart. The soft palate is lowered.
/ɛ̃/	**fin** fɛ̃ **pain** pɛ̃ **plein** plɛ̃ **simple** sɛ̃pl	pet (nasalised)	T: As for /ɛ/ L: spread J: wide apart. The soft palate is lowered.
/œ̃/	**brun** brœ̃ **lundi** lœ̃di **humble** œ̃bl	turn (nasalised)	T: As for /œ/ L: rounded as for /œ/ J: apart. The soft palate is lowered.

/ɔ̃/	*bon* bɔ̃ *nom* nɔ̃ *long* lɔ̃	song (nasalised)	T: As for /ɔ/ L: closely rounded J: not far apart. The soft palate is lowered.

Semi-vowels

/j/	*briller* brije *travail* travaj *pied* pje *mayonnaise* majɔnɛz	yellow, young	T: Back moves towards the hard palate, sides touch the upper teeth each side of the mouth J: not far apart L: neutral J: not far apart.
/ɥ/	*lui* lɥi *puis* pɥi *bruit* brɥi		T: As for /j/ L: rounded J: not far apart.
/w/	*oui* wi *ouest* wɛst	'w' as in walk	T: The back forms a narrow passage against the soft palate L: very rounded J: not far apart.
/wa/	*loi* lwa *moi* mwa *quoi* kwa *waters* watɛr *poêle* pwal	'wa' as in *wag*	

h pronunciation

le:

content	ilɛkɔ̃tɑ̃	*he is happy*
ɔ̃tɑ̃		*a neutral statement: he is happy*
ɔ̃tɑ̃		*insists on the fact that **he** is happy*
kɔ̃tɑ̃?		*a neutral question, purely seeking information*
kɔ̃tɑ̃!?		*a loaded question, expressing doubt or surprise that he might be happy*

portant to listen to a whole range of French sounds. You
ry and listen to the French radio (even if you think you won't
nd a word of it).

nce-Inter: 1829 on long wave
rope Un: 1666 on long wave (180 kHz)
dio Luxembourg: 1271 on long wave (236 kHz)

u want to hear the time in French, you can always ring
parlante (the speaking clock). The number is 010–33–1–
0. You can also hear a French weather forecast by dialling
010–33–1–555–95 90.
ers who possess radio cassette recorders could record short
s, which can be played over and over again.

Consonants

Although there are some differences between French and English, it is not difficult to produce the correct sounds, even if you have never heard them before. (The position of the tongue, lips and jaws are only mentioned if relevant.)

	French examples	English examples	Notes
/p/	*port* pɔr *papier* papje	*port, bump*	not aspirated (not pronounced as if there were an 'h' after the 'p')
/b/	*bon* bɔ̃ *beau* bo	*boy, bat*	
/t/	*tout* tu *porte* pɔrt	not aspirated	
/d/	*dans* dɑ̃ *monde* mɔ̃d	*day, pad*	
/k/	*quai* kɛ *carotte* karɔt	*cup, cook*	not aspirated
/g/	*gauche* gɔʃ *vague* vag	*go, gag*	
/m/	*moment* mɔmɑ̃ *mère* mɛr	*man, jam*	
/n/	*noir* nwar *fini* fini	*new, mountain*	
/ɲ/	*digne* diɲ *agneau* aɲo	*onion, Tanya*	

IPA	French examples	English	Notes
/l/	**lourd** lur, **ville** vil, **pluriel** plyrjɛl	let, little	not like the last 'l' in little
/f/	**café** kafe, **photo** fɔto	telephone, friend	
/v/	**vert** vɛr, **avant** avɑ̃	virus, have	
/s/	**savoir** savwar, **ça** sa, **passé** pase	save, place	
/z/	**maison** mɛzɔ̃, **rose** roz, **zone** zon	zany, roses	's' between two vowels has the sound 'z'
/ʃ/	**chat** ʃa, **chercher** ʃɛrʃe	shine, fresh	
/ʒ/	**jeune** ʒœn, **mangeons** mɑ̃ʒɔ̃, **garage** garaʒ	pleasure	there is no /dʒ/ sound in French ('Jane' in English)
/r/	**rouge** ruʒ, **nourriture** nurityr, **amour** amur	difficult to compare with an English 'r'	there are many varieties of /r/. The sound varies according to individuals and regions. In a Parisian /r/, the back of the tongue is raised to form a narrow passage against the soft palate.

Although many words have the same spe
English, the pronunciation is usually entirel
pronounce a word, it is important to bea
mind:

1 Final consonants are usually silent (exc
   normally pronounced. **E** is silent at the
   words of one syllable.
2 Stress mainly falls on the last syllable
3 There are three accents in French. The

   é acute   **ê** circumflex   **è** grave

4 The cedilla **ç** changes the sound /k/ int
   Note that accents may be omitted when

Linking words

Two consecutive words can be pronounce
last letter of the first word to the first letter
first word ends in a consonant and the sec
vowel or **h**.
Examples:

deux‿amis døzami   *two friends*

tout‿est fini tutɛ fini   *everything is*

nous‿allons‿à Paris nuzalɔ̃zapari   *we*

nuzalɔ̃ apari

or more frequently

vous‿habitez‿à Paris vuzabitezapari

vuzabite apari

j'aime les‿animaux ʒɛm lɛzanimo

un‿œuf œnœf   *an egg*

des‿œufs dɛzø   *eggs*

Intonation

Intonation (variation in the tone of voice) is imp
a language in itself. It reveals the intentions
speaker. The same sentence can be uttered dif
circumstances.

Exam

il e

1 ilɛ
2 ilɛ
3 ilɛ
4 ilɛ

Advic

It is i
shoul
under

l

l

If
l'hor
463–
Méte
Le
pass

1 Premiers contacts

1 Understanding and answering questions

The same question can be asked in several different ways. A person trying to get you to understand something is likely to rephrase the question (as well as shouting it more loudly).

Trying to find out someone's nationality

Est-ce que vous êtes Française?	*Are you French? (to a woman)*
Est-ce que vous êtes Français?	*Are you French? (to a man)*
Est-ce que vous êtes Anglaise?	*Are you English? (to a woman)*
Est-ce que vous êtes Anglais?	*Are you English? (to a man)*
Est-ce que vous êtes Allemande?	*Are you German? (to a woman)*
Est-ce que vous êtes Allemand?	*Are you German? (to a man)*

une Française *a French woman*, un Français *a French man*

Alternatively, you could be asked the following questions:

Vous êtes Française?	*You are French?*
Vous êtes Anglais?	*You are English?*
Vous êtes Allemand?	*You are German?*

The voice goes up at the end of each sentence, indicating that the speaker is asking you a question.

You could also be asked the following questions:

Êtes-vous Français?	*Are you French?*

Êtes-vous Anglaise?	*Are you English?*
Êtes-vous Allemande?	*Are you German?*

This last form is less frequent in everyday conversation.

Trying to find out whether someone understands

Est-ce que vous comprenez?	*Do you understand?*
Vous comprenez?	*Do you understand?*
Comprenez-vous?	*Do you understand?*

Trying to find out whether someone can speak French

Est-ce que vous parlez français?	*Do you speak French?*
Vous parlez français?	*Do you speak French?*
Parlez-vous français?	*Do you speak French?*

Note that capital letters are used when referring to someone's nationality (**vous êtes Français, vous êtes Anglais**). Small letters are used when referring to the name of a language (**vous parlez français, vous parlez anglais**).

Answering questions with *Yes* and *No*

Negative answers start with **non**.

Non, je ne comprends pas.	*No, I do not understand.*

Positive answers start with **oui**.

Oui, je comprends.	*Yes, I understand.*

Questions	*Negative answers*	*Positive answers*
Est-ce que vous êtes Français?	Non, je ne suis pas Français.	Oui, je suis Français.
Vous êtes Français?	Non, je ne suis pas Français.	Oui, je suis Français.
Êtes-vous Français?	Non, je ne suis pas Français.	Oui, je suis Français.
Est-ce que vous comprenez?	Non, je ne comprends pas.	Oui, je comprends.
Vous comprenez?	Non, je ne comprends pas.	Oui, je comprends.
Comprenez-vous?	Non, je ne comprends pas.	Oui, je comprends.

Est-ce que vous parlez français?	Non, je ne parle pas français.	Oui, je parle français.
Vous parlez français?	Non, je ne parle pas français.	Oui, je parle français.
Parlez-vous français?	Non, je ne parle pas français.	Oui, je parle français.

There are two ways of saying 'yes' in French: **oui** and **si**. **Oui** is used most frequently. **Si** is used only when **ne** and **pas** appear in the question (this indicates doubt in the mind of the person who is asking the question).

Vous ne comprenez pas? *Don't you understand?*	Si, je comprends. *Yes, I understand.*
Vous n'êtes pas Français? *Aren't you French?*	Si, je suis Français. *Yes, I am French.*
Vous ne parlez pas anglais? *Don't you speak English?*	Si, je parle anglais. *Yes, I (do) speak English.*

Note that **ne** becomes **n'** in front of a vowel.

PRATIQUE **1.1** Répondez en français.

Six people have made the following statements about themselves:

Anne Lachaise

Je suis Française.
Je comprends le français.
Je parle français.

François Vignon

Je suis Français.
Je comprends le français.
Je parle français.

Fiona Macdonald

Je suis Écossaise.*
Je comprends l'anglais.
Je parle anglais.

René Tessier

Je suis Belge.
Je comprends le français.
Je parle français.

Su-Fang Chen

Je suis Chinoise.
Je comprends le français.
Je parle français.

Pierre Arnaud

Je suis Français.
Je comprends l'espagnol.
Je parle espagnol.

* Écossaise *Scottish*

Reply in French, as if you were one of the people mentioned above, to the following questions. It is possible to answer simply **oui**, **non**, or **si**, but in order to practise the structure it is preferable to give a full answer.

Example:
René, vous comprenez le français? Oui, je comprends le français.

1 René, vous êtes Français?
2 François, vous êtes Français?
3 Su-Fang, vous ne parlez pas français?
4 Pierre, comprenez-vous l'espagnol?
5 Fiona, êtes-vous Anglaise?
6 Anne, est-ce que vous êtes Anglaise?
7 Su-Fang, vous n'êtes pas Chinoise?
8 René, parlez-vous français?
9 Fiona, est-ce que vous comprenez l'anglais?
10 Pierre, vous n'êtes pas Espagnol?

2 Introductions

Comment vous appelez-vous? Quel est votre nom?

Henri	Ah, vous êtes Anglais!	*Oh, you are English.*
	Ah, très bien!	*Very good!*
	Je me présente, Henri	*Let me introduce*
	Lévêque . . .	*myself,*
	euh, et vous, comment vous	*Henri Lévêque . . . and*
	appelez-vous?	*you, what's your name?*
David	Hmmm . . .	*Hmmm. . .*
Henri	Vous comprenez?	*Do you understand?*
David	Non, je ne comprends pas.	*No, I don't understand.*
Henri	Moi, je m'appelle Henri	*My name is Henri*
	Lévêque. Henri Lévêque,	*Lévêque. Henry*
	c'est mon nom. Et vous, quel	*Lévêque is my name.*
	est votre nom?	*And you, what is your name?*
David	Ah oui, je comprends. Je	*Oh yes, I understand.*
	m'appelle David Smith.	*My name is David Smith.*
Henri	David Smith, très bien;	*David Smith, very*
	enchanté de faire votre	*good; pleased*
	connaissance!	*to meet you!*

Comment vous appelez-vous (*Lit. How do you call yourself*) and **Quel est votre nom** (*Lit. What is your name*) are two more or less equivalent ways of asking someone's name. The answer to both questions can be either **Je m'appelle** . . . or **Mon nom est** . . .

PRATIQUE 1.2 Jumbled conversation. Using the conversation above as a model, try to reconstitute the following conversation between Hélène Duppont and Karen Davies.

1 Non, je suis Anglaise. Je ne comprends pas bien le français.
2 Enchantée de faire votre connaissance.
3 Je m'appelle Hélène Dupont, et vous, comment vous appelez-vous?
4 Ah, vous n'êtes pas Française?
5 Pardon, mademoiselle, la Place de l'Opéra, s'il vous plaît?
6 Je m'appelle Karen Davies.
7 Pardon, je ne comprends pas.

mademoiselle *Miss*,   s'il vous plaît *please*

Note that when addressing someone in the street to ask for directions, you can say:

Pardon, monsieur, la Tour Eiffel, s'il vous plaît? (*to a man*)
Pardon, mademoiselle, la Tour Eiffel, s'il vous plaît? (*to a young woman*)
Pardon madame, la Tour Eiffel, s'il vous plaît? (*to an older, or married woman*)

Interlude: Les nombres de un à soixante

1	un	11	onze	21	vingt et un	40	quarante
2	deux	12	douze	22	vingt-deux	50	cinquante
3	trois	13	treize	23	vingt-trois	60	soixante
4	quatre	14	quatorze	24	vingt-quatre		
5	cinq	15	quinze	25	vingt-cinq		
6	six	16	seize	26	vingt-six		
7	sept	17	dix-sept	27	vingt-sept		
8	huit	18	dix-huit	28	vingt-huit		
9	neuf	19	dix-neuf	29	vingt-neuf		
10	dix	20	vingt	30	trente		

Note the inclusion of **et** in the number 21, but not in 22 onwards. Similarly, 31, 41, 51 and 61 are **trente et un, quarante et un, cinquante et un** and **soixante et un**.

PRATIQUE 1.3 Try to work out the following numbers in French:

(*a*) 25, (*b*) 64, (*c*) 38, (*d*) 29, (*e*) 59, (*f*) 42, (*g*) 53, (*h*) 47, (*i*) 36, (*j*) 62.

3　Identity

Qui êtes-vous? (*Who are you?*)

All French citizens aged sixteen and above must have an identity card.
This is the type of information that is contained in a French identity
card.

RÉPUBLIQUE FRANÇAISE	
Nom:	LETORT
Prénoms:	YVETTE, MIREILLE, COLETTE
Né(e) le:	28 janvier 1963
à:	St BRIEUC – 29
Nationalité:	Française
Profession:	Étudiante
Adresse:	20 Boulevard Châteaubriand St BRIEUC – 29

Fait à la préfecture des Côtes-du-Nord le 18.3.8–

La réunion (*The meeting*)

LA TABLE DE CONFÉRENCE

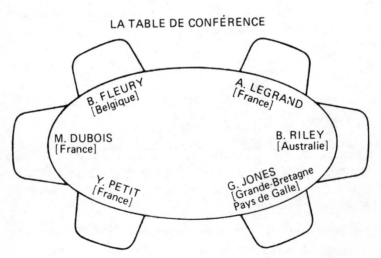

B. FLEURY
[Belgique]

A. LEGRAND
[France]

M. DUBOIS
[France]

B. RILEY
[Australie]

Y. PETIT
[France]

G. JONES
[Grande-Bretagne
Pays de Galle]

Nom:	**Dubois**	**Fleury**	**Legrand**
Prénom:	Mireille	Brigitte	Alain
Age:	32 ans	20 ans	38 ans
Nationalité:	Française	Belge	Française
Domicile:	Rennes	Bruxelles	Paris
Profession:	caissière dans un supermarché	étudiante	employé des postes

Nom:	**Riley**	**Jones**	**Petit**
Prénom:	Bruce	Gareth	Yvonne
Age:	51 ans	25 ans	43 ans
Nationalité:	Australienne	Galloise	Française
Domicile:	Sidney	Swansea	Marseille
Profession:	dentiste	joueur de rugby	professeur de français

Vocabulaire

caissière *cashier*
étudiante *student*
employé des postes *post office worker*

joueur de rugby *rugby player*
professeur de français *French teacher*

The people listed here are all present at a meeting chaired by Mireille Dubois. She introduces herself:

Je me présente: Dubois Mireille.
J'ai trente-deux ans.
Je suis Française.
Je suis caissière dans un supermarché.
J'habite Rennes.

Note that many French people introduce themselves with their surnames first and Christian names second.

Age. In French the structure used to tell someone's age is different from the structure used in English:

J'ai trente-deux ans. *I am thirty-two.* (*Lit. I have thirty-two years*)

Occupation. There is no article before a noun which refers to someone's occupation:

Je suis caissière. *I am a cashier.*
Je suis étudiante. *I am a student.*

Note that in the **identité** boxes the adjectives **française, australienne** and **galloise** have a feminine ending because they are linked to the word **nationalité** which is a feminine word. In their masculine form these adjectives are respectively **français, australien** and **gallois.** (**Belge** has the same ending for both masculine and feminine words.)

As a result a male speaker will say **Je suis Français**, and a female speaker will say **Je suis Française.** (See p. 15.)

PRATIQUE **1.4** The other members present at the meeting introduce themselves in turn. What do they say?

4 At the hotel

You are not expected to understand every single word of the following conversation but you should aim at grasping its general meaning.

Hôtel des Anglais

Hôtelier	Bonjour, madame.
Touriste	Bonjour, monsieur.
Hôtelier	Vous avez réservé une chambre, madame?
Touriste	Oui, j'ai téléphoné de Londres.
Hôtelier	Ah oui, vous êtes Anglaise, n'est-ce pas?
Touriste	Oui, monsieur.
Hôtelier	Quel est votre nom, madame?
Touriste	Mrs Smith.
Hôtelier	Madame Smith. Ah, voilà. Chambre cinquante-huit au sixième étage.
Touriste	Non, j'ai réservé une chambre au premier étage.
Hôtelier	Alors, c'est une erreur. Madame Smith . . . Ah, nous avons deux Madame Smith. Quel est votre prénom, madame?
Touriste	Susan, mon nom est Susan Smith.
Hôtelier	Oui, Madame Susan Smith de Londres. Chambre douze, au premier étage. C'est une petite chambre.
Touriste	Très bien. Merci, monsieur.

PRATIQUE 1.5 Répondez en anglais (reply in English).

1 What does the name of the hotel suggest?
2 What is the nationality of the tourist?
3 How did she book the room?
4 What was the number of the room the hotel manager first mentioned?
5 What floor was that particular room on?
6 On what floor was the room the tourist booked?
7 Where does the tourist come from?
8 Why did the hotel manager make a mistake with the room number?
9 What is the correct number of Mrs Smith's room?
10 Is it a large room?

5 Un peu de grammaire

A few verbs

So far a few verbs have been used in the present tense from the point of view of the person who is speaking (**je** *I*) and the person who is directly spoken to (**vous** *you*). Note that in French there is only one way of expressing the present tense: **je parle**. The English equivalent could be 'I speak', 'I am speaking' or 'I do speak', depending on the context.

> Comprendre *to understand*: je comprends, vous comprenez
> Parler *to speak*: je parle, vous parlez
> Être *to be*: je suis, vous êtes
> Avoir *to have*: j'ai, vous avez
> Habiter *to live*: j'habite, vous habitez

Question form

In order to find out if someone understands something, three basic forms are available:

> Est-ce que vous comprenez? (*Lit. Is it that you understand?*)

Est-ce que can be dropped:

> Vous comprenez?

The personal pronoun **vous** can be placed after the verb:

> Comprenez-vous?

In all cases the tone of voice is raised at the end of the sentence.

An alternative way of asking a question is to use a negative form with a questioning tone (again raising the voice at the end of the utterance).

Negative form

Ne and **pas** are placed on either side of the verb:

> Vous ne comprenez pas. *You do not understand.*

Note that **ne** becomes **n'** if the verb which follows starts with a vowel or **h**:

> Vous n'êtes pas Français? Vous n'habitez pas Paris?

Note also:

> J'habite Paris *but* Je n'habite pas Paris.

Gender of nouns

All French nouns have a gender: they are either masculine or feminine. The definite article has four forms – **le, la, l', les** – all of which mean 'the'.

Le is used in front of masculine nouns:

> le lit *the bed*   le français *the French language*
> le nom *the name*

La is used in front of feminine nouns:

> la chambre *the bedroom*   la tour Eiffel *the Eiffel Tower*
> la place *the square, as in* la place de l'Opéra

L' is used in front of masculine or feminine nouns starting with a vowel:

> l'anglais *the English language* l'allemand *the German language*
> l'Angleterre *England*

Les is used in front of a masculine or a feminine noun in the plural form:

> les chambres *the bedrooms*   les lits *the beds*
> les Allemands *German people*

It is important to note that the gender of nouns is not logically determined or predictable. Each new word must be learnt with its gender.

Objects themselves are not masculine or feminine. This can be illustrated by the fact that **le vélo** and **la bicyclette** (a masculine and feminine noun respectively) represent one object – a bicycle.

Agreement of adjectives

Adjectives must agree with the nouns they accompany. If the noun is feminine, so is the adjective associated with it.

Alain Legrand: Je suis Français
Mireille Dubois: Je suis Française
Le lit est petit   La chambre est petite

As a general rule, feminine adjectives end in **e**.

2 Pour aller à . . . ?

1 In the street

Dialogue

Touriste   Pardon, mademoiselle, la rue du Général de Gaulle, s'il vous plaît?

Passante   La rue du Général de Gaulle . . . Ah oui, vous tournez à gauche et c'est la troisième rue à droite.

Touriste   Bon, très bien, merci, mademoiselle.

Passante   Je vous en prie, madame.

Vocabulaire

Mots nouveaux et expressions idiomatiques

Pour aller à . . . ? *How do I get to . . . ?*	**à droite** *on the right*
à gauche *on the left*	**très bien** *very well*
et *and*	**très bien, merci** *oh good, thank you*
c'est *it is*	**je vous en prie** *you're welcome, don't mention it*
la troisième rue *the third street*	

Asking for directions

Asking your way to various places is fairly simple, provided you know the name of the place you want to go to.

Pardon, madame, **la gare**, s'il vous plaît? (*the station*)

Pardon, monsieur, pour aller à **l'hôpital**, s'il vous plaît? (*the hospital*)

Pardon, mademoiselle, où se trouve **le terrain de camping**, s'il vous plaît? (*the camp-site*)

Pardon, madame, pourriez-vous m'indiquer **la banque**, s'il vous plaît? (*the bank*)

(This last request is rather more formal)

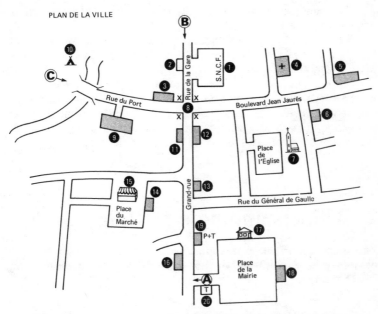

PLAN DE LA VILLE

PRATIQUE 2.1 Look at the map and identify the following places:

1 La gare (SNCF: Société Nationale des Chemins de Fer Français) *the station*
2 L'Hôtel de la gare *the station hotel*
3 Le supermarché *the supermarket*
4 L'hôpital *the hospital*
5 Le cinéma *the cinema*
6 Le commissariat de police *the police station*
7 L'église *the church*
8 Le feu rouge[1] *the traffic lights*
9 L'école *the school*
10 Le terrain de camping *the camp-site*
11 La boulangerie *the baker's shop*
12 Le restaurant *the restaurant*
13 La boucherie *the butcher's shop*
14 Le musée *the museum*
15 La Place du Marché *the market square*
16 La banque *the bank*
17 La mairie *the Town Hall*
18 Le café[2] *the café, the pub*
19 La poste (P & T: Postes et Télécommunications) *the post office*
20 Le syndicat d'initiative[3] *Information office*

¹ The technical term for traffic lights is **les feux** but **feu rouge** is used by most people.

² A French café is a very different kind of institution and cannot really be compared with an English pub: the average café remains open all day and closes very late at night.

³ Some towns have **un office du tourisme** which also deals with tourist information. **Le syndicat d'initiative** is a very useful place to go to when you arrive in a town. There you can obtain information about the various places to visit in the area, the hotels, camp-sites, restaurants and also any events taking place in the locality.

2   Understanding directions

The most important expressions, with regard to directions, are obviously those indicating whether you must go straight ahead, turn left or right.

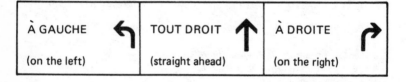

À GAUCHE	TOUT DROIT	À DROITE
(on the left)	(straight ahead)	(on the right)

Adjectives indicating a numerical order are also important since they are frequently used to indicate the position of a street:

La première rue à gauche	La troisième rue à droite
the first street on the left	*the third street on the right*

Apart from **premier/première** (*first*), French ordinal adjectives are formed by adding **-ième** to the cardinal numbers:

deuxième *second*,   dixième *tenth*,   douzième *twelfth*,
vingt-et-unième *twenty-first*

The following verbs are used to give directions:

allez *go*   continuez *go on/carry on*
tournez *turn*   prenez *take*

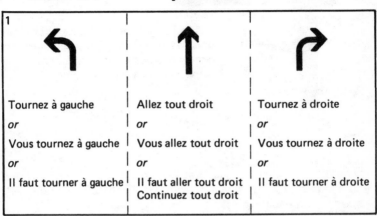

1		
Tournez à gauche	Allez tout droit	Tournez à droite
or	*or*	*or*
Vous tournez à gauche	Vous allez tout droit	Vous tournez à droite
or	*or*	*or*
Il faut tourner à gauche	Il faut aller tout droit Continuez tout droit	Il faut tourner à droite

Il faut = *you must (it is necessary to)*

2

Vous prenez la troisième rue à gauche

Vous prenez la première rue à droite

3

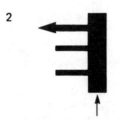

la banque

—La banque? Ah oui ... Continuez tout droit, vous prenez la quatrième rue à gauche et puis c'est la première rue à droite.

et puis *and then*

4

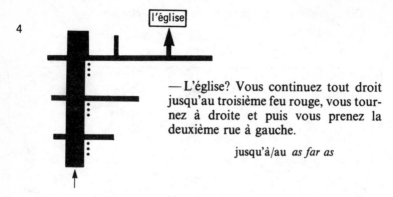

—L'église? Vous continuez tout droit jusqu'au troisième feu rouge, vous tournez à droite et puis vous prenez la deuxième rue à gauche.

jusqu'à/au *as far as*

PRATIQUE 2.2   Vrai ou faux. Look at the map on page 25. Imagine that you are standing in position A, near the **syndicat d'initiative**. Can you tell whether the following are true (**vrai**) or false (**faux**)?

1   Le musée? Oui, madame, vous tournez à droite et puis vous prenez la deuxième rue à gauche.

2   La banque? Ah oui, vous tournez à gauche et c'est la première rue à droite.

3   Le commissariat? Oui, monsieur, vous tournez à droite et puis vous prenez la première rue à droite et c'est la troisième rue à gauche.

4   La gare? Vous tournez à droite et vous continuez tout droit sur un kilomètre. La gare est sur votre droite.

5   L'hôpital? Euh . . . Vous tournez à droite, vous continuez tout droit jusqu'au feu rouge et là vous tournez à droite. L'hôpital, c'est dans la première rue à gauche.

6   La poste? Mais c'est ici à gauche!

PRATIQUE 2.3   Now imagine that you are in position B on the map on page 25. Find the most appropriate response for each question.

1   Pardon, madame, où se trouve la Place du Marché, s'il vous plaît?

(a)   Eh bien, vous allez tout droit et vous prenez la troisième rue à gauche, monsieur.

2 Pardon, madame, pour aller à l'hôtel de la gare, s'il vous plaît?

3 Pardon, monsieur, le syndicat d'initiative, s'il vous plaît?

4 Pardon, mademoiselle, le terrain de camping, s'il vous plaît?

5 Pardon, madame, pour aller à la mairie, s'il vous plaît?

(b) Tournez à droite et continuez tout droit.

(c) Oui, madame. Vous prenez la troisième rue à gauche et vous continuez jusqu'à la place.

(d) Mais oui, mademoiselle, c'est ici, sur votre droite.

(e) Allez jusqu'au feu rouge, et c'est dans la deuxième rue à droite.

Interlude: Les nombres de soixante à deux mille

61	soixante-et-un	81	quatre-vingt-un
62	soixante-deux	82	quatre-vingt-deux
63	soixante-trois	83	quatre-vingt-trois
69	soixante-neuf	89	quatre-vingt-neuf
70	soixante-dix	90	quatre-vingt-dix
71	soixante et onze	91	quatre-vingt-onze
72	soixante-douze	92	quatre-vingt-douze
73	soixante-treize	93	quatre-vingt-treize
74	soixante-quatorze	99	quatre-vingt-dix-neuf
75	soixante-quinze	100	cent
76	soixante-seize	101	cent un
77	soixante-dix-sept	200	deux cents
78	soixante-dix-huit	201	deux cent un
79	soixante-dix-neuf	1000	mille
80	quatre-vingts	2000	deux mille

Note that after 69 the numbers follow a different pattern. Seventy becomes literally '60 + 10'. **Quatre-vingts** (*Lit. four twenties*) is written with an **s**, but **quatre-vingt-un** onwards has no **s**. **Quatre-vingt-dix** (90) follows the same pattern as 70 (i.e. 80 + 10).

Not all francophone countries follow the same pattern as France for 70, 80 and 90. In Belgium and Switzerland 70 is **septante**, 80 is **huitante**, and 90 is **nonante**.

PRATIQUE **2.4** What are the numbers in the following addresses?

1 Madame Poirier, *cent-trente-neuf* rue Jean Jaurès, Nantes.
2 M. et Mme Lesage, *trois cent quatre-vingt-seize* Avenue des Mimosas, Nîmes.
3 Mademoiselle Hubert, *soixante-dix-sept* Boulevard de la Nation, Reims.
4 Monsieur Maynard, *soixante-six* Place de l'Église, Caen.
5 Mlle Royer, *deux cent cinquante-neuf* rue du Thabor, Rennes.
6 Mme Leblanc, *quatre-vingt-huit* rue des Écoles, Dieppe.
7 M. et Mme Sevestre, *quatre cent quatre-vingt-quatorze* Avenue de la République, Marseille.
8 Madame Bernier, *cent six* rue de la Libération, Cherbourg.

3 At the camp-site

Dialogue

Campeuse	Pardon, monsieur, la boulangerie, s'il vous plaît?
Passant	La boulangerie . . . ? Ah oui, il y a une boulangerie dans la Grand-rue.
Campeuse	Où se trouve la Grand-rue?
Passant	Eh bien, vous allez jusqu'au feu rouge et puis vous tournez à droite.
Campeuse	C'est loin?
Passant	Non! C'est à cinq cents mètres d'ici.
Campeuse	Et le supermarché?
Passant	Il y a un supermarché tout près d'ici, juste avant le feu rouge. Il y a aussi un hypermarché, à la sortie de la ville.
Campeuse	Un hypermarché! Ah bon! Et c'est loin d'ici?
Passant	Oh, pas très loin. C'est à un kilomètre de la gare, sur votre droite, tout de suite après le restaurant des Routiers et juste avant le carrefour.
Campeuse	Excellent, eh bien merci, monsieur.
Passant	Je vous en prie, madame. Au revoir, madame.
Campeuse	Au revoir, monsieur.

loin *far*		**la sortie** *exit*	
près *near*		**votre** *your*	
tout près *very near*		**tout de suite** *immediately*	
ici *here*		**le carrefour** *crossroads*	
avant *before*		**au revoir** *goodbye*	

Note that **il y a** can mean either 'there is' or 'there are'.

Il y a une boulangerie. *There is a baker's.*

There is no plural form for this structure in French:

Il y a des magasins dans la Grand-rue. *There are some shops in the High Street.*

Negative form: **Il n'y a pas** de boulangerie dans la Grand-rue.
Question form: **Il y a** une boulangerie dans la Grand-rue? *or,*
  more formally: **Y a-t-il** une boulangerie dans la Grand-rue?
(The **t** in the question form **Y a-t-il** is added in order to separate the vowels and make pronunciation easier.)

Information

Hypermarkets or very large supermarkets can be found in most towns, even in fairly small country towns. They are mostly situated slightly outside the towns because shopkeepers are strongly opposed to them. Some examples of hypermarkets are **Mammouth, Radar-Géant, Continent, Centre Leclerc**, but there are many others.

Les Routiers. These restaurants are often situated along main roads, and are mainly frequented by truck drivers. Their food has an excellent reputation.

PRATIQUE 2.5 Répondez en anglais.

1 What is the camper looking for?
2 How far is it from the camp-site?
3 Where is the supermarket?
4 Where else could the camper go for her shopping?
5 Where is the **restaurant des Routiers?**

PRATIQUE 2.6 Make up your own dialogues.
Examples:

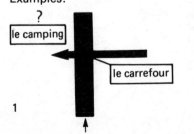

Le camping, s'il vous plaît?
Allez jusqu'au carrefour et
puis tournez à gauche.

1

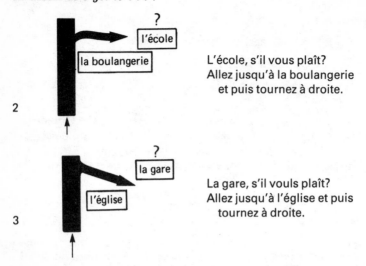

L'école, s'il vous plaît?
Allez jusqu'à la boulangerie
et puis tournez à droite.

La gare, s'il vouls plaît?
Allez jusqu'à l'église et puis
tournez à droite.

In the same way, make up six dialogues according to the indications
shown on the diagrams:

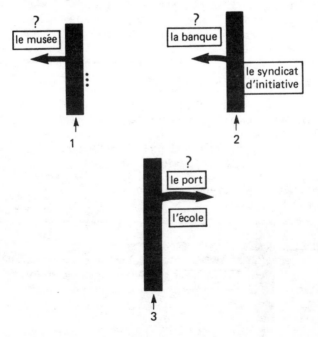

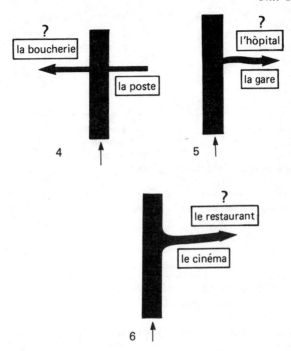

Note the following:

jusqu' + masculine noun	**jusqu'*au* carrefour**
jusqu' + feminine noun	**jusqu'*à la* boulangerie**
jusqu' + noun starting with a vowel or **h**	**jusqu' *à l'*église**

4 Asking the way

Dialogue

Mme Arnaud	Pardon, monsieur, le cinéma, s'il vous plaît?
M. Bart	Le cinéma, c'est tout près d'ici. Regardez, voilà la mairie là-bas à gauche et le cinéma, c'est à côté.
Mme Arnaud	A côté de la mairie?
M. Bart	C'est ça.
Mme Arnaud	Et la poste, monsieur?

M. Bart	La poste . . . ? eh bien, c'est en face de la mairie, entre la pharmacie et le bureau de tabac.
Mme Arnaud	Merci bien, monsieur, au revoir.
M. Bart	Au revoir, madame.

Vocabulaire

Regardez *look*	**en face** *opposite*
là-bas *over there*	**entre** *between*
à côté de *next to*	**la pharmacie** *chemist's shop*
c'est ça *that's it/that's right*	**le bureau de tabac** *tobacconist's/ newsagent's*

Note that in a **bureau de tabac** you can also buy postage stamps and any kind of government duty stamps, such as those required for passports or identity cards.

PRATIQUE **2.7** Répondez en anglais.

1 What is opposite the post office?
2 What is next to the cinema?
3 Where is the Town Hall?
4 On what side of the street is the post office?
5 What is either side of the post office?

PRATIQUE **2.8** Qu'est-ce que c'est? (Vocabulary test.)

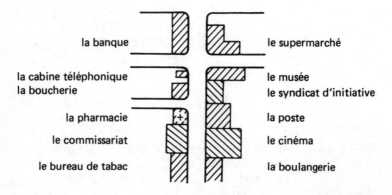

la banque	le supermarché
la cabine téléphonique	le musée
la boucherie	le syndicat d'initiative
la pharmacie	la poste
le commissariat	le cinéma
le bureau de tabac	la boulangerie

Read the following statements, each describing the location of a particular place on the map. Find out which place is being referred to.

Example:

> C'est sur votre gauche, à côté de la boucherie, juste avant le feu rouge. Qu'est-ce que c'est? (*What is it?*)

Answer: C'est la cabine téléphonique.

1 C'est en face du commissariat, entre la poste et la boulangerie. Qu'est-ce que c'est?
2 C'est juste avant le feu rouge et en face du supermarché. Qu'est-ce que c'est?
3 C'est entre le musée et la poste. Qu'est-ce que c'est?
4 C'est sur votre gauche, à côté du commissariat et en face de la boulangerie. Qu'est-ce que c'est?
5 C'est sur votre droite, après le feu rouge. Qu'est-ce que c'est?
6 C'est sur votre gauche, juste avant la cabine téléphonique. Qu'est-ce que c'est?

Interlude: Greetings

Bonjour! *Hello (used at any time of the day)*
Salut! *Hello (used in a similar way, but mainly by young people with their peers)*

Bonsoir! *Good evening!*
Bonne nuit! *Good night!*
Au revoir! *Goodbye!*
A demain! *See you tomorrow!*
A bientôt! *See you soon!*

---

5 Un peu de grammaire

Prepositions *à* and *de*

The preposition **à** which means 'to' or 'at' depending on the context changes its form according to the number and gender of the following noun, that is according to whether the noun is singular or plural, and masculine or feminine.

à + *masc. and sing. noun*	**au**	Allez au cinéma. *Go to the cinema.*
à + *fem. and sing. noun*	**à la**	Allez à la poste. *Go to the post office.*
à + *fem./masc. and sing. noun starting with a vowel or* h	**à l'**	Allez à l'école. *Go to school.*
à + *fem. or masc. plural noun*	**aux**	Allez aux États-Unis. *Go to the United States.*

The preposition **de** also changes its form according to the number and gender of the noun which follows. **De** is used more frequently than its English equivalent 'of'. For example, **Le nom de la secrétaire** (*lit. the name of the secretary*) has *no equivalent* for 'the secretary's name'. This latter form simply does not exist in French. Similarly, Town Hall Square becomes 'the Square of the Town Hall': **La Place de la Mairie**.

The following street names further illustrate the point:

Rue de la Gare	Boulevard du Centre	Place de la Nation	Promenade des Anglais
Rue du Port	Place de l'Église	Avenue de la République	Rue des Mimosas
	Place du Musée de la Marine	Boulevard de la Plage	

(*Maritime Museum Square*) (la plage *the beach*)

de + *masc. and sing. noun*	**du**	(le marché) Place du Marché
de + *fem. and sing. noun*	**de la**	(la gare) Rue de la Gare
de + *fem./masc. and sing. noun starting with a vowel or* h	**de l'**	(l'hôpital) Rue de l'Hôpital
de + *masc./fem. plur. noun*	**des**	(les écoles) Rue des Écoles

PRATIQUE 2.9 Exercice de grammaire (*grammar exercise*).

Complete the street plates with the words listed below. (In some cases you can refer to the town plan on page 25 to find out whether a noun is masculine or feminine.)

> Alliés – Mairie – Poste – Général de Gaulle –
> États-Unis – Cinéma.

> Alliés *allies (often seen as a street name)*

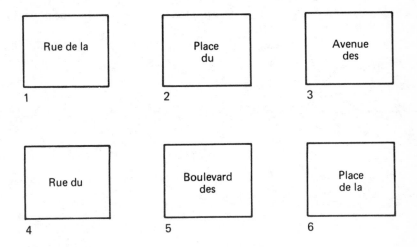

Rue de la	Place du	Avenue des
1	2	3
Rue du	Boulevard des	Place de la
4	5	6

The Plural of nouns

The plural is formed in most cases by simply adding **s** to the end of the noun. Nouns in the plural form are preceded either by **les** (the definite article), or **des** (the indefinite article, meaning 'some').

> le mimosa (*sing.*)   les mimosas (*plur.*)
> les États-Unis (*the United States*)

However, there are exceptions (see p. 26):

> le feu rouge (*the red light, or traffic light*)
> les feux rouges (*the traffic lights*)

Other nouns also ending in **eu, eau, ou** take a plural form with **x**.

Agreement and position of adjectives

In French, adjectives must agree with the nouns they precede or follow, both in gender and in number. Adjectives in the plural mostly end in s or es depending on whether the noun is masculine or feminine.

les petits lits   les petites chambres

Adjectives are mainly placed after the noun, but short and frequently used adjectives, such as **petit** (*small*), **grand** (*big*), **bon** (*good*) **mauvais** (*bad*), **beau**, **belle** (*beautiful*), **joli** (*pretty*), **jeune** (*young*) and **vieux**, **vieille** (*old*), are generally placed before the noun they modify. See also p. 95.

3 Prendre le train

1 At the station

Dialogue

Un homme d'affaires Belge se trouve au bureau de tourisme de la gare du Nord. Il voudrait aller en Bretagne. (*A Belgian businessman is in the tourist office of* la gare du Nord. *He would like to go to Brittany*.)

M. Martin	Je vais en Bretagne et je dois partir demain matin.
Employé de la SNCF	Où allez-vous exactement?
M. Martin	A Quimper.
Employé	Alors, il faut aller à la gare Montparnasse.
M. Martin	Oui, je sais, mais je voudrais savoir à quelle heure je dois partir pour arriver à Quimper à treize heures au plus tard.
Employé	Attendez un moment . . . Voilà, vous voulez arriver avant treize heures?
M. Martin	Oui, j'ai un déjeuner d'affaires à treize heures à l'Hôtel de la Gare.
Employé	Eh bien, vous avez de la chance, le train de sept heures onze arrive à Quimper à douze heures cinquante-cinq.
M. Martin	Il part de Montparnasse à sept heures onze . . .
Employé	Oui, monsieur, c'est ça.
M. Martin	Et il n'y a pas de train avant sept heures onze?
Employé	Non, monsieur, c'est le premier train en direction de Quimper.
M. Martin	Bon . . . eh bien, donnez-moi un billet pour Quimper.
Employé	Un aller simple, monsieur?
M. Martin	Non, un aller-et-retour, s'il vous plaît.
Employé	Première classe, monsieur?
M. Martin	Non, non, seconde classe. Merci bien.

Vocabulaire

Mots nouveaux et expressions idiomatiques

demain matin *tomorrow morning*	**au plus tard** *at the latest*
mais *but*	**le déjeuner** *lunch*
à quelle heure *at what time*	**un déjeuner d'affaires** *a business lunch*
vous avez de la chance *you are lucky/in luck*	**un billet aller et retour** *a return ticket*
un aller simple *a single ticket*	**seconde classe** *second class*

Verbes

Aller *to go*	**Je vais en Bretagne** *I am going to Brittany*
	Où allez-vous? *Where are you going?*
	il faut aller *you have to go*
Savoir *to know*	**Oui, je sais** *Yes, I know*
Vouloir *to want*	**je voudrais savoir** *I would like to know*
	vous voulez arriver *you wish to arrive*
Devoir *to have to*	**je dois partir** *I must/have to leave*
Attendre *to wait*	**Attendez un moment** *Wait a moment*
Partir *to leave*	**Il part de Montparnasse** *It leaves Montparnasse*
Donner *to give*	**donnez-moi un billet** *give me a ticket*

Note the following:

Pour arriver *In order to arrive*

Pour is a preposition which mainly means 'for'; when it is followed by a verb in the infinitive it means 'in order to'. **Pour** is used frequently when seeking information about what to do or where to go:

Pour prendre le train, s'il vous plaît? *Where do I get the train, please? (Lit. In order to take the train, please?)*

It is used with the verb **aller** (*to go*) in the sense: Would you tell me how to get to . . . , please?

Pour aller à la banque, s'il vous plaît?
Pour aller au port, s'il vous plaît? } *Would you tell me how to get to the bank/port, please?*

PRATIQUE 3.1 Vrai ou faux.

Say whether the following statements based on the conversation are true or false.

1 M. Martin est Belge.
2 M. Martin ne sait pas à quelle gare il faut aller pour prendre le train de Quimper.
3 Le train part de Montparnasse à sept heures sept.
4 Il faut sept heures onze pour aller de Paris à Quimper.
5 M. Martin a un déjeuner d'affaires à Quimper.
6 M. Martin voudrait un billet aller-et-retour de première classe.
7 En ce moment l'homme d'affaires se trouve en Belgique.
8 M. Martin doit arriver à Quimper après treize heures.

PRATIQUE 3.2 Répondez en anglais.

1 In Paris, what is the name of the station for trains going to Brittany or western France?
2 At what time does M. Martin want to get to Quimper?
3 What is the earliest possible departure time for Quimper?
4 What time does the train arrive at Quimper?
5 What is M. Martin's first appointment in the town?
6 Where will it take place?
7 How does he intend to go back to Paris?
8 Why does the tourist office clerk say that M. Martin is lucky?

2 The time

Telling the time

The time is usually referred to on a twelve-hour basis in speech. When written down in figures it is referred to on a twenty-four hour basis.

The twelve-hour clock
When reading the time in French the position of the small hand is always read first:

2h00	Il est deux heures.
2h05	Il est deux heures cinq.
2h10	Il est deux heures dix.

2h15	Il est deux heures et quart (*Lit. two hours and a quarter*).
2h20	Il est deux heures vingt.
2h25	Il est deux heures vingt-cinq.
2h30	Il est deux heures et demie (*Lit. two hours and a half*).
2h35	Il est trois heures moins vingt-cinq (*Lit. three hours minus twenty-five*).
2h40	Il est trois heures moins vingt.
2h45	Il est trois heures moins le quart (*Lit. three hours minus the quarter*).
2h50	Il est trois heures moins dix.
2h55	Il est trois heures moins cinq.
3h00	Il est trois heures.
12h00	Il est midi (*noon*) / il est minuit (*midnight*).

Note that people using digital watches tend to say:

| 2h40 | Il est deux heures quarante. |
| 2h55 | Il est deux heures cinquante-cinq. |

The twenty-four hour clock
This is mainly used for official purposes.

16h00	Il est seize heures.
16h01	Il est seize heures une.
16h08	Il est seize heures huit.
	and so on until
16h59	Il est seize heures cinquante-neuf.

On timetables the time is always indicated in three or four figures (without **h** for **heures**):

| 6 47 | six heures quarante-sept. |
| 23 13 | vingt-trois heures treize. |

The twenty-four hour clock tends to be reconverted to a twelve-hour time span in less official use. The speaker simply makes it precise by adding 'in the morning', etc.

One can say:

| 15h30 | Il est quinze heures trente *or* |
| | Il est trois heures et demie. |

In order to differentiate between morning and afternoon, people will say:

3h30 Il est trois heures et demie **du matin** (*in the morning*)

15h30 Il est trois heures et demie **de l'après-midi** (*in the afternoon*)

20h00 Il est vingt heures *or* il est huit heures **du soir** (*in the evening*)

However, **du matin**, **de l'après-midi** and **du soir** are not used consistently. Most speakers use these expressions to avoid ambiguity:

Pierre	Allô, allô Hélène. C'est moi, Pierre. Je te téléphone de Vancouver.
Hélène	Pierre! Il est une heure du matin ici!
Passante	Pardon Monsieur, vous avez l'heure, s'il vous plaît?
Passant	Mais oui Madame, il est une heure.

Note that in French, a.m. and p.m. are not used to indicate that the time referred to is before or after midday.

Asking the time

Different ways of asking the time:

Il est quelle heure?	*What time is it?*
Quelle heure est-il?	*What time is it?*
Vous avez l'heure?	*Have you got the time?*
Vous pourriez me donner l'heure, s'il vous plaît?	*Could you tell me the time, please?*

PRATIQUE 3.3 Quelle heure est-il?

For each of the times given in the left-hand column, find the corresponding written statement.

1	21h35	(a)	Il est six heures et demie du matin.
2	12h05	(b)	Il est une heure de l'après-midi.
3	11h20	(c)	Il est deux heures et quart.
4	17h45	(d)	Il est dix heures moins vingt-cinq.
5	8h10	(e)	Il est midi cinq.
6	23h50	(f)	Il est onze heures vingt.
7	2h15	(g)	Il est trois heures moins dix.
8	6h30	(h)	Il est dix-sept heures quarante-cinq.
9	14h50	(i)	Il est huit heures dix.
10	13h00	(j)	Il est minuit moins dix.

Interlude: Les repas de la journée *(The meals of the day)*

Le petit déjeuner: Breakfast is generally a very light meal of bread and butter and freshly made coffee. Traditionally **croissants** are also eaten at breakfast (these are crescent-shaped rolls which can be bought at the baker's shop), but for most families they are an occasional treat. The authorities are anxious for French people to eat a more substantial breakfast because, according to statistics, most accidents at work and on the roads occur around 11.00 a.m. when people's energy is low from lack of food. (This weakening energy is commonly referred to as **le coup de pompe**.)

Le déjeuner: For most families **le déjeuner** (*lunch*) or **le repas de midi** is the most important meal of the day. In areas where it is possible for all the members of the family to get home fairly quickly, most people have lunch at home. Many families have a three- or four-course meal with a starter, a main dish, cheeses and a dessert. Most offices, shops and banks close at lunch time.

In Paris and other large towns, however, working people tend to eat in canteens, restaurants and cafés.

Le goûter: An afternoon snack that children eat around four o'clock or after school, consisting of bread and jam or bread and butter and chocolate. It is not really comparable to afternoon tea.

Le dîner: The evening meal is the second big meal of the day. Most families have their **repas du soir** between seven and eight o'clock at night. It can be the main family meal if the family does not come home for lunch. Dinner often starts with soup, which is followed by a main dish and then cheese. It ends with a dessert or with fruit.

Le souper: Supper is not a daily event for most French people, but a light meal that might be eaten after an evening at the theatre, for example.

Most people have a midnight meal on Christmas Eve and on New Year's Eve (**Le réveillon de Noël** and **Le réveillon du premier janvier**).

Many people drink wine with both main meals.

3   Travelling by train

Dialogue

Example of a conversation between a traveller (un voyageur *or* une voyageuse) *and a railway clerk* (un employé de la SNCF).

Il faut combien de temps pour aller de Paris à Marseille? *How long does it take to get from Paris to Marseille?*

Il faut environ sept ou huit heures. *It takes about seven or eight hours.*

Je voudrais être à Marseille vers cinq heures demain après-midi. A quelle heure est-ce que je dois partir? *I'd like to be in Marseille at about five o'clock tomorrow afternoon. What time should I leave?*

Il y a un train qui part de Paris–Gare de Lyon à 9h57 et qui arrive à Marseille à 17h07. *There is a train which leaves Paris–Gare de Lyon at 9 57 and gets to Marseille at 17 07.*

Study these examples of the length of journey, departure and arrival times from various stations in Paris to various main towns.

Destination:	Marseille	Rennes	Bordeaux	Boulogne	Strasbourg
Départ Paris (*Station in Paris*)	Gare de Lyon	Gare Mont-parnasse	Gare d' Austerlitz	Gare du Nord	Gare de l'Est
Durée du voyage (*Length of journey*)	7–8 heures	3–4 heures	5–6 heures	2½ heures	4–5 heures
Heure de départ (*Departure time*)	9h57	19h06	12h05	8h10	7h45
Heure d' arrivée (*Arrival time*)	17h07	22h08	17h52	10h31	11h45

combien *how much/many*
combien de temps *how long*
environ *around, about*

vers *around, at, about, towards*
(*e.g.* **vers Paris**)

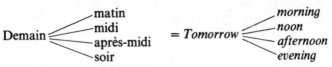

Demain ⟨ matin / midi / après-midi / soir = *Tomorrow* ⟨ *morning* / *noon* / *afternoon* / *evening*

PRATIQUE **3.4**   Au guichet de renseignements.

Using the given information find the correct response to the questions.

Traveller's questions	*SNCF clerk's replies*
1 Il faut combien de temps pour aller de Paris à Bordeaux?	**(a)** Il y a un train qui part à sept heures quarante-cinq et qui arrive à onze heures quarante-cinq.
2 Je voudrais être à Bordeaux vers six heures demain soir. A quelle heure est-ce que je dois partir?	**(b)** Il faut environ deux heures et demie.
3 Il faut combien de temps pour aller de Paris à Strasbourg?	**(c)** Il faut environ cinq ou six heures.
4 Je voudrais arriver à Strasbourg demain midi. A quelle heure est-ce que je dois partir?	**(d)** Il y a un train qui part de Paris à huit heures dix et qui arrive à dix heures trente et une.
5 Il faut combien de temps pour aller de Paris à Boulogne?	**(e)** Il y a un train qui part à midi cinq et qui arrive à dix-sept heures cinquante deux.
6 Je voudrais arriver à Boulogne vers dix–onze heures demain matin. A quelle heure est-ce que je dois partir?	**(f)** Il faut environ quatre ou cinq heures.

PRATIQUE **3.5**   Make up your own dialogue, using the information given above about Rennes.

Information: De Paris en province par le train

All the main railway lines centre on Paris. The diagram shows the names of the main Parisian stations (inside the circle) and the various areas (provinces) or other European countries which can be reached from those stations (outside the circle).

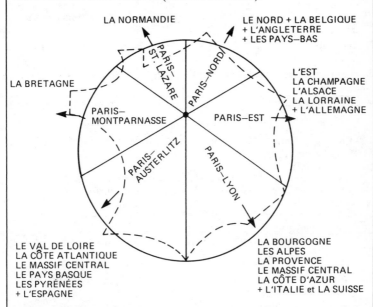

LA NORMANDIE

LE NORD + LA BELGIQUE
+ L'ANGLETERRE
+ LES PAYS-BAS

PARIS–ST. LAZARE

PARIS–NORD

LA BRETAGNE

L'EST
LA CHAMPAGNE
L'ALSACE
LA LORRAINE
+ L'ALLEMAGNE

PARIS–MONTPARNASSE

PARIS–EST

PARIS–AUSTERLITZ

PARIS–LYON

LE VAL DE LOIRE
LA CÔTE ATLANTIQUE
LE MASSIF CENTRAL
LE PAYS BASQUE
LES PYRÉNÉES
+ L'ESPAGNE

LA BOURGOGNE
LES ALPES
LA PROVENCE
LE MASSIF CENTRAL
LA CÔTE D'AZUR
+ L'ITALIE et LA SUISSE

Although the stations are officially Paris–Nord, Paris–St-Lazare, etc., most people refer to them as:

La gare de Lyon	La gare St-Lazare
La gare d'Austerlitz	La gare du Nord
La gare Montparnasse	La gare de l'Est

Les points cardinaux *The points of the compass*

Le nord	*north*	L'est	*east*
Le sud	*south*	L'ouest	*west*

PRATIQUE 3.6 A l'office de tourisme à Paris.

Touriste	Je vais en Bourgogne, à quelle gare est-ce que je dois prendre le train?
Employé	Pour la Bourgogne, il faut prendre le train à la gare de Lyon.

Using the information provided by the diagram, answer the following questions:

1 Je vais au Pays-Basque, à quelle gare est-ce que je dois prendre le train?

2 Je vais en Bretagne, à quelle gare est-ce que je dois prendre le train?

3 Je vais sur la Côte d'Azur, à quelle gare est-ce que je dois prendre le train?

4 Je vais en Belgique, à quelle gare est-ce que je dois prendre le train?

If more than one person is asking the question, two different forms of the verb can be used:

> **Nous allons** en Normandie. *We are going to Normandy.*
> **On va** en Normandie. *Lit. One goes to Normandy.*

Note that this latter form is used as much as the **nous** form in every day conversation.

Continue with the exercise in the same way, noting carefully the form of the verb.

5 **Nous allons** en Normandie, à quelle gare est-ce que **nous devons** prendre le train?

6 **On va** dans les Pyrénées, à quelle gare est-ce qu'**on doit** prendre le train?

7 On va en Suisse, à quelle gare est-ce qu'on doit prendre le train?

8 Nous allons dans le Val de Loire, à quelle gare est-ce que nous devons prendre le train?

4 Going to the station

Dialogue

Conversation entre un chauffeur de taxi et sa passagère. (*Conversation between a taxi-driver and his passenger.*)

Mme Rouault	Taxi, taxi!
Chauffeur de taxi	Bonjour madame, vous allez où?
Mme Rouault	Gare de Lyon, s'il vous plaît?

Chauffeur	Montez, je vais mettre votre valise dans le coffre.

(Deux minutes plus tard.)

Chauffeur	A quelle heure est votre train?
Mme Rouault	A vingt-trois heures cinq.
Chauffeur	On a tout juste le temps . . . Vous partez en vacances?
Mme Rouault	Non, non, c'est un voyage d'affaires. Je vais à Genève.
Chauffeur	A Genève! Mais ça prend beaucoup de temps par le train!
Mme Rouault	Oui, mais j'ai réservé une couchette et je vais dormir pendant le voyage. Le train arrive à Genève vers sept heures demain matin, donc c'est parfait.
Chauffeur	Oui, mais l'avion est plus rapide.
Mme Rouault	Oh vous savez, ce n'est pas évident. Il faut aller jusqu'à Roissy et puis il faut arriver une heure à l'avance pour l'enregistrement des bagages. On perd toujours beaucoup de temps dans les aéroports.
Chauffeur	Oui, c'est vrai, vous avez raison.
Chauffeur	Nous y voici.
Mme Rouault	Combien je vous dois?
Chauffeur	Ça fait trente francs.
Mme Rouault	Voilà, monsieur.
Chauffeur	Merci, madame, et bon voyage.

Vocabulaire

Mots nouveaux et expressions idiomatiques

une passagère/un passager/sa passagère *passenger (fem. and masc.) his passenger*	**donc** *therefore, consequently*
	parfait *perfect*
votre valise *your suitcase*	**évident** *obvious*
le coffre *boot (of the car)*	**à l'avance** *in advance*
plus tard *later*	**l'enregistrement des bagages** *luggage check-in*
tout juste *just*	**c'est vrai** *it's true*
beaucoup de *a lot of, much*	**vous avez raison** *you are right*
pendant *during*	**ça** *it, this (short for* **cela***)*
l'avion *aeroplane*	

Verbes

Infinitives	Examples from the text
Monter *to get in, to go up*	**Montez** *Get in*
Mettre *to put*	**je vais mettre votre valise** . . . *I am going to put your suitcase* . . .
Partir *to leave*	**Vous partez en vacances?** *Are you going on holiday?*
Dormir *to sleep*	**Je vais dormir** *I am going to sleep*
Savoir *to know*	**vous savez** *you know*
Perdre *to lose*	**On perd du temps** *One wastes time (time is wasted)*
Devoir *to owe*	**je vous dois** *I owe you*
Faire *to make, to do, etc.*	**Ça fait trente francs** *That comes to thirty francs*

PRATIQUE 3.7 Réfléchissez et choisissez (multiple choice).

1 Mme Rouault prend un taxi

   a pour aller á Genève.
   b pour aller à la gare.
   c pour perdre du temps.
   d pour aller à Roissy.

2 Le chauffeur de taxi

   a parle à sa passagère.
   b fait un voyage d'affairs.
   c enregistre les bagages de la passagère.
   d part en vacances.

3 Le voyage de Paris à Genève

   a fait trente francs.
   b est plus long par avion.
   c prend environ huit heures par le train.
   d prend six heures.

4 Mme Rouault va

a perdre du temps.
b dormir pendant le voyage.
c arriver une heure à l'avance à la gare.
d mettre sa valise dans le coffre.

5 Mme Rouault doit

a 40 francs au chauffeur de taxi.
b 25 francs au chauffeur de taxi.
c arriver à Genève avant minuit.
d arriver à la gare avant vingt-trois heures cinq.

Le tableau horaire (*the railway timetable*)

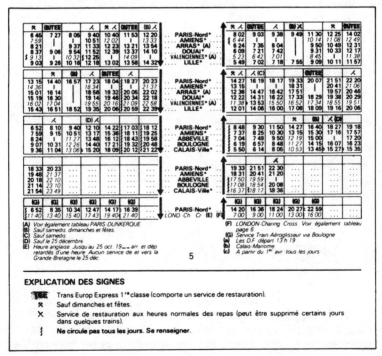

Vocabulaire

The vocabulary list supplied here is kept to a minimum. Quite a few words and expressions used in this timetable can be guessed by making judicious comparisons with English words. This applies to all aspects of learning a foreign language. Be bold!

chaque *each*	**aéroglisseur** *hovercraft*
sauf *except*	**un jour** *a day*
samedi* *Saturday*	**pas tous les jours** *not every day*
dimanche* *Sunday*	**se renseigner** *to ask for*
fêtes *public holidays*	*information*

* Note that days of the week and months of the year do not take capital letters in French.

PRATIQUE 3.8   Exercice de compréhension. (Look at the timetable above.)

1   Which of the two columns would you use if you were travelling from London to Paris?
2   Where else in the booklet from which this timetable is extracted would you find information relating to journeys from Paris to London? What page number?
3   Before 25 October, what time would you need to leave London in order to get to Paris for 5 o'clock in the afternoon?
4   If you are travelling from Paris to Calais–Maritime, at what time do you need to leave Paris in order to have a meal on the train?
5   On what day is that particular service cancelled?
6   What would you need to do before deciding to travel on the 5.50 train from Calais to Paris?
7   On which day of the week does the TEE run?

5   Un peu de grammaire

Des verbes (*some verbs*)

The main verbs used in this unit appear in the diagram opposite. The key verbs are listed in examples numbered from 1 to 12 in the left-hand half of the circle. These particular verbs have the property of being used frequently in speech. They can be used by themselves as well as in numerous combinations with other verbs. This probably accounts for their high frequency.

Note that the other verbs (in the right half of the circle) are always in the infinitive, (that is the base or stem of the verb which remains in a fixed form). Any beginning of sentence (1 to 12) can be joined to any end of sentence (a to l). P indicates that the verb is used in the present tense. C indicates that the verb is used in the conditional tense.

This diagram can generate 144 sentences.

Note that **aller** + another verb always conveys the notion that an action will take place in the near future.

The conditional tense

The conditional is a verb form which is used when asking politely for something, or to express a wish. In English it is normally associated with the words 'would' and 'should'.

Examples:

condition

Je voudrais un billet pour Quimper, s'il vous plaît.
I would like a ticket for Quimper, if it pleases you (please).

Je voudrais dormir dans le train.
I should like to sleep in the train.

In other words, it is used when an action is only possible if a certain condition is met, whether this condition is stated or not.

Expressions with the verb *avoir*

In the second dialogue the taxi driver says to his passenger: **vous avez raison** (*you are right*). The verb **avoir** (*to have*) is used in French whereas in English the verb 'to be' is used. (This example shows that it is not possible to translate word-for-word from one language to another.)

Avoir raison *to be right*	**j'ai raison** *I am right*
Avoir tort *to be wrong*	**vous avez tort** *you are wrong*
Avoir faim *to be hungry*	**on a faim** *we are hungry*
Avoir soif *to be thirsty*	**j'ai soif** *I am thirsty*
Avoir peur *to be afraid*	**il a peur** *he is afraid*
Avoir chaud *to be hot*	**j'ai chaud** *I am hot*
Avoir froid *to be cold*	**tu as froid** *you are cold*
Avoir vingt ans *to be twenty*	**elle a vingt ans** *she is twenty*
Avoir envie *to fancy*	**j'ai envie d'aller au cinéma** *I fancy going to the cinema*
Avoir besoin *to need*	**j'ai besoin d'argent** *I need some money*

Des prépositions

The large variety of prepositions preceding the name of a place or country can be rather confusing for a non-native speaker. Examples:

Je vais **en** Normandie — Je vais **dans** les Alpes — Je vais **à** Paris

Je vais **sur** la Côte d'Azur — Je vais **aux** États-Unis — Je vais **au** Danemark

It is possible to classify places in various categories:

Towns

je vais $\left\{\begin{array}{l}\text{à Bordeaux} \\ \text{à Londres} \\ \text{à Marseille} \\ \text{à Douvres } (\textit{Dover})\end{array}\right.$

Countries or provinces with feminine names

Examples:

la France, l'Allemagne (*Germany*), la Suisse (*Switzerland*),
la Suède (*Sweden*), la Lorraine, la Bretagne (*Brittany*), la Provence,
etc.

je vais $\left\{\begin{array}{l}\text{en France} \\ \text{en Allemagne} \\ \text{en Suisse} \\ \text{en Suède} \\ \text{en Lorraine} \\ \text{en Bretagne} \\ \text{en Provence}\end{array}\right.$

Countries or provinces with masculine names

Examples:

le Japon (*Japan*), le Pays Basque (*the Basque country*)

je vais $\left\{\begin{array}{l}\text{au Japon} \\ \text{au Pays Basque} \\ \text{aux États-Unis } (\textit{masc. and plur.}) \\ \text{aux Pays-Bas}\end{array}\right.$

Place-names with geographical links

Examples:

le Nord de la France, le Midi (*south*), le Val de Loire (*Loire Valley*),
les Alpes

je vais $\left\{\begin{array}{l}\text{dans les Pyrénées} \\ \text{dans le Midi} \\ \text{dans le Val de Loire} \\ \text{dans les Vosges}\end{array}\right.$

Places on the coast

je vais $\left\{\begin{array}{l}\text{sur la côte Atlantique} \\ \text{sur la Côte d'Azur}\end{array}\right.$

4 Tout sur l'alimentation

1 Preparing a meal

Dialogue

Des amis ont loué une villa pour y passer les vacances ensemble.
(*Friends have rented a villa in order to spend their holidays together.*)

Pierre   Qu'est-ce qu'on mange aujourd'hui?

Adidja   Je ne sais pas. Demande à Omar, c'est son tour de faire la cuisine.

               (Cinq minutes plus tard.)

Pierre   Omar, qu'est-ce qu'on mange?

Omar   Je n'en sais rien moi, c'est ton tour de faire la cuisine.

Christine   Ne vous disputez pas! Il suffit de regarder la liste. Voyons . . . aujourd'hui c'est mardi . . . voilà . . . «cuisine» . . . C'est Pierre. Pierre, c'est ton tour de faire la cuisine et Omar, c'est le tien pour la vaisselle . . . Zut, c'est le mien pour les courses!

Hélène   Pierre, tu nous fais un couscous, s'il te plaît? J'adore ça.

Bernard   Oui, moi aussi j'ai envie de manger du couscous.

Pierre   Bon, d'accord. Christine, je peux aller faire les courses avec toi? On a besoin de beaucoup de choses pour faire le couscous.

Christine   Oui, bien sûr. Il ne faut rien oublier. Tiens, voilà du papier et un crayon pour écrire la liste de provisions.

Vocabulaire

Mots nouveaux et expressions idiomatiques

les vacances *holidays*	**mardi** *Tuesday*
ensemble *together*	**ton tour** *your turn*
aujourd'hui *today*	**le tien** *yours*

Zut! *mild exclamation of annoyance*	**bien sûr** *of course*
	rien *nothing*
le mien *mine*	**Tiens!** *Here you are!*
couscous *N. African meal*	**du papier** *some paper*
d'accord *OK*	**un crayon** *pencil*

Note that **Tiens!** (from the verb **tenir** *to hold*) is also used as an exclamation showing surprise:

Tiens! Il pleut! *Oh! It's raining!*
Tiens! Tiens! *Well, well!*

Verbes

Infinitives	*Examples from the text*
Louer *to rent*	**Des amis ont loué une villa** *Friends have rented a villa*
Manger *to eat*	**Qu'est-ce qu'on mange?** *What are we eating?*
Demander *to ask*	**Demande à Omar** *Ask Omar*
Savoir *to know*	**Je n'en sais rien moi** *I know nothing about it*
Se disputer *to quarrel*	**Ne vous disputez pas** *Don't quarrel*
Suffire *to be sufficient*	**Il suffit de regarder la liste** *All you need to do is to look at the list*
Regarder *to look at*	**regarder la liste** *to look at the list*
Voir *to see*	**Voyons** *Let's see*
Faire *to do*	**Faire la cuisine** *To do the cooking*
	Faire la vaisselle *To do the washing-up*
	Faire les courses *To do the shopping*
Avoir envie *to fancy*	**j'ai envie de couscous** *I fancy some couscous*
Avoir besoin *to need*	**On a besoin de beaucoup de choses** *We need a lot of things*
Oublier *to forget*	**Il ne faut rien oublier** *We must not forget anything*
Écrire *to write*	**du papier et un crayon pour écrire la liste** *some paper and a pencil to write down the list*

The personal pronoun tu

Tu (*you*) is used to address a child, a member of the family or a friend. It is generally used by mutual agreement between speakers. Younger French people tend to use the **tu** form more freely than older people.

Vous is the more formal way of addressing someone.

PRATIQUE **4.1**   Répondez en anglais.

1   Whose turn is it to do the cooking on a Tuesday?
2   What did Adidja think?
3   What is Christine's task on a Tuesday?
4   How many people ask for couscous?
5   Who goes shopping with Christine?
6   Why does Pierre need a pencil and paper?

Talking about possessions (possessive adjectives and pronouns)

Possessive adjectives and pronouns are more complex in French than they are in English because they vary according to the number and gender of the word used to represent the possessed object. They *never* reflect the gender of the person who owns the object.

Possessive adjectives are as follows:

> mon *my* (*masc.*)   mon père *my father*
> ma *my* (*fem.*)   ma mère *my mother*
> mes *my* (*plur.*)   mes frères *my brothers*
>   mes sœurs *my sisters*

These examples referring to people do not represent too much of a problem. It is more difficult when dealing with objects. It is important to understand that words are feminine or masculine, not the objects themselves.

Remember the example of the bicycle, for which there are two separate words in French:

> c'est **mon** vélo *it's my bicycle*
> c'est **ma** bicyclette *it's my bicycle*

Mes is used for the plural of both masculine and feminine words:

> mes vélos
> mes bicyclettes   *my bicycles*

Possessive pronouns are as follows:

singular		*plural*	
masc.	*fem.*	*masc.*	*fem.*
le mien	la mienne	les miens	les miennes

A possessive and spoilt child talks about his possessions:

Ça, c'est **mon** chien, c'est **le mien**!	*That's my dog, it's mine!*
Ça, c'est **ma** voiture, c'est **la mienne**!	*That's my car, it's mine!*
Ça, ce sont **mes** livres, ce sont **les miens**!	*These are my books, they are mine!*
Ça, ce sont **mes** chaussettes, ce sont **les miennes**!	*These are my socks, they are mine!*

Note that **c'est** (*this is, that is*) is followed by a noun in the singular. **Ce sont** (*these are, those are*) is followed by a noun in the plural.

Talking to a friend about his or her possessions:

ton chien, le tien	*your dog, yours*
ta voiture, la tienne	*your car, yours*
tes livres, les tiens	*your books, yours*
tes chaussettes, les tiennes	*your socks, yours*

Talking about another person's possessions:

son chien, le sien	*his/her dog, his/hers*
sa voiture, la sienne	*his/her car, his/hers*
ses livres, les siens	*his/her books, his/hers*
ses chaussettes, les siennes	*his/her socks, his/hers*

Examples:

Colette C'est ton vélo? **Armelle** Oui, c'est mon vélo.

Since the word **vélo** has already been mentioned in the question, Armelle could have used the possessive pronoun in her answer, so avoiding repetition.

Colette C'est ton vélo? **Armelle** Oui, c'est le mien.
Colette C'est ta bicyclette? **Armelle** Oui, c'est la mienne.
Henri Ce sont tes patins? **Michelle** Oui, ce sont les miens.

(les patins à roulettes (*m*) *roller skates*)

Talking about someone else's possessions:

Florence C'est son vélo? (*referring to Claire's bicycle*)
Michelle Oui, c'est le sien.

Florence C'est sa bicyclette?
Michelle Oui, c'est la sienne.

Florence Ce sont ses patins à roulettes? (*referring to Claire's skates*)
Michelle Oui, ce sont les siens.

Florence Ce sont ses chaussures? (*referring to Claire's shoes*)
Michelle Oui, ce sont les siennes.

Interlude: Mettre le couvert (*Setting the table*)

A French table is set slightly differently from an English table. There are often two plates in front of each person, especially in the evening if soup is part of the meal. The soup plate is placed on top of another plate. Even though a lot of bread can be eaten with a meal, no sideplates are provided. The bread is simply on the table, the tablecloth or the side of the dinner plate. The fork and spoon are placed face down rather than on their backs.

For an ordinary everyday meal the average French family has a table set more or less as in the illustration (only one place setting is shown).

PRATIQUE 4.2 Vrai ou faux. Say whether the suggested usages of the following items are true or false. (A quoi ça sert? *What is it used for?*)

1 Une bouteille, ça sert à mettre la soupe.
2 Une salière, ça sert à mettre le sel.
3 Une nappe, ça sert à protéger la table.
4 Une carafe d'eau, ça sert à mettre le vin.
5 Un couteau, ça sert à couper.
6 Une cuillère, ça sert à manger le pain.
7 Une fourchette, ça sert pour manger.
8 Une poivrière, ça sert à mettre le poivre.
9 Un tire-bouchon, ça ne sert à rien.
10 Un verre, ça sert à mettre le vin ou l'eau.

1)	une assiette	a plate
2)	un verre	a glass
3)	une fourchette	a fork
4)	un couteau	a knife
5)	une cuillère	a spoon
6)	une serviette	a napkin
7)	une nappe	a tablecloth
8)	un plat	a dish
9)	une soupière	a soup dish
10)	une carafe d'eau	a jug of water
11)	une bouteille de vin	a bottle of wine
12)	une salière	a salt pot
13)	une poivrière	a pepper pot
14)	un tire-bouchon	a corkscrew
15)	une baguette	a French stick

PRATIQUE 4.3   Two children are arguing at the dinner table:

André   Ça c'est ma fourchette! *That's my fork!*
Sylvie   Non, ce n'est pas ta fourchette, c'est la mienne! *No it's not your fork, it's mine!*

Make up five similar dialogues using the following items:

a knife – a napkin – two plates – a glass – a spoon

2   The shopping list

Dialogue

Hélène	De quoi est-ce qu'on a besoin?
Pierre	Euh . . . On a besoin de viande, du mouton ou bien du poulet.
Hélène	Il faut du pain, il n'en reste plus.
Pierre	On a du fromage?
Hélène	Euh . . . oui, il en reste un peu. Il faut des légumes.
Pierre	Ah oui, il faut des pois chiches pour le couscous et puis on a besoin de semoule de couscous aussi. Il y en a un peu dans le placard mais pas assez pour tout le monde.
Hélène	Bon, alors c'est tout?
Pierre	Non, ce n'est pas tout. Il n'y a plus de vin.
Hélène	Du vin, du vin, toujours du vin, tu bois trop de vin, toi!
Pierre	Et toi, tu n'as rien à dire, toi tu fumes trop!

Vocabulaire

Mots nouveaux et expressions idiomatiques

de la viande *meat*	**le placard** *cupboard*
du mouton *mutton*	**assez** *enough*
ou bien *or else*	**pas assez** *not enough*
du poulet *chicken*	**pour tout le monde** *for everyone*
du pain *bread*	(*Lit. for all the world*)
du fromage *cheese*	**c'est tout** *that's all*
des légumes *vegetables*	**ce n'est pas tout** *that's not all*
des pois chiches *chick peas*	**plus de** *no more*
de la semoule de couscous	**toujours** *always*
couscous semolina	**trop de** *too much*
un peu *a little*	

Note the following:

il y a **du** pain/**des** haricots/**de la** viande *there is some bread, etc.*

but in the negative form:

il n'y a pas **de** pain/**de** haricots/**de** viande

Verbes

Infinitives	Examples from the text
Rester *to stay,* *to remain*	**il n'en reste plus** *there is none left* **il en reste un peu** *there is some left*
Boire *to drink*	**tu bois trop de vin** *you drink too much wine*
Dire *to say*	**tu n'as rien à dire** *you can't talk! (you can't say anything)*
Fumer *to smoke*	**tu fumes trop** *you smoke too much*

PRATIQUE **4.4**   Réfléchissez et choisissez

1 On a besoin

   a de cigarettes.
   b de pain.
   c de haricots.
   d d'un placard.

2 Il n'y a plus

   a de vin.
   b de pois chiches.
   c de fromage.
   d de couscous.

3 Il reste un peu

   a de vin.
   b de pain.
   c de cigarettes.
   d de fromage.

4 Il n'y a pas assez

   a de semoule de couscous.
   b de viande.
   c de poulet.
   d de pain.

5 Hélène

   a fume trop.
   b boit trop.
   c fume peu.
   d mange trop.

6 Pierre

   a ne boit pas assez.
   b boit peu.
   c fume trop.
   d boit trop.

7 Sur la liste de provisions

   a il n'y a pas de fromage.
   b il y a des cigarettes.
   c il y a peu de choses.
   d il n'y a pas de viande.

8 Hélène et Pierre vont

   a faire la vaisselle.
   b mettre le couvert.
   c boire de l'eau.
   d faire les courses.

Aller *to go*	**il/elle va** *he/she goes*	
	ils vont *they go*	
	ils vont faire la cuisine	*they are going to do the cooking*

Note that the verb **aller** when followed by another verb expresses a notion of near future.

How to express quantity

il y a **du** vin	*there is (some) wine*
il y a **beaucoup de** vin	*there is a lot of wine*
il y a **assez de** vin	*there is enough wine*
il y a **peu de** vin	*there is little wine*
il y a **trop de** vin	*there is too much wine*
il y a **un peu de** vin	*there is a little bit of wine*

Negative expressions:

il **n'**y a **pas de** vin	*there is no wine*
il **n'**y a **plus de** vin	*there is no more wine*
il **n'**y a **pas assez de** vin	*there is not enough wine*
il **n'**y a **presque pas de** vin	*there is hardly any wine*

Expressions combining two adverbs:

il y a **très peu de** vin	*there is very little wine*
il y a **beaucoup trop de** vin	*there is far too much wine*
il y a **trop peu de** vin	*there is too little wine*

It is possible to replace the noun (**du vin** in the previous example) by the pronoun **en**:

Il y a du vin?	*Answer:* Oui, il y **en** a *Yes, there is (some)*
Il reste du vin?	*Answer:* Non, il **n'en** reste pas *No, there isn't any (of it) left*

Interlude: Encore des provisions (*More food*)

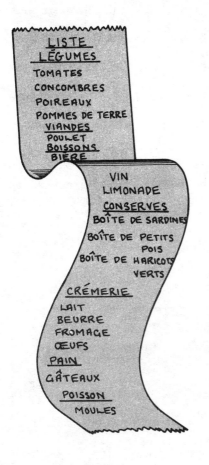

LISTE	*Vegetables*
LÉGUMES	tomatoes
TOMATES	cucumbers
CONCOMBRES	leeks
POIREAUX	potatoes
POMMES DE TERRE	*Meat*
VIANDES	chicken
POULET	*Drinks*
BOISSONS	beer
BIÈRE	wine
VIN	lemonade
LIMONADE	*Tinned foods*
CONSERVES	tin of sardines
BOÎTE DE SARDINES	tin of peas—tinned peas
BOÎTE DE PETITS POIS	are more common in France.
BOÎTE DE HARICOTS VERTS	They come in 3 categories: moyens (medium) fins (small), extra fins (extra small).
	tin of green beans
CRÉMERIE	*Dairy*
LAIT	milk
BEURRE	butter
FROMAGE	cheese
ŒUFS	eggs
PAIN	*Bread*
GÂTEAUX	cakes
POISSON	*Fish*
MOULES	mussels

PRATIQUE 4.5　Match the items in the second and third columns to the meanings in the first column.

Example:　Peas? There aren't any left.
　　　　　Des petits pois? Il n'en reste plus.

1	Cheese? There is too much of it.	**(a)**	Du poisson?	**(i)**	Il n'y en a pas.
2	Bread? There is none left.	**(b)**	De la bière?	**(ii)**	Il n'y en a presque pas.
3	Cigarettes? There aren't any.	**(c)**	De la viande?	**(iii)**	Il y en a trop.
4	Beer? There is enough of it left.	**(d)**	Du beurre?	**(iv)**	Il n'en reste plus.
5	Meat? There is too little of it.	**(e)**	Du fromage?	**(v)**	Il y en a très peu.
6	Chicken? There is very little of it.	**(f)**	Des œufs?	**(vi)**	Il en reste assez.
7	Butter? There is far too much of it.	**(g)**	Des cigarettes?	**(vii)**	Il y en a beaucoup trop.
8	Milk? There is hardly any.	**(h)**	Du poulet?	**(viii)**	Il n'en reste pas assez.
9	Fish? There is a little bit of it.	**(i)**	Du lait?	**(ix)**	Il y en a trop peu.
10	Eggs? There aren't enough left?	**(j)**	Du pain?	**(x)**	Il y en a un peu.

3　A good recipe

LES MOULES MARINIÈRES

(Recette pour quatre personnes: deux litres de moules)

Il faut moins de dix minutes pour préparer cette délicieuse recette. D'abord, il est important de bien nettoyer les moules. Ensuite, mettez les moules dans une grande casserole, faites cuire à feu vif et ajoutez du thym, du laurier, du persil, une échalotte hachée ou bien la moitié d'un oignon.

Faites sauter les moules de temps en temps et au bout de cinq minutes, ajoutez deux verres de vin blanc sec, une gousse d'ail finement hachée, de la ciboule et une noix de beurre

Poivrez, mais surtout ne salez pas! Vous pouvez ajouter deux cuillères de chapelure. Faites sauter à nouveau, laissez encore trois minutes à feu vif et voilà! Servez bien chaud avec du pain et du beurre.

C'est délicieux . . .　　　Alors . . .

Bon appétit!

INGREDIENTS	
moules	mussels
la moitié d'un oignon	half an onion
du thym	thyme
du laurier	bay leaves
du persil	parsley
une gousse d'ail	a garlic clove
de la chapelure	breadcrumbs
du vin blanc sec	dry white wine
une noix de beurre	a knob of butter
une échalotte hachée	a chopped shallot
de la ciboule	chives
USTENSILE	**UTENSIL**
une grande casserole	a large saucepan
CUISSON	**COOKING**
feu vif	high temperature (on top of the stove)

Conseil: Faire sauter les moules de temps en temps
Advice: Shake the saucepan occasionally

Mots nouveaux et expressions idiomatiques

cette recette *this recipe*	**à nouveau** *again*
D'abord *first of all*	**voilà** *that's it, there you are*
Ensuite *then, next*	**Alors** *so*
au bout de *at the end of, after*	**Bon appétit!** *good appetite!*
surtout *above all*	

Verbes

Infinitives	*Examples from the text*
Nettoyer *to clean*	**bien nettoyer les moules** *clean the mussels well*
Mettre *to put*	**Mettez les moules** . . . *Put the mussels* . . .

Faire cuire *to cook*	**Faites cuire à feu vif** *Cook at a high temperature*
Ajouter *to add*	**Ajoutez deux verres de vin** *Add two glasses of wine*
	Vous pouvez ajouter . . . *You can add* . . .
Poivrer *to add pepper*	**Poivrez!** *Add some pepper!*
Saler *to add salt*	**Surtout ne salez pas!** *Above all, do not add any salt!*
Laisser *to leave*	**Laissez encore trois minutes** *Leave for three more minutes*
Servir *to serve*	**Servez bien chaud** *Serve nice and hot*

PRATIQUE 4.6 Relisez la recette et répondez en anglais

1 How many litres of mussels are required for eight people?
2 How long does it take to prepare this recipe?
3 What is the first thing to do?
4 What quantity of breadcrumbs is required?
5 How long must one wait before adding the white wine?
6 What is strictly forbidden in this recipe?

PRATIQUE 4.7 Complétez les phrases avec les mots ci-dessous (*Complete the following sentences with the words listed below*).

1 Pour préparer cette . . . . , il faut . . . . . . de dix minutes.
2 Il ne faut surtout pas ajouter de . . . . . . , mais on peut ajouter . . . . . . de . . . . . .
3 On a . . . . . . de la moitié d'un . . . . . .
4 C'est un plat . . . . . . qu'il faut servir bien . . . . . .

> *sel – moins – délicieux – oignon – recette –*
> *besoin – chaud – beaucoup – poivre*

4 Un peu de grammaire

Impersonal verbs

In the dialogue on p. 62 several verbs were used with the pronoun **il** where **il** does not stand for a masculine person or object, but as the

impersonal subject of an impersonal verb. The English equivalent is 'it', although it is not always possible to translate **il** in this way.
Examples:

Il faut acheter de la viande. *We must buy some meat.*
(*Lit. It is necessary to buy some meat.*)
Il suffit de regarder. *All you need do is look.*
(*Lit. It is sufficient to look*).
Il n'en reste plus. *There is none (of it) left.*
Il ne faut rien oublier. *We must not forget anything.*
(*Lit. It is necessary not to forget anything.*)

Impersonal verbs are also used to indicate the time and the weather:

il est huit heures *it is eight o'clock*   il fait chaud *it is hot*
il pleut *it is raining*

More possessive adjectives and pronouns

Singular

adj.	pron.	masc.	fem.
our	ours	Notre sac! C'est le nôtre!	Notre montre! C'est la nôtre!
your	yours	Votre sac! C'est le vôtre!	Votre montre! C'est la vôtre!
their	theirs	Leur sac! C'est le leur!	Leur montre! C'est la leur!

Plural

our	ours	Nos papiers! Ce sont les nôtres	Nos lunettes! Ce sont les nôtres
your	yours	Vos papiers! Ce sont les vôtres	Vos lunettes! Ce sont les vôtres
their	theirs	Leurs papiers! Ce sont les leurs!	Leurs lunettes! Ce sont les leurs!

un sac *a bag*,   une montre *a watch*,   des papiers *papers*,
des lunettes *glasses*

Note that possessive adjectives do not have a feminine form (i.e. **ma, ta, sa**) if the noun they precede starts with a vowel, even if that noun is feminine:

Une amie (*a female friend*) will become **mon amie, ton amie, son amie** (my friend, your friend, his/her friend).

The pronouns *y* and *en*

Y replaces the name of a place which has already been mentioned, or which is present in the mind of the speaker.

Examples:

Pierre	Tu vas à Paris aujourd'hui?
Nicole	Oui, j'**y** vais. (y replaces **Paris**: *Lit. Yes, I am going there.*)

Nicole	Et toi, tu **y** vas?
Pierre	Non, je n'**y** vais pas. (*i.e.* Je ne vais pas à Paris.)

Note the example in the text on p. 56:

Des amis ont loué une villa pour **y** passer les vacances (*Lit. to spend their holidays there*).

Note also the use of **y** in the expression **il y a** (*there is/there are*).

The pronoun **en** is used to replace a noun preceded by an indefinite article, i.e.:

$$\left.\begin{array}{l} \text{un} \quad (masc.) \\ \text{une} \quad (fem.) \end{array}\right\} a$$
$$\text{des} \quad (plur.) \quad some$$

Examples:

Pierre	Tu as des pommes?
Paul	Oui, j'**en** ai. (en replaces **des pommes**: *Lit. Yes, I have some.*)

Pierre	Tu bois trop de vin.
Paul	Oui, j'**en** bois trop! (*Lit. Yes. I drink too much of it.*)

If Paul disagreed with Pierre and denied that he drinks too much wine, he would say: Non, je n'**en** bois pas trop!

Pierre	Tu manges des bonbons?
Paul	Non, je n'**en** mange pas.

Note also these examples with **il y a** and an expression of quantity:

Pierre	Il y a des couteaux sur la table?
Paul	Oui, il y **en** a.

Pierre	Il y a une bouteille de vin dans la cuisine?
Paul	Non, il n'y **en** a pas.

Pierre	Il y a assez de couscous?
Paul	Oui, il y **en** a assez.

Du, de la, des and de

Du, de la and **des** all become **de** (or **d'** before a vowel) after an expression of quantity or a negative expression.

Il faut **du** pain   Il y a beaucoup **de** pain
Il faut **de la** viande   Il y a trop **de** viande
Il faut **des** petits pois   Il n'y a pas **de** petits pois
Il faut **des** oranges   Il n'y a plus **d'**oranges

Further examples:

Rémy	Je voudrais **du** fromage.
Maman	Il n'y a pas assez **de** fromage pour tout le monde.
Rémy	Je voudrais **de la** limonade.
Maman	Tu bois trop **de** limonade.
Rémy	Je voudrais **des** bonbons.
Maman	Il n'y a plus **de** bonbons.

5 Comment trouver un logement?

1 Looking for a flat

Dialogue

Anne-Marie	J'ai une amie anglaise qui cherche un appartement à louer . . . Tu ne connais pas quelqu'un qui cherche une locataire, par hasard?
Sophie	Non, je ne connais personne ici. Quel genre d'appartement est-ce qu'elle cherche, ton amie?
Anne-Marie	Oh, je ne sais pas, un petit meublé ou quelque chose dans ce genre. Étant donné qu'elle ne reste que six mois en France, elle n'a pas de meubles à elle ici, il faut donc qu'elle trouve quelque chose de meublé.
Sophie	Oui, je vois. Ce n'est pas facile à trouver, tu sais, et puis ça coûte cher. Elle a de l'argent, ton amie?
Anne-Marie	Pas tellement: elle vient de terminer ses études et elle va essayer de donner des cours d'anglais ici en attendant de trouver du travail en Angleterre.
Sophie	On peut toujours regarder dans le journal local, à la page des petites annonces. On ne sait jamais, on pourrait peut-être trouver quelque chose.
Anne-Marie	Oui, c'est une bonne idée. Allons-y.

(Les jeunes filles sortent et elles reviennent dix minutes plus tard avec deux journaux locaux.)

Sophie	Il n'y a rien dans mon journal.
Anne-Marie	Tiens, regarde. Il y a quelque chose dans le mien.
Sophie	Fais-moi voir.

(Elles lisent une annonce.)

> Dame veuve
> cherche locataire.
> Chambre meublée
> Tout confort.
>
> S'adresser à Mme X
> Tel. 45.56.73
> tous les jours (sauf
> dimanche) de 9h à
> 12h30

Sophie	Tu crois que ça conviendrait à ton amie?
Anne-Marie	Je ne sais pas. On peut toujours aller voir. Mais d'abord il faut que je téléphone à la dame.

Vocabulaire

Mots nouveaux et expressions idiomatiques

un(e) ami(e) *friend*
un appartement *flat*
qui *who*
un(e) locataire *lodger*
par hasard *by any chance*
Quel genre? *What kind?*
un meublé, un appartement meublé *furnished flat*
quelque chose dans ce genre *something like that*
des meubles à elle *furniture of her own*
quelque chose de meublé *something furnished*
facile *easy*
cher *expensive*

de l'argent *money*
pas tellement *not much*
ses études *her studies*
des cours d'anglais *English lessons*
du travail *some work*
dans *in*
une jeune fille *girl, young unmarried woman*
le journal local *local paper*
les journaux locaux *local papers*
une annonce *advertisement*
la dame *lady*
dame veuve *widowed lady*
une chambre *room*
d'abord *in the first place*

Verbes

Infinitives	Examples from the text
Chercher *to look for*	**J'ai une amie qui cherche un appartement** *I have a friend who is looking for a flat*
	cherche locataire *seeks lodger*
Connaître *to know*	**Tu ne connais pas?** *You don't know?*
Donner *to give*	**Étant donné que . . .** *Given that . . .*
Rester *to stay*	**elle ne reste que six mois** *she is only staying for six months*
Trouver *to find*	**il faut qu'elle trouve** *she must find*
Meubler *to furnish*	**meublé** *furnished*
Coûter *to cost*	**ça coûte cher** *it costs a lot of money*
Venir de *to have just*	**elle vient de terminer** *she has just finished*
Essayer *to try*	**elle va essayer de trouver** *she is going to try and find*
Attendre *to wait*	**en attendant** *while waiting*
Pouvoir *to be able (I can, etc.)*	**On peut toujours regarder** *We can always look*
	on pourrait peut-être trouver *we could perhaps find*
Aller *to go*	**Allons-y** *Let's go*
	On peut toujours aller voir *We can always go and see*
Sortir *to go out*	**Les jeunes filles sortent** *The girls go out*
Revenir *to come back*	**elles reviennent** *they come back*
Voir *to see*	**Fais-moi voir** *Let me see*
Lire *to read*	**Elles lisent** *They read*
Croire *to believe*	**Tu crois que ça conviendrait?** *Do you think it would be suitable?*
Convenir *to be suitable*	**ça conviendrait** *it would be suitable*
Savoir *to know*	**Je ne sais pas** *I don't know*

Five important notes

1 *The present participle*

The -**ant** form of a verb in French is equivalent to the -*ing* form of a verb in English. For most verbs, the ending -*ons* is dropped from the **nous** form of the verb in the present tense and replaced by -**ant** to form the present participle (see verb table on p. 264).

nous attendons *we are waiting*	nous parlons *we are talking*
en attendant *while waiting*	en parlant *while talking*

but note   être: étant   avoir: ayant

2 Savoir *and* connaître (*to know*)

The difference between these two verbs is sometimes difficult to establish, but as a general rule, **savoir** means to know how to do something, or to know a concrete fact. It is often followed by **que**, **où**, **comment** or **pourquoi**. **Savoir** *never* means to know someone.

Connaître means to know in the sense of knowing people, places or abstract notions. It is *never* followed by **que**, **où**, **comment** or **pourquoi**.

Study the following examples:

Je sais que cela coûte cher.	*I know that it is expensive.*
Je connais un restaurant pas cher.	*I know a cheap restaurant.*
Je sais que Napoléon est mort à Sainte-Hélène.	*I know that Napoleon died at St Helena.*
Je connais l'histoire de France.	*I know the history of France.*
Je sais nager.	*I can swim (I know how to swim).*
Je connais la photographie.	*I know about photography.*
Je sais comment y aller.	*I know how to get there.*
Je connais la route.	*I know the road.*

3 *Negative expressions*

ne⎰ . . . pas n'⎱	Elle **n'**a **pas** d'argent.	*She has **no** money.*
ne⎰ . . . plus n'⎱	Il **ne** reste **plus** de café.	*There is **no (more)** coffee left.*
ne⎰ . . . que n'⎱	Je **n'**ai **que** dix francs.	*I **only** have ten francs.*

ne ⎱ . . . personne n' ⎰	Je **ne** connais **personne.**	*I don't know **anyone**.*
ne ⎱ . . . jamais n' ⎰	On **ne** sait **jamais**.	*You **never** know.*
ne ⎱ . . . rien n' ⎰	Je **ne** sais **rien**.	*I don't know **anything**.*

Note that when standing by themselves, **personne** means 'no-one', **jamais** means 'never', and **rien** means 'nothing'.

4   Quelqu'un/quelque chose (*someone/something*)

Questions	*Positive replies*	*Negative replies*
Tu connais **quelqu'un**?	Oui, je connais **quelqu'un**.	Non, je **ne** connais **personne**.
Do you know someone?	*Yes, I do know someone.*	*No, I don't know anyone.*
Tu vois **quelque chose**?	Oui, je vois **quelque chose**.	Non, je **ne** vois **rien**.
Can you see something?	*Yes, I can see something.*	*No, I can't see anything.*

5   Adjectives ending in -al

Masc. noun + adj.	un journal loc**al**, un tarif norm**al**
Plural:	des journ**aux** loc**aux**, des tarifs norm**aux**
Fem. noun + adj:	une fête loc**ale**, une heure norm**ale**
Plural:	des fêtes loc**ales**, des heures norm**ales**

Conseil: There is a large number of new words in the dialogue, so it might be necessary to read it several times (with the help of the 'Vocabulaire') before it becomes clear.

PRATIQUE **5.1**   Vrai ou faux.

1   Une amie anglaise de Sophie cherche un appartement.
2   L'amie anglaise n'a pas de meubles en France.
3   Un appartement meublé coûte cher.
4   Il y a des petites annonces dans le journal local.

5 On peut téléphoner à la dame vers trois heures de l'après-midi.
6 Sophie et Anne-Marie cherchent des recettes de cuisine dans le journal.
7 On sait l'adresse de Mme X.
8 Les jeunes filles vont d'abord téléphoner à la dame.

Asking questions (interrogative pronouns or adjectives)

Comment *How?*	Comment allez-vous? *How are you?* but
	Comment vous appelez-vous? *What's your name?*
Qui? *Who?*	Qui êtes-vous? *Who are you?*
Combien? *How much?*	Combien ça coûte? *How much does it cost?*
Où? *Where?*	Où allez-vous? *Where are you going?*
Quand? *When?*	Quand partez-vous? *When are you leaving?*
Pourquoi? *Why?*	Pourquoi vient-elle ici? *Why is she coming here?*
Quel/quelle? *What?*	Quel jour est-ce? *What day is it?*
	Quelle heure est-il? *What time is it?*
Que? *What?* (*followed by a verb*)	Que fait-elle? *What is she doing?*
Qu'est-ce que? *What?* (*interchangeable with* que)	Qu'est-ce qu'elle fait? *What is she doing?*

The advantage in using **qu'est-ce que** rather than **que** is that there is no need to invert the subject:

Qu'est-ce que tu fais? *but* Que fais-tu?

PRATIQUE 5.2 Répondez brièvement en français (*Reply briefly in French*).

1 Comment s'appellent les deux jeunes filles?
2 Quelle est la nationalité de l'amie d'Anne-Marie?
3 Qui va essayer de donner des cours d'anglais?
4 Où est-ce qu'il y a des petites announces?
5 Quel est le numéro de téléphone de la dame veuve?
6 Quand peut-on téléphoner à la dame?

2   Flat to let

Many people live in flats in France, especially in the towns. Flats can be bought or rented. Many of the flats are owned by **La Municipalité** (the French equivalent of the Council). These flats are called **HLM** (**habitations à loyer modéré** *moderate rent dwellings*). The size of a flat is indicated by the letter **F** followed by a number to indicate the basic size of each flat. An **F3** is a small flat with three rooms (including the kitchen), an **F4** has four rooms, and so on. The size of a house is indicated by the letter **T** (**T3**, **T4**, etc.)

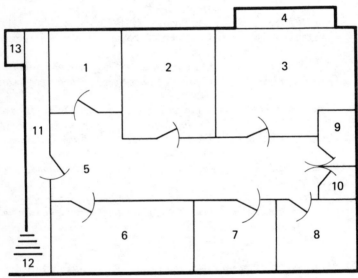

Plan de l'appartement

1)	La cuisine	the kitchen
2)	La salle à manger	the dining-room
3)	La salle de séjour	the living-room
4)	Le balcon	the balcony
5)	Le hall d'entrée	the entrance hall
6)	La chambre des parents	the parents' bedroom
7 & 8)	Les chambres des enfants	the children's bedrooms
9)	La salle de bain	the bathroom
10)	Les W.C. or les waters	the toilet
11)	Le couloir	the corridor
12)	L'escalier	the stairs
13)	L'ascenseur	the lift

The use of personal pronouns

Subject pronouns		Context of usage
je	*I*	referring to myself.
tu	*you*	referring to a person I know well, a parent or friend, or someone with whom I have a tacit agreement to address as **tu**. Addressing someone as **tu** is known as **tutoyer: On se tutoie?** *Can we call each other* tu*?*
il	*he, it*	referring to someone or something masculine in gender; also a pronoun used to refer to impersonal situations or elements such as time or the weather: **il est trois heures** *it is three o'clock*, **il pleut** *it is raining.*
elle	*she, it*	referring to someone or something feminine in gender.
on	*one*	used very frequently in conversation and replaces **nous** (*we*). Also an indefinite pronoun meaning 'someone': **on frappe** *someone is knocking at the door.*
ce, c' (mainly used with **être**)	*it*	also impersonal and used to refer to time (**c'est midi**), or the date or seasons: **c'est l'hiver** *it is winter*, **c'est lundi** *it is Monday.*
nous	*we*	(as **je**, in plural)
vous	*you*	referring to a person who is a stranger to me, or someone I am not at liberty to address as **tu** because of social conventions. **Vous** is used automatically to address more than one person. Addressing someone as **vous** is called **vouvoyer: je vouvoie ma belle-mère** *I say* vous *to my mother-in-law.*
ils	*they*	referring to males or objects of masculine gender. **Ils** is also used to refer to a mixed group: **Pierre et Anne sont ici? Ils sont ici. Anne, Henri, Julie, Nicole et Sophie arrivent dimanche? Oui, ils arrivent dimanche**.
elles	*they*	referring to females or objects feminine in gender.

PRATIQUE 5.3   Link the correct response to each cue.

Examples:

Armelle et Christine arrivent? Oui, **elles** arrivent.
(**Elles** is used in the answer to replace the names of the two women.)

Patricia arrive? Oui, **elle** arrive.
(**Elle** is used to replace the name of the woman.)

Note that in the third person plural, i.e. the **ils/elles** form, the verb is spelt with a different ending: **-ent**. However, these last three letters are never pronounced.

A question followed by a negative sign (−) will have an answer starting with **Non**. A question followed by a positive sign (+) will have an answer starting with **Oui**, or **Si** in the case of a question with a **ne . . . pas** structure. The verb used in the exercise is **acheter** (*to buy*).

1	Maurice achète du fromage? (+)	**(a)**	Oui, elle en achète.
2	Omar n'achète pas de viande? (+)	**(b)**	Non, ils n'en achètent pas.
3	M. et Mme Dupont achètent du poulet? (−)	**(c)**	Oui, ils en achètent.
4	Brigitte achète des légumes? (+)	**(d)**	Si, il en achète.
5	Ahmed et Pierre achètent du vin? (+)	**(e)**	Non, elle n'en achète pas.
6	Anne et Sophie n'achètent pas de beurre (+)	**(f)**	Si, ils en achètent.
7	Claire et son père n'achètent pas de gâteaux? (+)	**(g)**	Oui, il en achète.
8	Sylvie achète des journaux? (−)	**(h)**	Si, elles en achètent.

Remember the pronoun **en**:

Elle n'achète pas de pain. Elle n'en achète pas.

PRATIQUE **5.4** Complétez les dialogues.

Example:

| **Sylvie** | J'entends quelqu'un. *I (can) hear someone.* |
| **Claire** | Moi, je n'entends personne. *I can't hear anyone.* |

| **François** | Je vois quelque chose. *I (can) see something.* |
| **Isabelle** | Moi, je ne vois rien. *I can't see anything.* |

1 **M. Legrand**   Tu vois quelque chose? (voir *to see*)
   Mme Legrand   Non, ...

2 **M. Legrand**   ...... ? (chercher *to look for*)
   Mme Legrand   Non, je ne cherche rien.

3 **M. Legrand**   Tu attends quelqu'un? (attendre *to wait for*)
   Mme Legrand   Non, ...

4 **M. Legrand**   ...... ? (entendre *to hear*)
   Mme Legrand   Non, je n'entends personne.

5 **M. Legrand**   Tu trouves quelque chose? (trouver *to find*)
   Mme Legrand   Non, ...

Note also **quelque part** and its opposite **ne . . . nulle part** (*somewhere* and *nowhere*), **quelquefois** and its opposite **ne . . . jamais** (*sometimes* and *never*).

3   An exchange of flats

Il est possible de passer des vacances à l'étranger sans dépenser trop d'argent. Il suffit de trouver quelqu'un avec qui on peut faire un échange d'appartements.

Une annonce (*An advertisement*)

(This type of advertisement could have come from a teachers' magazine.)

Petites Annonces

ÉCHANGE D'APPARTEMENTS

Jeune couple d'enseignants
(Deux enfants de 7 et 9 ans)
Échangerait appartements de
banlieue parisienne avec des
personnes de même situation
familiale, résidant de
préférence dans la banlieue
de Londres. Échange possible
entre le 15 juillet et le
15 août.

Un mois plus tard (*A month later*)

The French couple have now selected an English family with whom they would like to exchange flats. The following letter is an answer from the English couple to the French couple. (Let's assume that the English couple are French teachers.)

Une lettre

Londres, le 12 mars 19..

Chers Monsieur et Madame Charpentier,

Nous venons de recevoir votre lettre du 8 mars
et c'est avec plaisir que nous acceptons votre offre
d'échange d'appartements.   Nous habitons à Greenwich qui
est à environ 10 kilomètres du centre de Londres et notre
appartement se trouve au troisième étage d'une vieille
maison.   Nous n'avons pas de jardin mais il y a une très
belle vue sur la Tamise et sur le parc de Greenwich qui
n'est pas loin de chez nous.

Nous avons deux chambres: une grande chambre avec un lit pour deux personnes et une petite chambre avec deux lits jumeaux pour les enfants. Les dates que vous suggérez nous conviennent aussi, mais nous aimerions beaucoup faire votre connaissance et vous pourriez peut-être arriver chez nous quelques jours avant notre départ. Qu'en pensez-vous?

Merci encore une fois pour votre aimable lettre.

Bien amicalement,

Edna Rogers

Vocabulaire

Mots nouveaux et expressions idiomatiques

un jeune couple *young couple*
un enseignant/une enseignante *teacher*
la banlieue *suburb*
la banlieue parisienne/la banlieue de Paris *the Paris suburbs*
la banlieue de Londres *the London suburbs*
avec plaisir *with pleasure*
au troisième étage *on the third floor*
une maison *house*
une vieille maison *old house*
une vue *view*
une belle vue *nice view*
La Tamise *the Thames*

le parc *park*
pas loin *not far*
chez nous *(our) home*
chez *at (so and so's)*
un lit *bed*
un lit pour deux personnes *double bed*
un lit pour une personne *single bed*
des lits jumeaux *twin beds*
faire connaissance *to get to know some one*
encore *again*
encore une fois *once more*
aimable *pleasant*
amicalement *in a friendly fashion*

Note that **un enseignant** is the general word for a teacher. A primary school teacher is called **un instituteur** or **une institutrice**, a secondary school teacher is called **un professeur**. Pupils, however, tend to call their teachers **la prof'** or **le prof'**, according to the person's gender:

Voilà le prof' de maths qui arrive. *Here comes the Maths teacher.*

Verbes

Infinitives	Examples from the text
Passer *to spend (time)*	**passer des vacances à l'étranger** *to spend holidays abroad*
Dépenser *to spend (money)*	**sans dépenser trop d'argent** *without spending too much money*
Échanger *to exchange*	**Jeune couple échangerait** *Young couple would be willing to exchange*
Recevoir *to receive*	**Nous venons de recevoir** *We have just received*
Accepter *to accept*	**Nous acceptons** *we accept*
Habiter *to live* **Résider** *to live*	**Nous habitons à Greenwich** *We live in Greenwich*
Trouver *to find* **Se trouver** *to be situated*	**Notre appartement se trouve au 3ième étage** *Our flat is (situated) on the 3rd floor*
Avoir *to have*	**Nous n'avons pas de jardin** *We do not have a garden*
	Nous avons deux chambres *We have two bedrooms*
Suggérer *to suggest*	**Les dates que vous suggérez** *The dates that you suggest*
Convenir *to be suitable*	**Les dates . . . nous conviennent** *The dates . . . suit us*
Aimer *to like*	**nous aimerions** *we would like*
Pouvoir *to be able*	**vous pourriez peut-être** *you could perhaps*
Penser *to think*	**Qu'en pensez-vous?** *What do you think of it?*

La Date

Les mois de l'année *the months of the year*

janvier *January*	juillet *July*
février *February*	août *August*
mars *March*	septembre *September*
avril *April*	octobre *October*
mai *May*	novembre *November*
juin *June*	décembre *December*

Les saisons *the seasons*

le printemps *spring*	l'automne *autumn*
l'été *summer*	l'hiver *winter*

Les jours de la semaine *the days of the week*

lundi *Monday*	vendredi *Friday*
mardi *Tuesday*	samedi *Saturday*
mercredi *Wednesday*	dimanche *Sunday*
jeudi *Thursday*	

Information: Jours fériés en France (*French public holidays*)

It is important to be aware of these dates if you intend to travel or live in France. On the days listed below everything is closed – shops, banks, etc.

Jour de l'an	*New Year's Day*	le 1er janvier
Le lundi de Pâques	*Easter Monday*	
La fête du travail	*May Day*	le 1er mai
Jeudi de l'Ascension	*Ascension Day*	(mois de mai)
Lundi de la Pentecôte	*Whit Monday*	
La fête nationale	*National festival* (Bastille day)	le 14 juillet
Assomption	*Feast of the Assumption*	le 15 août
La Toussaint	*All Saints' Day*	le 1er novembre
Armistice 1918	*Armistice Day*	le 11 novembre
Noël	*Christmas Day*	le 25 décembre

PRATIQUE 5.5 Quelle est la date aujourd' hui? (*What is the date today?*) Do not look at the list above.

1 Jeudi 28 août =

2 Lundi 1er octobre =

u3 Samedi 5 janvier =

4 Mardi 10 avril =

5 Vendredi 13 juillet =

6 Mercredi 2 février =

There is no Boxing Day in France.

PRATIQUE 5.6 Réfléchissez et choisissez.

1 M. et Mme Charpentier

    a habitent à Londres.

    b voudraient passer leurs vacances à Londres.

    c résident à la campagne.

    d cherchent une maison.

2 M. et Mme Charpentier

    a n'ont pas d'enfants.

    b ont trois enfants.

    c ont deux enfants.

    d trouvent deux enfants.

3 Le jeune couple

    a voudrait échanger leurs enfants.

    b aimerait aller aux États-Unis.

    c pourrait faire un échange d'appartement.

    d pourrait donner des cours de français.

4 Edna et Barry Rogers

    a résident dans la banlieue de Londres.

    b refusent l'offre d'échange.

    c ont un grand jardin.

    d enseignent l'espagnol.

5 L'appartement des Rogers

    a est au cinquième étage.

    b est dans le parc de Greenwich.

    c a trois chambres.

    d est dans un vieille maison.

6 Dans la petite chambre

    a il y a un lit pour deux personnes.
    b il n'y a pas de lit.
    c il y a deux lits.
    d il y a une belle vue sur la Tamise.

7 Les Rogers voudraient

    a que les Charpentier* arrivent après leur départ.
    b faire la connaissance des Charpentier.
    c arriver chez les Charpentier avant leur départ.
    d une grande chambre avec deux lits.

8 La lettre des Rogers

    a est datée du 13 mars.
    b est en anglais.
    c est datée du 15 juillet.
    d est en français.

* Note that in French surnames do not change in the plural: Les Charpentier, les Dupont (the Charpentiers, the Duponts).

At home and going home (chez)

In the letter, the Rogers wrote: 'Vous pourriez peut-être arriver chez nous . . .', where **chez nous** can be translated as 'at home' or 'at our house'.

    Chez is a preposition and the pronouns placed directly after it are different from the personal pronouns which operate as the subjects of verbs (**je, tu,** etc.)

They are:

moi	toi	lui	elle
nous	vous	eux	elles

Examples:

> L'arrêt de l'autobus est à côté de chez moi. *The bus stop is near my home.*
> Elle habite à côté de chez toi? *Does she live near you?*
> Il part de chez lui à minuit. *He leaves his home at midnight.*
> Elle rentre chez elle à pied. *She walks home.*
> Nous rentrons chez nous tous les soirs. *We go home every night.*
> Ils viennent souvent chez vous? *Do they often come to your house?*
> Une fois chez eux, ils ferment la porte à clé. *Once they get home, they lock the door.*
> Les deux femmes arrivent chez elles vers six heures. *The two women arrive home around 6 o'clock.*

It is also possible to use the expression **à la maison** as an alternative to **chez moi**:

> je rentre à la maison *I am going back home*
> (entrer *to enter*, rentrer *to go back*)

Note that the same pronouns are also used after other prepositions:

> cette montre est à elle *this watch is hers*
> c'est une lettre d'elle *it's a letter from her*
> c'est une lettre de lui *it's a letter from him*
> j'ai un rendez-vous avec eux *I have an appointment with them*
> la lettre est pour toi *the letter is for you*

PRATIQUE 5.7 Chacun chez soi (*Each in his/her own home*). Complete the following sentences with the correct pronoun, bearing in mind that each person is returning to his or her home.

1 Anne rentre chez . . . . . .
2 Françoise et Marie-France rentrent chez . . . . . .
3 Tu rentres chez . . . . . .
4 Je rentre chez . . . . . .
5 Ma mère et moi rentrons chez . . . . . .
6 Marc et Claire rentrent chez . . . . . .
7 Vous rentrez chez . . . . . . , monsieur?
8 Les Charpentier rentrent chez . . . . . .
9 Henri rentre chez . . . . . .
10 On rentre chez . . . . . .

4   The small ads

Petites annonces immobilières

Renseignements, visites:
AGENCE IMMOBILIÈRE
L'ARMORICAINE
15, rue de Paris
RENNES

OFFRES	DEMANDES
* D15 A louer Appt Bd de la Liberté, cuisine, WC, salle de bains, salle à manger, 1 chambre, ch. central. 800F par mois. Tel. soir après 6h. 30.45.46.	* D28 Cherche appt. cuisine, salle de séjour, chambre, ler étage ou RdC. environ 700F par mois. Centre ville. Prendre adresse au journal.
* D18 A louer trois chambres avec ch. central, SdB commune, donnent sur jardin. Prendre adresse au journal.	* D33 Cherche à louer maison 3 chambres région de Rennes, s'adresser M. Le Bihan 11, rue Kléber.
* D20 A louer meublé pour personne seule. Centre ville. Tel. 30.73.98. aux heures des repas.	* D40 Enseignant cherche à louer F3 à Rennes, bien éclairé, écrier ou téléphoner C.E.S. Villejean à M. Marec

Vocabulaire

Agence immobilière *Estate agents*
Renseignements *Information*
Centre ville *Town centre*
seul(e) *single/alone*
écrire *to write*
bien éclairé *well-lit, very light*

Ch. central: chauffage central *central heating*
SdB: salle de bains *bathroom*
RdC: rez-de-chaussée *ground floor*
C.E.S: Collège d'Enseignement Secondaire *College of Secondary Education*

PRATIQUE 5.8   Répondez en anglais.

1   In which advertisement is someone looking for a ground-floor flat?
2   In which advertisement is it recommended to phone at meal-times?
3   In advert D18, what do the lodgers have to share?
4   Among the offers, is there anything which could suit D28?
5   What is the profession of the person who is looking for an F3?
6   How can the person from D18 be contacted?
7   What sort of a view would you have as one of the lodgers of a room advertised in D18?
8   In which advert is a furnished flat mentioned?

PRATIQUE 5.9   Complétez les phrases suivantes avec les mots ci-dessous.

1   L'enseignant voudrait un . . . . . . de . . . . . . pièces.
2   Pour le meublé du centre . . . . . . , il faut . . . . . . aux heures des
. . . . . .
3   M. Le Bihan cherche à . . . . . . une . . . . . . de trois chambres.
4   . . . . . . avoir des renseignements au sujet de l'appartement du Boulevard de la Liberté, il faut téléphoner le . . . . . .

soir – trois – pour – louer – appartement – maison – ville – repas – téléphoner

PRATIQUE 5.10   Make up your own advertisement. Include the following points:

—You are looking for a furnished flat
—Preferably on the ground floor
—In the centre of the town
—One bedroom, kitchen, bathroom, toilet
—Central heating
—You want to be contacted through the newspaper

5 Un peu de grammaire

Verb endings in the present tense

In French a large number of verbs can be classified in three different categories provided that they are what is referred to as *regular* (i.e. verbs following a regular pattern). These categories are named for simple recognition according to the verb endings: **-er** verbs (verbs ending in **-er** in the infinitive form), **-ir** verbs and **-re** verbs.

Three regular verbs

rentrer *to return*	choisir *to choose*	attendre *to wait*
je rentre (chez moi)	je choisis	j'attends
tu rentres (chez toi)	tu choisis	tu attends
il rentre (chez lui)	il choisit	il attend
elle rentre (chez elle)	elle choisit	elle attend
on rentre (chez soi)	on choisit	on attend
nous rentrons (chez nous)	nous choisissons	nous attendons
vous rentrez (chez vous)	vous choisissez	vous attendez
ils rentrent (chez eux)	ils choisissent	ils attendent
elles rentrent (chez elles)	elles choisissent	elles attendent

Other regular verbs belonging to these categories have the same endings in the present tense.

Three irregular verbs

Aller *to go*	Être *to be*	Avoir *to have*
je vais	je suis	j'ai
tu vas	tu es	tu as
il ⎫	il ⎫	il ⎫
elle ⎬ va	elle ⎬ est	elle ⎬ a
on ⎭	on ⎭	on ⎭
nous allons	nous sommes	nous avons
vous allez	vous êtes	vous avez
ils ⎫ vont	ils ⎫ sont	ils ⎫ ont
elles ⎭	elles ⎭	elles ⎭

There are, unfortunately, many other 'irregular' verbs.

All the verbs mentioned above are in the present indicative. The indicative is a *mood*: it expresses the reality of the present, or past or future.

Use of the conditional

In the way it has been used so far, the conditional is not so much a different tense as a different mood. The conditional is widely used in conversational French because in many cases it makes for polite social interaction.

Examples:

> Je voudrais un café, s'il vous plaît. *I would like a coffee, please (if you please).*
>
> Pourriez-vous m'indiquer la poste, s'il vous plaît? *Could you tell me the way to the post office, please?*
>
> Ça conviendrait à ton amie? *Would it suit your friend?*

All verbs in the conditional have the same endings (**-er** verbs, **-ir** verbs, **-re** verbs and all 'irregular' verbs). You will find that the endings are always preceded by an 'r'.

je voudr**ais**	nous voudr**ions**
tu voudr**ais**	vous voudr**iez**
il/elle/on voudr**ait**	ils/elles voudr**aient**

Examples:

Manger *to eat*	Je mangerais bien du poulet. *I could eat some chicken.*
Avoir *to have*	Tu n'aurais pas une cigarette? *Have you got a cigarette?/You wouldn't have a cigarette would you?*
Pouvoir *to be able*	On pourrait faire la grève. *We could go on strike.*
Falloir *to be necessary*	Il faudrait faire la vaisselle. *Someone should do the washing up.*
Être *to be*	Nous serions contents de vous voir. *We would be pleased to see you.*
Vouloir *to want*	Vous voudriez aller au cinéma? *Would you like to go to the cinema?*
Devoir *to have to (I must)*	Elles devraient trouver du travail. *They should (ought to) find jobs.*

6 Une bonne soirée

1 An evening out

Dialogue

Florence	Que fais-tu ce soir?
Léla	Ce soir . . . euh . . .
Florence	Si tu es libre, je t'invite.
Léla	Oui, je suis libre.
Florence	Parfait! Ça te dirait d'aller au cinéma?
Léla	Au cinéma? Oui, si tu veux.
Florence	Quel film voudrais-tu voir?
Léla	Oh moi, ça m'est égal.
Florence	J'ai envie de voir un film avec Catherine Deneuve. Pas toi?
Léla	Non, pas particulièrement. Pourquoi avec Catherine Deneuve?
Florence	Parce que je trouve qu'elle est très bonne en tant qu'actrice et aussi parce que je la trouve très belle.
Léla	Bonne actrice, c'est possible, mais la qualité d'un film n'a rien à voir avec la beauté ou la laideur des acteurs.
Florence	Bien sûr que non, mais j'ai tout de même envie de voir un film avec Catherine Deneuve! Tiens, voilà un journal.
Léla	Voilà la page des spectacles . . . . Voilà . . . . Cinéma!

(Elles regardent le journal à la page des spectacles.)

Florence	Il n'y a pas grand'chose d'intéressant!
Léla	Non, rien de fascinant! Dis Florence, si on allait au théâtre plutôt?
Florence	Pourquoi pas . . . Voyons . . . Théâtre . . .

(Elles regardent à nouveau le journal.)

Vocabulaire

Mots nouveaux et expressions idiomatiques

Libre *free*
ça/cela m'est égal *it's all the same to me; I don't mind*
pourquoi *why*
Parce que *because*
elle est très bonne *she is very good*
En tant qu'actrice *as an actress (note the absence of article)*
elle est belle *she is beautiful*
beau/belle *beautiful*
cela n'a rien à voir avec . . . *it has nothing to do with*

la beauté *beauty*
laid/laide *ugly*
la laideur *ugliness*
un acteur *actor*
Bien sûr que non *Of course not*
tout de même *all the same*
pas grand'chose *nothing much*
pas grand'chose d'intéressant *nothing very interesting*
rien de fascinant *nothing very fascinating*
plutôt *rather*
à nouveau *again*
nouveau/nouvelle *new*
Pourquoi pas *Why not*

Verbes

Infinitives	Examples from the text
Faire *to do*	Que fais-tu? *What are you doing?*
Être *to be*	Si tu es libre *If you are free*
Inviter *to invite*	Je t'invite *I invite you*
Dire *to say, to fancy, (colloqu.)*	Ça te dirait d'aller? *Do you fancy going . . . ?*
	Dis Florence . . . *Tell me, Florence . . .*
Avoir envie *to want, to like*	J'ai envie de voir un film *I would like to see a film*
Trouver *to find*	je la trouve belle *I find her beautiful*
Aller *to go*	si on allait au théâtre? *what about going to the theatre?*
Voir *to see*	Voyons *Let's see*

A few basic adjectives

In French, adjectives agree in gender and number with the nouns they modify.

Masc. Sing.	*Fem. Sing.*	*Masc. Plur.*	*Fem. Plur.*	
normal	normale	normaux	normales	*normal*
amusant	amusante	amusants	amusantes	*amusing*
* beau	belle	beaux	belles	*beautiful, handsome*
bon	bonne	bons	bonnes	*good*
cher	chère	chers	chères	*dear, expensive*
doux	douce	doux	douces	*soft*
faux	fausse	faux	fausses	*false*
frais	fraîche	frais	fraîches	*fresh*
jeune	jeune	jeunes	jeunes	*young*
naturel	naturelle	naturels	naturelles	*natural*
neuf	neuve	neufs	neuves	*new (brand new)*
nouveau	nouvelle	nouveaux	nouvelles	*new (recent)*
premier	première	premiers	premières	*first*
public	publique	publics	publiques	*public*
sérieux	sérieuse	sérieux	sérieuses	*serious*
sportif	sportive	sportifs	sportives	*good at sports*
* vieux	vieille	vieux	vieilles	*old*

* In the masculine singular **beau** becomes **bel** and **vieux** becomes **vieil** before a vowel:

c'est un bel animal   c'est un vieil animal

These are exceptions.

Les couleurs *the colours*

blanc (*fem.* blanche) *white*
bleu *blue*
brun *brown*
jaune *yellow*

noir   *black*
rouge   *red*
vert   *green*

PRATIQUE **6.1**   Vrai ou faux.

1 Ce soir Léla n'est pas libre.
2 Florence aime les films avec Catherine Deneuve.
3 Les jeunes filles trouvent une liste de films très intéressants à la page des spectacles.

4 Léla et Florence décident de ne pas aller au cinéma.
5 Elles décident d'aller au concert.
6 Léla pense que la beauté des acteurs ne détermine pas la qualité d'un film.

PRATIQUE 6.2 Répondez en français.

1 Comment s'appelle la jeune fille qui aime bien Catherine Deneuve?
2 Où se trouve la page des spectacles?
3 Qu'est-ce que Florence et Léla pourraient faire au lieu d'aller au cinéma?
4 Quand est-ce que les deux jeunes filles veulent sortir?

au lieu de *instead of*, sortir *to go out*

PRATIQUE 6.3 Répondez en anglais.

1 Who do you think is keen to go out?
2 Why do the girls decide not to go to the cinema?
3 How does Léla react to Florence's view of Catherine Deneuve?
4 Where are they going to find out what's on at the theatre?

2 What shall we do this evening?

There are various ways of asking someone what he or she wants to do. Study the following suggestions:

On pourrait aller au cinéma. *We could go to the cinema.*
Tu aimerais ⎱ aller au cinéma? *Would you like to go to the*
   voudrais ⎰ *cinema?*

Si on allait au cinéma? *What about going to the cinema?*
Ça te dirait⎱ d'aller au cinéma? *Would you like to go/would it*
   plairait⎰ *please you to go to the cinema?*

Si on mangeait au restaurant? *What about eating in a restaurant?*
Si on prenait un verre? *What about a drink?*
Qu'est-ce que tu voudrais faire? *What would you like to do?*

PRATIQUE 6.4 Link the responses to the suggestions.

Suggestions		*Responses*
1 Ça te dirait d'aller au musée du Louvre?	**(a)**	Oui, à condition que ce soit de la musique classique.

2	Ça te dirait d'aller au cinéma?	**(b)**	Oui, d'accord. J'ai très faim.
3	Si on allait au zoo?	**(c)**	Oui, je voudrais voir *La Tour Infernale* avec Steve McQueen.
4	Ça te dirait de passer le weekend à Amsterdam?	**(d)**	Non, j'ai horreur du sport!
5	Si on allait au concert?	**(e)**	Hum . . . Je préférerais aller à Londres.
6	Si on prenait un verre?	**(f)**	Oui, j'aimerais bien voir *La Joconde.*
7	Qu'est-ce que tu voudrais faire?	**(g)**	Non, je n'aime pas voir les animaux en captivité.
8	Ça te plairait d'aller à un match de football?	**(h)**	J'aimerais voir une exposition d'art moderne.
9	Si on allait au restaurant?	**(i)**	Non merci, pas pour moi, je n'ai pas soif.
10	Tu voudrais sortir ce soir?	**(j)**	Non, pas particulièrement!

Asking someone's opinion (direct object pronouns)

Questions

1. Que penses-tu de **mon appartement?** — *What do you think of my flat?*
2. Tu la trouves bien, **ma nouvelle robe?** — *Do you think my new dress is nice? (You find it nice, my new dress?)*
3. Que penses-tu de **la politique de Chirac?** — *What do you think of Chirac's politics?*
4. Comment trouves-tu **mes nouvelles chaussures?** — *How do you like my new shoes?*

Answers

1. Je **le** trouve intéressant. — *I find it interesting.*
2. Je **la** trouve très belle. — *I think it's beautiful.*
3. Je **la** trouve réactionnaire. — *I find it reactionary.*
4. Je **les** trouve plutôt démodées. — *I find them rather old-fashioned.*

Note that in the answers the objects mentioned in the questions are replaced by the pronouns **le, la** and **les**.

> mon appartement (*masc.*) = le
> ma nouvelle robe (*fem.*) = la
> mes nouvelles chaussures (*fem. and plur.*) = les

Les also replaces a masculine and plural noun.

PRATIQUE **6.5** Link the appropriate answers to the questions (it is important to bear in mind the agreement of adjectives).

1	Que penses-tu d'Alain Delon?	**(a)**	Je les trouve sportifs.
2	Et Catherine Deneuve, qu'en penses-tu?	**(b)**	Je la trouve un peu forte.
3	Que penses-tu des derniers films de Godard?	**(c)**	Je le trouve plutôt intelligent.
4	Que penses-tu de la comédie musicale?	**(d)**	Je les trouve un peu forts.
5	Que penses-tu de ma nouvelle voiture?	**(e)**	Je la trouve un peu trop jeune.
6	Que penses-tu de mes nouvelles chaussures?	**(f)**	Je la trouve assez amusante.
7	Comment trouves-tu les nouveaux amis d'Isabelle?	**(g)**	Je le trouve un peu fort.
8	Que penses-tu du nouveau ministre?	**(h)**	Je la trouve plutôt séduisante.
9	Que penses-tu de la nouvelle fiancée de Maurice?	**(i)**	Je les trouve très élégantes.
10	Comment trouves-tu ma liqueur?	**(j)**	Je le trouve très beau.
11	Comment trouves-tu mon café?	**(k)**	Je les trouve intéressants.
12	Comment trouves-tu mes cigares?	**(l)**	Je la trouve formidable.

fort *strong*, formidable *fantastic*

Note that in 2 the pronoun **en** replaces 'Catherine Deneuve'. Other examples:

> Le cinéma américain, qu'**en** penses-tu?
or
> Que penses-tu **du cinéma américain**?

The pronoun **en** replaces **du cinéma américain**.

Dialogue

Anne	Dis Simone, que penses-tu d'Alain Delon?
Simone	Je le trouve formidable.
Anne	Et toi Michel, qu'en penses-tu?
Michel	Moi tu sais, je le trouve plutôt ordinaire.

Information

It is possible to see quite a few American and English films in France. French film directors (**metteurs en scène, cinéastes**) such as François Truffaut, Claude Chabrol, Jean-Luc Godard, Robert Bresson, Alain Resnais, to mention the most famous, produce films which are usually fairly intellectual. Many of the thrillers, westerns and cartoon films shown in France are imported from America. They are mostly dubbed whereas more 'serious' films are usually sub-titled.

Le vocabulaire du cinéma

Un film en version originale *a foreign film which has not been dubbed and is shown in its original language*
un film en version française *a foreign film which has been dubbed*
doublé *dubbed*
les sous-titres *sub-titles*

Différents genres de films

un film d'aventure *an adventure film*
un film policier *a thriller*
un western *a western*

un comédie *a comedy*
un dessin animé *a cartoon*
un film de science-fiction *a science-fiction film*

---

3 An invitation to dinner

Dialogue

Au bureau.

Pierre	Salut Jean!
Jean	Salut Pierre, ça va?
Pierre	Oui, oui ça va. Tiens, tant que j'y pense, Anne et moi invitons quelques amis à dîner samedi soir, alors si tu es

libre je t'invite aussi – je veux dire je vous invite tous les deux, Chantal et toi.

Jean C'est vraiment gentil de ta part . . . Écoute, je vais passer un coup de fil à Chantal pour vérifier que nous sommes bien libres.

(Jean téléphone à Chantal, sa femme.)

Jean Allô, Chantal, c'est Jean . . .
Chantal Allô chéri, qu'est-ce qu'il y a?
Jean Écoute, Pierre et Anne nous invitent à dîner samedi soir. Ça te dirait d'y aller?
Chantal Bien sûr, on est libre samedi soir et ça me ferait plaisir de revoir Anne.
Jean Alors c'est d'accord. Je peux confirmer avec Pierre?
Chantal Mais oui, mon chou!
Jean Très bien, alors à ce soir, ma chérie.
Chantal A ce soir Jean.

(Un peu plus tard.)

Jean Ah, Pierre, tu sais, c'est d'accord pour samedi. Chantal est ravie de ton invitation.
Pierre Excellent, venez à la maison vers sept heures, sept heures et demie.
Jean C'est parfait!

Vocabulaire

Mots nouveaux et expressions idiomatiques

Salut! *Hello! Hi!*	**sa femme** *his wife*
tant que j'y pense *while I think of it*	**chéri(e)** *darling*
tous les deux *both of you (masc.)*	**qu'est-ce qu'il y a?** *what's the matter?*
toutes les deux *both of you (fem.)*	**mon chou** *darling (Lit. my cabbage)*
C'est vraiment* gentil de ta part *it's really kind of you*	**Elle est ravie** *she is delighted*

* Note that French adverbs are formed by adding **-ment** to adjective endings. This can be compared to the '-ly' form in English. For most adjectives, it is the feminine form which is used as a base:

première *first*	premièrement *firstly*
particulière *particular*	particulièrement *particularly*
heureuse *happy*	heureusement *happily, fortunately*

However there are exceptions, which must be learnt as you come across them:

vrai *real, true*　　　　　　　vraiment *really, truly*

Verbes

Infinitives	Examples from the text
Penser *to think*	**tant que j'y pense** *while I think of it*
Vouloir dire *to mean*	**je veux dire** *I mean*
Écouter *to listen*	**Écoute** (*imperative*) *Listen*
Passer un coup de fil *to phone*	**je vais passer un coup de fil** *I'll ring*
Vérifier *to check*	**pour vérifier que nous sommes libres** *to check that we're free*
Faire plaisir *to please*	**ça me ferait plaisir** *I would like it* (*it would please me*)
Venir *to come*	**venez à la maison** *come to the house*

PRATIQUE **6.6**　Réfléchissez et choisissez.

1　Pierre invite ses amis

   a　à dîner au restaurant avec lui.
   b　à dîner chez lui.
   c　au cinéma.
   d　chez Chantal.

2　Anne est

   a　la femme de Jean.
   b　probablement la femme de Pierre.
   c　la collègue de bureau de Chantal.
   d　une inconnue.

3 Chantal et Jean sont invités

   a pour le gôuter.
   b pour le déjeuner.
   c pour le petit déjeuner.
   d pour le dîner.

4 Chantal et Jean

   a refusent l'invitation.
   b acceptent l'invitation par politesse.
   c acceptent l'invitation avec plaisir.
   d ne sont pas libres samedi soir.

5 Chantal

   a connaît déjà Anne.
   b ne connaît pas Anne.
   c n'aime pas Anne.
   d refuse de voir Anne.

6 Pierre et Jean

   a ne se connaissent pas.
   b sont célibataires.
   c sont collègues de bureau.
   d vont au restaurant tous les samedis.

7 Quand on passe un coup de fil

   a on écrit à quelqu'un.
   b on dîne avec quelqu'un.
   c on téléphone à quelqu'un.
   d on regarde quelqu'un.

8 Sept heures et demie

   a c'est l'heure du souper.
   b c'est l'heure du dîner.
   c c'est l'heure d'aller au bureau.
   d c'est l'heure de confirmer une invitation.

Interlude

La famille *The family*

le père *the father*	le neveu *the nephew*
la mère *the mother*	le cousin ⎫ *the cousin*
la fille *the daughter*	la cousine ⎭
le fils *the son*	la belle-sœur *the sister-in-law*
la sœur *the sister*	la belle-mère *the mother-in-law*
le frère *the brother*	le beau-frère *the brother-in-law*
la grand-mère *the grandmother*	le beau-père *the father-in-law*
le grand-père *the grandfather*	le gendre *the son-in-law*
les petits-enfants *the grand-*	la brue *the daughter-in-law*
children	le parrain *the godfather*
la tante *the aunt*	la marraine *the godmother*
l'oncle *the uncle*	la femme *the wife*
la nièce *the niece*	le mari *the husband*

Note that **une femme** also means 'a woman' (**un homme** *a man*).

Les amis *friends*

les camarades *mates*	le petit ami *boyfriend*
les copains *pals*	la petite amie *girlfriend*
les copines *pals (fem.)*	

French families like to get together, but the largest gatherings are often dictated by main family events:

les mariages *weddings*   les confirmations *confirmations*
les baptêmes *christenings*   les enterrements *funerals*
les premières communions *first communions*

France is mainly a Catholic country, and religious ceremonies are seen as important events in many families.

Qui est-ce qu'on invite? (more direct object pronouns)

Pronouns	
me (m')	Tu **m'**invites à dîner? *Are you inviting me for dinner?*
te (t')	Salut Paul, je **t'**invite à prendre un verre. *Hi Paul, I'll buy you a drink.*
le (l')	Et son mari, on **l'**invite aussi? *What about her husband, shall we invite him too?*
la (l')	Hélène est sympa, on **l'**invite? *Hélène is nice, shall we invite her?*
nous	Chéri, ta mère **nous** invite à dîner dimanche prochain. *Darling, your mother has invited us to dinner next Sunday.*
vous	Nicole et Jean-Luc, quelle surprise! Venez à la maison, je **vous** invite à dîner. *Nicole and Jean-Luc, what a surprise! Come home with me, I'll invite you to dinner.*
les	Tes parents, on **les** invite? *Your parents, are we inviting them?*

PRATIQUE 6.7 Link the correct responses to the cues. A (+) sign indicates that a positive answer is required, a (−) sign that a negative answer is required. (Check p. 87)

Claudine et Alain organisent une surprise-partie. Alain propose des noms d'amis et c'est Claudine qui décide.

1 Les frères Fournier, on les invite? (−)

2 Tes cousines, on les invite? (+)

3 George, on l'invite? (−)

4 Nathalie et sa sœur, on les invite? (−)

5 Jérôme, on l'invite? (+)

6 Ta sœur et ton beau-frère, on les invite? (+)

7 Armelle, on l'invite? (−)

8 Dis Claudine, moi? Tu m'invites? (+)

(a) Ah non, pas lui, on ne l'invite pas.

(b) Ah non, pas elles, on ne les invite pas.

(c) Ah non, pas elle, on ne l'invite pas.

(d) Oui, bien sûr, on les invite toutes les deux.

(e) Euh, toi? Oui, je t'invite.

(f) Oui, lui on l'invite.

(g) Non, pas eux, on ne les invite pas.

(h) Oui bien sûr, eux on les invite.

La carte de visite

Many French people have visiting cards. They are used to send brief messages including New Year's greetings, messages of congratulation (for weddings or births), or condolence (for funerals), as well as for invitations.

Read the following messages:

Monsieur & Madame Leclerc

vous invitent cordialement à dîner avec eux en toute simplicité, samedi 25 février vers huit heures.

28, Rue De Dinan 35000 Rennes   R. S. V. P.

MONSIEUR & MADAME DUBOIS

vous remercient de votre aimable invitation et acceptent avec plaisir.

63 BOULEVARD SOLFERINO   35000 RENNES

PRATIQUE 6.8 Write your own invitation card.

You are single (M. *or* Mme Dupont). Your address is 21 Quai St-Cast, 35000 Rennes. You want to invite a couple of friends for a simple lunch (around 12.30) on Sunday, 3 April. End your invitation with RSVP (répondez s'il vous plaît *reply please*).

4 What's on at the cinema?

CINÉMAS

Année dernière à Marienbad (L') ①
CALYPSO 27, av. des Ternes
380.30.11

Arsenic et vieilles dentelles ②
VF MARAIS 20, rue du Temple
278.47.86

Aventures de Pinocchio (Les)
VF PALACE 55, rue de la Croix-Nivert
374.95.04

Bons Baisers de Russie ③
VF CIN'AC ITALIENS 5, bd des Italiens
296.80.27

Cendrillon ④
VF NAPOLEON 4, av. de la Gde-
Armée 380.41.46

Cent Un Dalmatiens (Les) ⑤
VF REX 1, bd Poissonnière 236.83.95

Kramer contre Kramer
VO PARIS LOISIRS BOWLING 78, bd
Ornano 606.64.98

Livre de la jungle (Le) ⑥
VF ELYSEES POINT SHOW 66, av.
des Ch.-Elysées 225.67.29

Locataire (Le) ⑦
STUDIO DE L'ETOILE 14, rue de
Troyon 380.19.93

Molière
CALYPSO 27, av. des Ternes
380.30.11

Mon oncle d'Amérique ⑧
HAUTEFEUILLE 7, rue d'Hautefeuille 633.79.38

Monstres du Kung Fu (Les)
VF LUMIERE 24, bd des Italiens
246.49.07
331.51.55

Monty Python la vie de Brian ⑨
VO CLUNY ECOLES 60, rue des
Ecoles 354.20.12

Monty Python sacré Graal
VO CLUNY ECOLES 60, rue des
Ecoles 354.20.12

Mort à Venise ⑩
VO CINE-SEINE 10, rue F-Sauton
325.95.99
320.99.34

Parrain 1 (Le) ⑪
VO CHATELET VICTORIA 19, av. Victoria 508.94.14

Portier de nuit ⑫
VO STUDIO GALANDE 42, rue
Galande 354.72.71

Qui a peur de Virginia Woolf? ⑬
VO CINE-SEINE 10, rue F. Sauton
325.95.99

Sauve qui peut (La Vie)
BIENVENUE MONTPARNASSE 8
bis, rue de l'Arrivée 544.25.02

Sept Samouraïs (Les) ⑭
VO VENDOME 32, av. de l'Opéra
742.97.52

Tour infernale (La) ⑮
VO PARIS LOISIRS BOWLING 78, bd
Ornano 606.64.98

Trou noir (Le) ⑯
VF LES MONTPARNOS 16, rue
d'Odessa 327.52.37
NAPOLEON 4, av. de la Gde-
Armée 380.41.46

Vivre libre ou mourir ⑰
PALAIS DES ARTS 102, bd de
Sébastopol 272.62.98

Vol au-dessus ⑱
d'un nid de coucou
VO PALAIS DES ARTS 102, bd de
Sébastopol 272.62.98

Voleur de Bagdad (Le) ⑲
VO SAINT-AMBROISE 82, bd Voltaire
700.89.16

Y a-t-il un pilote dans l'avion? ⑳
VO LUXEMBOURG 67, rue Monsieur-
le-Prince 633.97.77
main-des-Prés 222.72.80
VF PARAMOUNT MARIVAUX 15, bd
des Italiens 296.80.40

(a)	The Towering Inferno	(l)	The Godfather
(b)	Death in Venice	(m)	The Thief from Bagdad
(c)	The Night Porter	(n)	Arsenic and Old Lace
(d)	Last Year at Marienbad	(o)	Who's Afraid of Virginia Woolf?
(e)	The Black Hole		
(f)	The Jungle Book	(p)	Monty Python's Life of Brian
(g)	Airplane	(q)	The Lodger
(h)	One Flew Over the Cuckoo's Nest	(r)	To Live Free or to Die
		(s)	The Seven Samuraïs
(i)	Cinderella	(t)	A Hundred and One Dalmatians
(j)	From Russia with Love		
(k)	My American Uncle		

PRATIQUE 6.9 Un peu de lecture. Lisez la liste de films que l'on joue dans divers cinémas parisiens (Read the list of films showing in various Parisian cinemas). Match the film titles to their English equivalents.

Vocabulaire

jouer un film *to show a film*	**VO: version originale** *original version*
jouer un rôle *to play a part*	**VF: version française** *French version, i.e. dubbed*

PRATIQUE 6.10 Répondez en anglais.

1 What choice of films would you have if you went to CINÉ-SEINE?

2 Would you have any language problems if you went to see film No. 9? Why?

3 Would you have any language problems if you went to see film No. 14? Why or why not?

4 The film *Sauve qui peut (la vie)* (a Godard film) is shown at a cinema called BIENVENUE MONTPARNASSE. What is Montparnasse in Paris? (See p. 47).

PRATIQUE 6.11 Complétez les phrases ci-dessous.

If you are a film-goer, test your knowledge of the cinema by filling in the gaps with the correct words, actors' names or film titles.

1 . . . . . . est un film . . . . . . où Marlon Brando joue le rôle d'un chef de la . . . . . .
2 *Le trou noir* est un film de . . . . . .
3 *Le livre de la jungle* est un . . . . . . basé sur des histoires . . . . . . par Rudyard Kipling.
4 Steve McQueen joue le . . . . . . du . . . . . . des pompiers dans l'histoire de l'incedie d'un gratte-ciel.
5 *Les* . . . . . . *Samouraïs* est un . . . . . . du cinéma . . . . . .
6 *Qui a peur de Virginia Woolf* est . . . . . . d'un couple américain qui se dispute beaucoup. Le rôle de la . . . . . . est joué par Elizabeth Taylor et le rôle du mari est joué par . . . . . .

dessin animé – sept – japonais – américain – Le Parrain – classique – l'histoire – rôle – mafia – chef – écrites – Richard Burton – science-fiction – femme

un pompier *a fireman*   un gratte-ciel *a sky scraper (Lit.*
un incendie *a fire*   *sky scratcher) (gratter to scratch,*
                                                   le ciel the sky)

5 Un peu de grammaire

Demonstrative adjectives

The demonstrative adjective (**ce** *this, that*) is used to point something out. In the dialogue on p. 93 Florence asks 'Que fais-tu ce soir?' (**Ce** is used to point out which evening is referred to.)
There are four demonstrative adjectives:

ce is used in front of a masculine singular noun
cet is used in front of a masculine singular noun starting with a vowel or **h**
cette is used in front of a feminine singular noun
ces is used in front of masculine and feminine nouns in the plural

Examples:

Il vient me voir ce matin.   *He is coming to see me this morning.*
J'arrive cet après-midi.   *I am arriving this afternoon.*
J'aime cette maison.   *I like this (that) house.*

Regarde ces fleurs.	*Look at these (those) flowers.*
Regarde ces arbres.	*Look at these (those) trees.*
Regarde ces gens*.	*Look at these (those) people.*

*les gens *people* (always in the masculine and plural form)

When the difference between 'this' and 'that' is not obvious, it is possible to add **-ci** or **-là** to the noun:

J'aime bien ce magasin.	*I really like this shop.*
J'aime bien ce magasin-ci, mais je préfère ce magasin-là.	*I like this shop, but I prefer that one.*

Quantitative adjective *tout* (all)

Tout is used in front of a masculine singular noun.
Toute is used in front of a feminine singular noun.
Tous is used in front of a masculine plural noun.
Toutes is used in front of a feminine and plural noun.

Examples:

Il pleut **tout** le temps.	*It rains all the time.*
Toute la famille aime les films comiques.	*The whole family likes funny films.*
Il pleut **tous** les jours.	*It rains every day.*
Venez nous voir **toutes** les deux (Chantal et Nicole).	*Come and see us, both of you (two girls).*

PRATIQUE **6.12** Réfléchissez et choisissez. Choose the correct form for each sentence.

1 Ce/cet/cette/ces arbre* est grande/grands/grand/grandes.
2 Il y a un train tout/tous/toutes/toute les deux heures.
3 Ce/ces/cette/cet fleurs sont belles.
4 Ce/ces/cet/cette film est intéressant.
5 J'aime tout/tous/toute/toutes les films de Truffaut.
6 Toute/tout/tous/toutes le monde admire *La Joconde*.
7 Pierre adore tout/tous/toute/toutes les vieilles/vieux/vieil/vieille films.
8 Ce/cette/cet/ces homme est sérieuse/sérieux/sérieuses.

9   Tous/toute/toutes/tout les Françaises sont élégant/
    élégantes/élégants/élégante.
10 Ce/cette/ces/cet appartement est trop cher/chère/chères/chers.
11 Ce/cette/cet/ces amie est sportif/sportives/sportive/sportifs.
12 Tous/toutes/tout/toute les pièces* de Molière sont amusantes.

> *un arbre *a tree*, une pièce (de théâtre) *a play*.
> Molière: a famous French playwright (1622–80).

Personal pronouns

The form of personal pronouns varies according to their position in
the sentence. The pronouns **moi, toi, lui**, etc. (p. 87) are used after a
preposition. They are also used to make emphasis and are sometimes
called 'emphatic' pronouns.
  Examples:

> Regarde, c'est Pierre! C'est lui! *Look, it's Pierre! It's him!*
> C'est pour toi. *It's for you.*

The pronouns **le, la, l', les** and also **me (m'), te (t')** are 'weaker'
equivalents.
  Example:

> Je vois Pierre. Je le vois. *I can see Pierre. I can see him.*

The pronoun here takes a different position and in doing so loses its
'strength'. This transformation happens to all pronouns except **nous**
and **vous**.
  Both types of pronoun can actually be used in the same sentence.
The verbs in the following examples are **écouter** *to listen*, **voir** *to see*,
regarder *to look*, **entendre** *to hear*.

Emphasis	*Non-emphasis*
Moi,	tu **me** vois?
Toi,	je **t'**entends
Lui,	tu **le** regardes?
Elle,	je **la** vois
Nous,	il **nous** voit
Vous,	je **vous** écoute
Elles,	tu **les** entends?
Eux,	tu **les** écoutes?

Direct and indirect objects

Je regarde la télévision. *I watch the television.*
La télévision (the object) follows directly after the verb: it is a *direct object*.

Je parle **à** mon mari. *I speak to my husband.*
Mon mari follows the preposition **à**: it is an *indirect object*.

Study the following examples:

Direct objects	Indirect objects
J'écris une lettre.	J'écris **au** président.
I am writing a letter.	*I am writing to the president.*
Je donne un cadeau.	Je donne un cadeau **à** ma sœur.
I am giving a present.	*I am giving a present to my sister.*
J'écoute des disques.	Je téléphone **à** ma mère.
I am listening to records.	*I telephone my mother.*
Elle achète des gâteaux.	J'apporte un gâteau **à** mon frère.
She is buying cakes.	*I am bringing a cake to my brother.*

The indirect object pronoun is the same as the direct object pronoun except in the third persons singular and plural:

Tu **me** parles *You speak to me*
Je **te** parles *I speak to you*
Il **nous** parle *He speaks to us*
Je **vous** parle *I speak to you*

    but

Je parle à Pierre.   Je **lui** parle (*I speak to him*)
Je parle à Hélène.   Je **lui** parle (*I speak to her*)
Je parle à Hélène et Pierre.   Je **leur** parle (*I speak to them*)

7 Au volant

1 At the petrol station

Dialogue

Les Bergeron rentrent de week-end. C'est Madame Bergeron qui conduit. Le réservoir d'essence est presque vide et Madame Bergeron s'arrête à une station-service pour faire le plein.

Pompiste	Bonsoir, madame.
Cliente	Bonsoir, monsieur. Vous pouvez faire le plein s'il vous plaît?
Pompiste	Le plein, oui . . . Ordinaire ou super?
Cliente	Euh . . . Super, merci. Vous pouvez vérifier la pression des pneus, s'il vous plaît?
Pompiste	Oui, d'accord. Je vérifie le niveau d'huile aussi, si vous voulez.
Cliente	Oui, merci!

(Le pompiste fait le plein d'essence. Il nettoie le pare-brise et vérifie la pression des pneus et le niveau d'huile. La cliente paie l'essence et donne un pourboire de cinq francs au pompiste.)

Dans la voiture

Mme Bergeron	J'ai donné un pourboire au pompiste.
M. Bergeron	Combien?
Mme Bergeron	Cinq francs. Pourquoi pas? Il a nettoyé le pare-brise . . .
M. Bergeron	Cinq francs, mais tu es folle!
Mme Bergeron	Non, je ne suis pas folle, c'est toi qui es fou! Tu ne donnes jamais rien à personne.
M. Bergeron	Tu trouves peut-être que l'essence n'est pas assez chère comme ça?

Mme Bergeron	Évidemment que l'essence coûte cher, mais les pompistes, eux, ne gagnent pas beaucoup d'argent.
M. Bergeron	Justement, sans les pourboires les garagistes seraient obligés de payer davantage leurs pompistes.
Mme Bergeron	Oui, là je suis d'accord avec toi, mais en attendant, les pauvres étudiants qui travaillent dur tout le week-end ont bien besoin de leurs pourboires; moi, j'ai travaillé dans une station-service, je sais ce que c'est!
M. Bergeron	Oui, oui, tu as raison. Allons, n'en parlons plus.

Note that in France petrol is sold by the litre.

Vocabulaire

Mots nouveaux et expressions idiomatiques

le réservoir d'essence *petrol tank*	**fou, folle (f)** *mad*
vide *empty*	**mais tu es folle!** *you must be mad!*
presque vide *nearly empty*	**peut-être** *perhaps*
plein *full*	**assez chère** *dear enough*
faire le plein *to fill the tank*	**cher, chère** *dear*
le pompiste *pump attendant*	**pas beaucoup d'argent** *not much money*
Ordinaire ou super *two grades of petrol*	**Justement** *Precisely*
les pneus *tyres*	**sans** *without*
la pression des pneus *tyre pressure*	**davantage** *more*
l'huile *oil*	**là** *there*
le niveau d'huile *oil level*	**pauvre** *poor*
le pare-brise *windscreen*	**Ils travaillent dur*** *they work hard*
un pourboire *tip*	**je sais ce que c'est** *I know what it's like*
Combien? *How much?*	

* **Dur** can be an adjective or an adverb. Likewise **cher** is an adverb in **l'essence coûte cher.** The spelling of adverbs is invariable: it does not change with the subject or the verb.

Verbes

Infinitives	Examples from the text
Rentrer *to return*	**Ils rentrent de week-end** *They are going back home after the weekend*
Conduire *to drive*	**elle conduit** *she is driving*
S'arrêter *to stop*	**elle s'arrête** *she stops*
Vérifier *to check*	**Je vérifie le niveau d'huile** *I'll check the oil level*
Nettoyer *to clean*	**Il nettoie le pare-brise** *He cleans the windscreen* **Il a nettoyé le pare-brise** *He has cleaned the windscreen*
Payer *to pay*	**La cliente paie l'essence** *The customer pays for the petrol*
Donner *to give*	**Elle donne un pourboire** *she gives a tip* **Tu ne donnes jamais rien à personne** *You never give anything to anyone* **J'ai donné un pourboire** *I have given a tip*
Coûter *to cost*	**l'essence coûte cher** *petrol costs a lot*
Gagner *to earn*	**ils ne gagnent pas beaucoup d'argent** *they don't earn much money*
Être obligé de *to be forced to*	**ils seraient obligés de payer** *they would be forced to pay*
Attendre *to wait*	**en attendant** *while waiting (meanwhile)*
Travailler *to work*	**les étudiants travaillent** *the students work* **j'ai travaillé** *I have worked*
Avoir besoin *to need*	**ils ont besoin** *they need*
Avoir raison *to be right*	**tu as raison** *you are right*
Parler *to talk*	**n'en parlons plus** *let's drop the subject*

PRATIQUE 7.1   Vrai ou faux.

1   Le pompiste s'appelle M. Bergeron.
2   C'est la femme qui conduit.
3   Mme Bergeron demande au pompiste de réparer le pneu.
4   M. Bergeron ne donne jamais de pourboires.
5   M. Bergeron a travaillé dans une station-service.
6   Sans les pourboires les pompistes ne gagneraient pas beaucoup d'argent.

PRATIQUE 7.2   Répondez en français.

1   Comment s'appelle la conductrice?
2   Pourquoi est-ce qu'elle s'arrête à une station-service?
3   Qu'est-ce que Mme Bergeron a donné au pompiste?
4   Est-ce que l'essence coûte cher?
5   Pourquoi est-ce que le mari et la femme se disputent?
6   Qu'est-ce que les garagistes seraient obligés de faire si les clients ne donnaient pas de pourboires aux pompistes?

2   When did it happen?

Something has been accomplished (use of the perfect tense)

Compare the following sentences:

1   En général je déjeune à une heure.
2   En ce moment je déjeune.   (déjeuner *to have lunch*)
3   Aujourd'hui j'**ai** déjeuné à midi.

1   Describes a generality, something which happens regularly.
2   Points out an action at the moment when it is actually happening.
3   Indicates that the action has already taken place: I have had lunch.

Further examples:

1   Elle mange des pommes tous les jours. *She eats apples every day.*
2   En ce moment elle mange une pomme. *At this moment she is eating an apple.*
3   Ce matin elle **a** mangé deux pommes. *She has eaten two apples this morning.*

The table below gives examples of verbs in the perfect tense.

Laver *to wash*	J'**ai lavé** la voiture *I have washed the car*
Manger *to eat*	Tu **as mangé** du poisson? *Have you eaten some fish?*
Prendre *to take*	Il **a pris** le train de midi *He took the midday train*
Voir *to see*	Elle **a vu** Pierre à Paris *She has seen Pierre in Paris*
Attendre *to wait*	On **a attendu** dix minutes *We waited ten minutes*
Faire *to do*	Nous **avons fait** la vaisselle *We have done the washing-up*
Être *to be*	Vous **avez été** malade? *Have you been ill?*
Finir *to finish*	Ils **ont fini** leur travail *They have finished their work*
Avoir *to have*	Elles **ont eu** de bons résultats *They have had good results*

Note that in all cases the notion that something has been done or has happened is expressed by using **avoir** plus a past participle. (See p. 126.)

PRATIQUE 7.3 Find the most suitable response for each of the questions or cues.

1 Tu as fini ton travail?

    (a) Ce n'est pas la peine, j'ai compris.

2 Va faire la vaisselle!

    (b) A Paris.

3 Je vais t'expliquer le fonctionnement du moteur.

    (c) Tu plaisantes! Je n'ai pas commencé!

4 Qu'est-ce que le pompiste a fait?

    (d) Non, je n'ai rien lu récemment.

5 Allô, je voudrais parler à Jacques.

    (e) La semaine dernière.

6 Tu as lu ce livre?

    (f) Il n'est plus ici. Il a acheté une maison en banlieue.

7 Où avez-vous rencontré Pierre?

    (g) Il a nettoyé le pare-brise.

8 Quand as-tu vu Simone?

    (h) Mais Papa a déjà fait la vaisselle!

9 Tu vas passer tes vacances à la montagne?

    (i) Je ne sais pas. J'ai oublié ma montre.

10 Tu as vu le dernier film de Godard?

    (j) Parce que je n'ai pas trouvé de cabine libre.

11 Quelle heure est-il?

    (k) Non, je ne vais jamais au cinéma.

12 Pourquoi n'as-tu pas téléphoné?

    (l) Non, j'ai loué une villa en Bretagne.

Vocabulaire

Ce n'est pas la peine *It's not necessary (Don't bother)* **Tu plaisantes!** *You must be joking!*	**récemment** *recently* **une montre** *watch* **dernier/dernière** *last*

Reference to time: *Quand?* (*When?*)

aujourd'hui *today*
demain *tomorrow*
hier *yesterday*
après-demain *the day after tomorrow*
avant-hier *the day before yesterday*
cette semaine *this week*
la semaine dernière *last week*
la semaine prochaine *next week*
l'année dernière *last year*
l'an passé *last year*
l'année prochaine *next year*
le mois dernier *last month*

le mois prochain *next month*
la veille *the day before*
le lendemain *the next day*
il y a une heure *an hour ago*
dans cinq minutes *in five minutes*
depuis mardi *since Tuesday*
bientôt *soon*
il y a longtemps *a long time ago*
souvent *often*
jamais *never*
une fois par jour *once a day*
deux fois par mois *twice a month*
trois fois par an *three times a year*

Parts of the day

    le jour, la journée *the day*
    le matin, la matinée *the morning*
    le soir, la soirée *the evening*

Parts of the day can be expressed differently according to the context. The masculine nouns are used for objective descriptions; feminine nouns are used more subjectively to refer to the time of day as lived by individuals:

Le train part à six heures ce matin. *The train leaves at six o'clock this morning. (fact)*

Quelle belle matinée de printemps! *What a nice spring morning! (subjective view)*

Il faut deux jours pour aller à Madrid en voiture. *It takes two days to get to Madrid by car. (fact)*

J'ai conduit toute la journée. *I have driven all day. (a lived experience)*

Note also **un an, une année** (*a year*).

Le premier janvier on fête le nouvel an. *On the first of January we celebrate the New Year. (a date)*

Bonne année! *Happy New Year! (the emphasis is on happiness, not on the chronological year)*

PRATIQUE **7.4**   Link the correct responses to the cues. In order to proceed with this exercise it is important to note that when a direct object precedes the verb, the past participle (**vu** in this case) must agree with it in number and gender:

vu (*masc. sing.*), **vue** (*fem. sing.*), **vus** (*masc. plur. or mixed*), **vues** (*fem. plur.*).

See p. 128

1	Tu as vu Jean-Luc? (−)	**(a)**	Oui, je l'ai vue la semaine dernière.
2	Tu as vu Françoise? (+)	**(b)**	Non, cela fait deux mois que je ne les ai pas vues.
3	Tu as vu tes parents? (+)	**(c)**	Non, je ne l'ai jamais vue.
4	Tu as vu André? (+)	**(d)**	Oui, je les ai vues ce matin.
5	Tu as vu Annie et Claire? (−)	**(e)**	Oui, je les ai vus hier.
6	Tu as vu tes sœurs? (+)	**(f)**	Oui, je l'ai vu il y a deux jours.
7	Tu as vu tes copains? (−)	**(g)**	Non, je ne l'ai pas vu depuis mardi.
8	Tu as vu la femme du ministre? (−)	**(h)**	Non, je ne les ai pas vus aujourd'hui.

Interlude: Les pourboires

Giving tips, who to, when and how much is always a much debated subject in France. When petrol was rather less expensive many people used to give a tip at a petrol station as a matter of course: now some people still give a tip if it is obvious that the person at the pump is an employee rather than the owner or the manager.

In cafés and restaurants, unless there is a note at the bottom of the bill saying '**service compris**' (*service included*), you have to pay a service charge which can vary between ten and fifteen per cent. In cinemas and theatres, you are also expected to tip the usherette (**l'ouvreuse**) who shows you to your seat. If you are unsure about what to do, the best thing is to ask (especially in the case of a restaurant): **Est-ce que le service est compris?** or **Qu'est-ce qu'il faut laisser comme pourboire?**.

Taxi drivers (**les chauffeurs de taxi**) expect a ten to fifteen per cent tip. There is also a fixed charge for the privilege of being taken aboard and having your luggage put in the boot of the taxi, known as **la prise en charge**.

3   A Breakdown

Dialogue

Maryse Bertrand voyage en voiture de Calais à Paris. Sa voiture qui est vieille tombe en panne sur l'autoroute. Elle laisse sa voiture sur le bord de la route. Heureusement, elle est membre d'une association d'automobilistes et elle va téléphoner à l'AFA (l'Association Française Automobile) pour demander à être dépannée.

Maryse	Allô! Allô!
Téléphoniste	Allô, j'écoute!
Maryse	Allô, c'est le service de dépannage de la AFA?
Téléphoniste	Oui, madame. Que puis-je faire pour vous?
Maryse	Ma voiture vient de tomber en panne . . .
Téléphoniste	Vous êtes membre de l'AFA, madame?
Maryse	Non, mais je suis membre de l'ACO.
Téléphoniste	Bon, alors ne quittez pas . . . Dites-moi où vous vous trouvez en ce moment.
Maryse	Je suis sur la A26, à mi-chemin entre Béthune et Arras.
Téléphoniste	Et vous allez dans quelle direction?

Maryse	Je vais dans la direction d'Arras.
Téléphoniste	Bon. Quelle est la marque de votre véhicule?
Maryse	C'est une Renault 4 blanche avec une galerie.
Téléphoniste	Et quel est votre numéro d'immatriculation?
Maryse	Euh . . . 5937 RS 71
Téléphoniste	Bon, et pouvez-vous me dire ce qui ne marche pas?
Maryse	Je ne suis pas sûre. Je crois que c'est l'embrayage ou bien la boîte de vitesse qui ne marche plus.
Téléphoniste	Merci. Eh bien, retournez à votre véhicule et on va vous envoyer quelqu'un aussi rapidement que possible.
Maryse	Merci bien.
Téléphoniste	Je vous en prie. Au revoir, madame.

Verbes

Infinitives	Examples from the text
Voyager *to travel*	**Maryse voyage en voiture** *Maryse travels by car*
Tomber en panne *to break down*	**Sa voiture tombe en panne** *Her car breaks down* **Ma voiture vient de tomber en panne** *My car has just broken down*
Laisser *to leave*	**Elle laisse sa voiture** *She leaves her car*
Pouvoir *to be able (I can)*	**Que puis-je faire pour vous?** *What can I do for you?*
Quitter *to leave*	**ne quittez pas** *hold the line (Lit. don't leave)*
Se trouver *to find oneself*	**Dites-moi où vous vous trouvez** *Tell me where you are*
Marcher *to work*	**la boîte de vitesse (qui) ne marche plus** *the gearbox does not work any more* **l'embrayage ne marche pas** *the clutch is not working*
Envoyer *to send*	**On va vous envoyer quelqu'un** *we shall send you someone*

Mots nouveaux et expressions idiomatiques

une panne *breakdown*	**la marque du véhicule** *make of the*
le bord de la route *roadside*	*vehicle*
heureusement *fortunately*	**une galerie** *roof rack*
malheureusement	**le numéro d'immatriculation**
unfortunately	*registration number*
le service de dépannage	**l'embrayage** *clutch*
repair service	**la boîte de vitesse** *gear box*
à mi-chemin *half-way*	**aussi rapidement que possible** *as*
	quickly as possible

Information

L'AFA is an association similar to the AA or the RAC, but it is a fairly recent organisation which was originally part of **l'ACO** (**l'Automobile Club de l'Ouest**). It is not so comprehensive in its services as its British counterpart; for example you could not be rescued unless you were more than fifty kilometres from home. Any nearer than this and your car can only be towed away once in any year, and even then you have to pay most of the expenses.

Sur la carte (On the map)

If you are travelling by car in France and following a map, you need to know the various kinds of roads that you are likely to come across. Taking the north of France as an example, a good map will show you six different kinds of roads: **A** (**autoroute**), **N** (**route nationale**), **E** (**route européenne**), **D** (**route départementale**, maintained by the local authority), **RF** (**route forestière**), **GR** (**sentier de grande randonnée** *public footpath*). (**Un sentier** *a path*.)

Examples:

A1: from Lille to Paris (also called **L'autoroute du Nord**).

N1: from Calais to Boulogne (sometimes indicated **RN1**: **Route Nationale 1**).

E10: from Bruxelles to half way between Mons and Valencienne.

D940: also going from Calais to Boulogne, but following the coastline.

There are many **routes forestières** through **la forêt de Boulogne**, and if you like a good walk **GR121** will take you from outside Étaples to **la forêt de Hesdin**.

(Some of the new French motorways have a toll system: **autoroutes à péage**.)

Le numéro d'immatriculation

LISTE DES NUMÉROS DE CODE DES DÉPARTEMENTS

01 AIN	26 DROME	49 MAINE-et-LOIRE	74 SAVOIE (Haute
02 AISNE	27 EURE	50 MANCHE	75 PARIS (Ville de)
03 ALLIER	28 EURE-et-LOIR	51 MARNE	76 SEINE MARITIME
04 ALPES (Basses)	29N NORD-	52 MARNE (Haute)	77 SEINE-et-MARNE
05 ALPES (Hautes)	FINISTERE	53 MAYENNE	78 YVELINES
06 ALPES MARITIMES	29S SUD-FINISTERE	54 M-et-MOSELLE	79 SEVRES (Deux)
07 ARDECHE	30 GARD	55 MEUSE	80 SOMME
08 ARDENNES	31 GARONNE (Haute)	56 MORBIHAN	81 TARN
09 ARIÈGE	32 GERS	57 MOSELLE	82 TARN-et-
10 AUBE	33 GIRONDE	58 NIÈVRE	GARONNE
11 AUDE	34 HÉRAULT	59 NORD	83 VAR
12 AVEYRON	35 ILLE-et-VILAINE	60 OISE	84 VAUCLUSE
13 B du RHONE	36 INDRE	61 ORNE	85 VENDÉE
14 CALVADOS	37 INDRE-et-LOIRE	62 PAS-de-CALAIS	86 VIENNE
15 CANTAL	38 ISÈRE	63 PUY-de-DOME	87 VIENNE (Haute)
16 CHARENTE	39 JURA	64 PYRÉNÉES (Basses)	88 VOSGES
17 CHARENTE	40 LANDES	65 PYRÉNÉES (Hautes)	89 YONNE
MARITIME	41 LOIR-et-CHER	66 PYRÉNÉES ORIENT-	90 BELFORT (Tei)
18 CHER	42 LOIRE	ALES	91 ESSONNE
19 CORREZE	43 LOIRE (Haute)	67 RHIN (Bas)	92 HAUTS-de-SEINE
20 CORSE	44 LOIRE	68 RHIN (Haut)	93 SEINE-ST-DENIS
21 COTE D'OR	ATLANTIQUE	69 RHONE	94 VAL-De-MARNE
22 COTES DU NORD	45 LOIRET	70 SAONE (Haute)	95 VAL D'OISE
23 CREUSE	46 LOT	71 SAONE-et-LOIRE	
24 DORODOGNE	47 LOT-et-GARONNE	72 SARTHE	
25 DOUBS	48 LOZERE	73 SAVOIE	

Note that Paris and its suburbs are not in alphabetical order.

La France est divisée en 95 régions administratives. Chaque région s'appelle **un département**. Il y a donc 95 départements français qui ont tous un numéro de code. Ce numéro est inclu dans le numéro d'immatriculation de chaque véhicule. Une personne qui habite à Paris a un numéro d'immatriculation qui finit par 75 (ville de Paris).

Le numéro d'immatriculation de la voiture de Maryse est 5937 RS 71, ce qui veut dire que Maryse habite en Saône-et-Loire. Si on change de département, on est aussi obligé de changer de numéro d'immatriculation.

---

chaque *each*
donc *therefore*

ce qui veut dire que *which means that*

PRATIQUE **7.5**   Réfléchissez et choisissez.

1   Maryse téléphone

   a   à son mari.
   b   à sa sœur.
   c   à une employée de l'association automobile.
   d   à une téléphoniste en vacances.

2   Maryse va dans la direction

   a   d'Arras.
   b   de Béthune.
   c   de Calais.
   d   de la Belgique.

3   La voiture de Maryse est

   a   au garage.
   b   en Angleterre.
   c   en panne.
   d   dépannée.

4   Maryse habite

   a   à Paris.
   b   à Calais.
   c   en Saône-et-Loire.
   d   en Haute-Saône.

5   La Renault 4 de Maryse

   a   marche bien.
   b   a une galerie.
   c   n'a pas de numéro d'immatriculation.
   d   est en Saône-et-Loire.

6   La route départementale 940

   a   va de Paris à Lille.
   b   va de Calais à Lille par la côte.
   c   passe par la forêt de Hesdin.
   d   va de Calais à Boulogne par la côte.

7   La route nationale 1 est

   a   une petite route.
   b   une route de forêt.
   c   en Belgique.
   d   une assez grande route.

8   Si on aime bien les promenades

   a   il faut prendre les sentiers de grandes randonnées.
   b   il faut prendre les autoroutes à péage.
   c   il faut tomber en panne d'essence.
   d   il faut être à mi-chemin entre Paris et Calais.

9   Les Hautes-Alpes est

   a   un département maritime.
   b   un département de la région parisienne.
   c   dans le nord de la France.
   d   un département de montagne.

4   What's wrong?

Something has gone wrong with your car; whether it is a serious or a minor fault you will need to give some explanation.

C'est une panne d'essence.	*The car has run out of petrol.*
Le pneu est crevé.	*The tyre has a puncture.*
La roue est désaxée.	*The wheel is buckled.*
La batterie est à plat.	*The battery is flat.*
La pédale d'embrayage ne fonctionne plus.	*The clutch is not working (any more).*

Les freins ne fonctionnent plus.	*The brakes are not working (any more).*
La boîte de vitesse ne marche plus.	*The gear box is not working (any more).*
La courroie est cassée.	*The fan-belt is broken.*
Le radiateur est surchauffé.	*The radiator is overheated.*
Le pare-brise est brisé.	*The windscreen is broken.*
Les bougies sont encrassées.	*The plugs are dirty.*
Le filtre est encrassé.	*The filter is dirty.*
Les essuie-glace ne fonctionnent plus.	*The windscreen wipers are not working (any longer).*
L'aile est enfoncée.	*The wing is damaged.*
Le pare-chocs est enfoncé.	*The bumper is damaged.*
L'ampoule du clignotant est grillée.	*The bulb for the indicator is burnt out.*
L'ampoule du phare est grillée.	*The bulb for the headlight is burnt out.*
Le tuyau d'échappement s'est détaché.	*The exhaust pipe has dropped off.*
Pouvez-vous me remorquer s'il vous plaît?	*Can you tow me, please?*
Pouvez-vous faire une vidange d'huile?	*Can you change the oil?*

Compound nouns which include verbs in their formation do not normally add **s** in the plural.
Examples:

> les pare-brise (*Lit. protects from the breeze*)
> les essuie-glace (*Lit. wipes the windscreen*)

However 'le pare-chocs' (*Lit. protects from bumps*) has a logically plural form.

PRATIQUE **7.6** Lisez et complétez le texte suivant.

Comme c'est pratique d'avoir une ...... On peut aller où on veut ...... on veut. Oui, mais une voiture, c'est ...... une source d'ennuis, surtout si on ne connaît ...... à la mécanique: on oublie de faire le plein et voilà une ...... d'essence; on laisse les phares allumés toute la nuit et voilà la ...... à plat le lendemain ...... ; on roule toute la journée et voilà le ...... surchauffé; on roule sur une jolie petite ...... de campagne et voilà un ...... de crevé et le tuyau d'...... qui se détache; il fait froid pendant la nuit et le matin la voiture ne veut...... démarrer. Alors faites comme moi, achetez une...... paire de...... et allez à pied.

> *route – pas – quand – matin – batterie – pneu – aussi – voiture – rien – échappement – bonne – panne – chaussures – radiateur*

Vocabulaire

des ennuis *troubles*	**démarrer** *to start (car)*
allumé(s) *switched on*	**chaussures** *shoes*
rouler *to drive*	**à pied** *on foot*

5 Un peu de grammaire

Le passé composé – the perfect tense

It is useful to keep both names in mind as they point to the two different characteristics of this past tense. 'Perfect tense' indicates that something has been accomplished, the action has been 'perfected'. 'Passé composé' points to the fact that this particular tense is compound in structure: it is made up of two parts. These are an auxiliary verb in the present tense, and a verb in a fixed form (the past participle).

The auxiliary verb is usually **avoir**, but a few verbs form the perfect tense with **être**.

The perfect tense with avoir

donner *to give*

j'ai donné *I have given, I gave, I did give*

tu as donné *you have given*

il/elle a donné *he/she has given*

nous avons donné *we have given*

vous avez donné *you have given*

ils/elles ont donné *they have given*

The past participles of regular verbs are formed as follows:

-er verbs simply drop the **r** of the infinitive ending and add an accent to the **e**: **donné**

-ir verbs simply drop the **r**: **fini**

-re verbs in many cases drop the **re** and add **u** (**répondu**), but endings can vary enormously

There are many irregular past participles, and these must be learnt individually.

Examples of verbs in the perfect tense:

manger *to eat*	mangé	Nous **avons mangé** du poulet *We have eaten some chicken*
parler *to speak*	parlé	J'**ai parlé** à Christophe *I have spoken to Christophe*
finir *to finish*	fini	Elles **ont fini** leur repas *They have finished their meal*
choisir *to choose*	choisi	J'**ai choisi** une raquette *I have chosen a racquet*
attendre *to wait*	attendu	Il **a attendu** l'autobus *He waited for the bus*
entendre *to hear*	entendu	Tu **as entendu** ce disque? *Have you heard this record?*
dire *to say*	dit	J'**ai dit** bonjour à M. Brun *I said 'Good day' to Mr Brown*
prendre *to take*	pris	On **a pris** le train de 8.30 *We took the 8.30 train*
voir *to see*	vu	Tu **as vu** l'avion? *Did you see the plane?*

Here are some more common irregular past participles:

avoir *to have*	j'ai eu *I have had, etc.*
boire *to drink*	j'ai bu *I have drunk*
comprendre *to understand*	j'ai compris *I have understood*
connaître *to know*	j'ai connu *I have known*
devoir *to owe (I must)*	j'ai dû *I owed, I must have*
écrire *to write*	j'ai écrit *I have written*
être *to be*	j'ai été *I have been*
faire *to make*	j'ai fait *I have made*
mettre *to put*	j'ai mis *I have put*
pouvoir *to be able*	j'ai pu *I have been able, I could have*
savoir *to know*	j'ai su *I have known*
vouloir *to want*	j'ai voulu *I have wanted*

Agreement of the past participle

When the order of a sentence is subject – verb – object, the past participle does not change. However, when the direct object comes before a verb in the perfect tense, the past participle must agree in number and gender with the direct object. Examples;

subject	verb	object	
Elles	ont fini	leur repas	*They have finished their meal*
Tu	as vu	ta sœur	*You have seen your sister*

but

object	subject	verb	
C'est ta sœur que	tu	as vue?	*Is it your sister that you saw?*

subject	object	verb	
Tu	l'	as vue?	*Did you see her?*

When the object is indirect (following the preposition **à**), there is no agreement of the past participle.

Examples:

subject	verb	indirect object	
Ils	ont parlé	à ta sœur	*They have spoken to your sister*

indirect object	subject	verb	
C'est à ta sœur	qu'ils	ont parlé	*It is to your sister that they have spoken*

subject	ind. obj.	verb	
Ils	lui	ont parlé	*They have spoken to her*

The perfect tense with être

A small number of verbs form the perfect tense with **être**. They are close to adjectives in their behaviour, and agree in number and gender with their subjects. Note the different spellings of the past participle in the examples below.

aller *to go*	je suis allé *I have gone, I went (of a man)*
arriver *to arrive*	tu es arrivée *you have arrived (of a woman)*
devenir *to become*	il est devenu *he has become*
entrer *to enter*	elle est entrée *she has entered*
monter *to go up*	on est monté *we went up*
mourir *to die*	il est mort *he has died*

naître *to be born*	elle est née *she was born*
partir *to leave, to depart*	nous sommes partis *we have left*
rester *to stay*	vous êtes restés *you have stayed (of more than one person)*
retourner *to return*	ils sont retournés *they have returned*
revenir *to come back*	elles sont revenues *they have come back*
sortir *to go out*	Jean-Luc et André sont sortis *Jean-Luc and André have gone out*
tomber *to fall*	Annie et Claire sont tombées *Annie and Claire have fallen*
venir *to come*	Jean-Luc et Claire sont venus *Jean-Luc and Claire have come*

The list of verbs above is not comprehensive, but almost. Most of them are verbs of motion, and none of them can take a direct object.

Some of the verbs fit a mnemonic device which should allow the learner to remember them easily. It is the story of X who was born in Marseille, came to Paris, went into the Eiffel Tower, up, down, out again, left, fell in the river and died:

Marius **est né** à Marseille. Il **est venu** à Paris à l'âge de vingt ans. Il **est allé** à la Tour Eiffel, il **est arrivé** à la tour, il y **est entré**, il **est monté** au troisième étage, il **est resté** là-haut dix minutes et puis il **est descendu**. Il **est sorti**, il **est parti**, il **est allé** au bord de la Seine. Malheureusement, il **est tombé** dans la Seine et il **est mort**.

The story of Joséphine would be: 'Joséphine **est née** à Marseille . . .'

PRATIQUE 7.7 Finish Joséphine's life story, paying attention to the spelling of past participles.

Past participles as adjectives
Looking back at the list of things that can go wrong with a car, you will notice that many of the adjectives placed after **être** are actually past participles:

    le filtre est encrassé *the filter is dirty*
    la roue est désaxée *the wheel is buckled*
    les bougies sont encrassées *the plugs are dirty*

These agree with their subjects in number and gender in exactly the same way as adjectives.

8 Sur les routes de France

1 On the road

Dialogue

Une contravention: Monsieur Guillot et sa fille Fabienne sont en voiture sur la route nationale 44 en direction de Reims.

Fabienne	Regarde, Papa, il y a deux motards derrière nous.
M. Guillot	Quoi?
Fabienne	Ils nous dépassent maintenant.
M. Guillot	Ah non, il ne manquait plus que ça!

(Les deux CRS font signe à M. Guillot de s'arrêter. Il arrête sa voiture sur le bord de la route. Un des motards vient vers lui.)

Premier CRS	Monsieur, vous voulez bien descendre de votre véhicule. Montrez-moi vos papiers.
M. Guillot	Pour quelle raison?
Premier CRS	Allons, dépêchez-vous. Je vous ai demandé vos papiers!

(M. Guillot cherche ses papiers.)

M. Guillot	Excusez-moi, monsieur l'agent, mais je ne trouve pas mon permis de conduire, j'ai dû le laisser chez moi dans mon portefeuille. Voilà ma carte grise.
Premier CRS	Votre nom?
M. Guillot	Guillot, Jean.
Premier CRS	Votre adresse?
M. Guillot	53 rue Fontaine, Épernay.
Premier CRS	Bon, pas de permis de conduire, alors vous allez nous suivre jusqu'au poste de police.
M. Guillot	Quoi? Mais je n'ai rien fait!
Deuxième CRS	Vous roulez souvent à quatre-vingts à l'heure en agglomération?

M. Guillot   Mais je ne roulais pas à quatre-vingts à l'heure, je faisais du soixante tout au plus.

Deuxième CRS Écoutez, vous vous expliquerez au poste.

Vocabulaire

Mots nouveaux et expressions idiomatiques

une contravention *fine*	**agent** *policeman*
un motard *policeman on a motorbike (colloqu.)*	**le permis de conduire** *driving licence*
Quoi? *What?*	**un portefeuille** *wallet*
maintenant *now*	**la carte grise** *log-book*
un CRS (Compagnies Républicaines de Sécurité) *mobile police unit*	**le poste de police/le commissariat de police** *police station*
le bord de la route *side of the road*	**souvent** *often*
	une agglomération *built-up area*
	tout au plus *at the most*

Verbes

Infinitives	*Examples from the text*
Dépasser *to overtake*	**Ils nous dépassent** *They are overtaking us*
Manquer *to lack, to miss*	**Il ne manquait plus que ça!** *That's all we need*
Venir *to come*	**Un motard vient vers lui** *A policeman comes towards him*
Montrer *to show*	**Montrez-moi vos papiers** *Show me your papers*
Devoir *to have to (I must)*	**j'ai dû le laisser chez moi** *I must have left it at home*
Suivre *to follow*	**vous allez nous suivre** *You are going to follow us*
Rouler *to drive*	**Vous roulez souvent** *You often drive* **je ne roulais pas** *I was not driving*
Faire *to do*	**je faisais du soixante** *I was doing sixty*
S'expliquer *to explain oneself*	**Vous vous expliquerez** *you'll explain yourself*

PRATIQUE 8.1 Vrai ou faux.

1 M. Guillot est le père de Fabienne.
2 Les deux CRS sont en voiture.
3 M. Guillot a laissé sa carte grise chez lui.
4 Le CRS a demandé à M. Guillot de lui montrer ses papiers.
5 Les Guillot habitent à Reims.
6 M. Guillot roulait à quarante kilomètres à l'heure.

PRATIQUE 8.2 Répondez en français.

1 Comment s'appelle la fille de M. Guillot?
2 Qui roulait derrière M. Guillot?
3 Où est-ce que M. Guillot a arrêté sa voiture?
4 Qu'est-ce que M. Guillot n'a pas trouvé?
5 Où est-ce qu'il doit accompagner les CRS?
6 Qu'est-ce que M. Guillot a montré aux CRS?

Information: Conseils utiles

By law, French drivers are required to produce several documents when asked by the police: **le permis de conduire** (*driving licence*), **la carte grise** (*log-book*), **la vignette** (tax sticker which must be displayed on the car window or windscreen) and **l'attestation d'assurance** (*insurance document*). When driving through France it is advisable to have with you the equivalent documents. Failure to produce them can lead to a French driver's being taken to the nearest police station or to a police van which can contact the record centres.

---

2   The speed limit

How fast were you going? (Use of the imperfect tense)

Police	**Vous faisiez** du cent trente à l'heure sur la route. *You were doing 130 (km/h) along the road.*
Conductrice	Mais non, **je faisais** du cent dix. *No, I was doing 110.*
Police	A quelle vitesse est-ce que **vous rouliez** en agglomération? *At what speed were you driving in a built-up area?*
Conductrice	Euh, **je roulais** à soixante à peine. *Hmm, I was driving at 60, if that.*

Police	Qu'est-ce que **vous faisiez** dans le virage? *What were you doing at the bend?*
Conductrice	**Je ralentissais**, monsieur l'agent. *I was slowing down, constable.*
Police	**Vous conduisiez** d'une façon très dangereuse, madame! *You were driving in a very dangerous fashion, madam.*
Conductrice	Mais non, **j'étais** très prudente, monsieur l'agent! *No, I was being very careful, constable!*

CONNAISSEZ-VOUS LES LIMITATIONS DE VITESSE?

60 km/h en ville: un grand maximum et bien souvent c'est encore trop

60 km/h
1 En agglomération: *in built-up areas*
2 En ville: *in the town*

60   en agglomération

90 km/h
Sur la route: *on ordinary roads*

90   sur route

110 km/h
1 Sur la route à deux fois deux voies: *on dual-carriageways*
2 Sur les autoroutes de dégagement: *on town by-passes*

110   sur les routes à deux fois deux voies séparées par un terre-plein central et sur les autoroutes de dégagement (sorties de ville)

130 km/h
Sur les autoroutes de rase campagne: *on open country motorways*

130   sur les autoroutes de rase campagne

NE DÉPASSEZ JAMAIS

60 km/h en agglomération
90 km/h sur route
130 km/h sur autoroute

---

les limitations de vitesse *speed limit*
bien souvent *very often*
c'est encore trop *it's still too much/too fast*

terre-plein central *central reservation*
ne dépassez jamais *never exceed*

Au tribunal

What was the driver doing when the police stopped her?

Les accusations de l'agent	*Les questions du juge*	*Les déclarations de la conductrice*
Elle faisait du 130 à l'heure, Monsieur le Juge.	**Vous faisiez** du 130 à l'heure, madame?	Non, **je faisais** du 110, Monsieur le Juge.
Elle roulait à toute vitesse. (*She was driving at full speed.*)	**Vous rouliez** à toute vitesse, madame?	**Je roulais** à 60 à peine, Monsieur le Juge.
Elle accélérait dans les virages, Monsieur le Juge!	**Vous accélériez** dans les virages, madame?	Non, Monsieur le Juge, **je ralentissais** dans les virages.
A mon avis, **elle conduisait** d'une façon dangereuse. (*In my opinion she was driving dangerously.*)	A votre avis, comment **conduisiez-vous**, madame?	**Je conduisais** avec prudence, Monsieur le Juge.
Elle était ivre, Monsieur le Juge. (*She was drunk.*)	**Vous étiez** ivre, madame?	**Je n'étais pas** ivre, Monsieur le Juge.
Elle sentait l'alcool. (*She smelt of alcohol.*)	**Vous sentiez** l'alcool, madame?	Mais non, Monsieur le Juge, **je ne sentais pas** l'alcool.
Elle conduisait en état d'ivresse.	**Vous conduisiez** en état d'ivresse, madame?	Non, Monsieur le Juge, **je ne conduisais pas** en état d'ivresse.
faire *to do*, rouler *to drive*, conduire *to drive*,	accélérer *to accelerate*, être *to be*, avoir *to have*,	ralentir *to slow down*, sentir *to smell of*

PRATIQUE 8.3   A vous maintenant. Comment conduisiez-vous? (Vous n'avez pas commis d'infraction: *You have not committed an offence.*)

1   Le juge: Vous faisiez du soixante-dix à l'heure en agglomération monsieur?/mademoiselle?/madame?
    Vous: . . . .
2   Le juge: Vous accélériez dans les virages?
    Vous: . . . .
3   Le juge: Vous conduisiez d'une façon dangereuse?
    Vous: . . . .

Connaissez-vous le code de la route?

SIGNALISATION D'INTERSECTIONS ET DE PRIORITÉ

	Le conducteur est tenu de céder le passage aux véhicules venant de sa droite. *The driver must give way to vehicles on the right.*	STOP	Obligation d'arrêt à l'intersection. *Compulsory stop at intersection.*
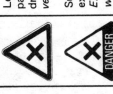 DANGER	Supersignalisation d'un danger exceptionnellement grave. *Exceptionally serious danger warning*		Indication du caractère prioritaire d'une route à grande circulation. *Priority for all vehicles on this type of road.*
DANGER PRIORITÉ A DROITE	Supersignalisation, hors agglomération, de deux routes à grande circulation. *Signalling of two very busy roads, outside built up-areas. Priority to the right.*		
	Cédez le passage à l'intersection. *Give way at intersection.*		Perte de priorité. *The road loses its priority, i.e. in a built-up area.*
150 m			

SIGNALISATION DE PRESCRIPTION ABSOLUE

1° PANNEAUX D'INTERDICTION

	Circulation interdite à tout véhicule dans les deux sens. *No thoroughfare for all vehicles, from both directions.*
	Sens interdit. *No entry.*
	Interdiction de tourner à gauche à la prochaine intersection. *No left turn at next intersection.*
	Interdiction de dépasser tous les véhicules à moteur autres que les deux-roues. *No overtaking other than two-wheelers.*
	Signaux sonores interdits. Interdiction de klaxonner. *Use of horn is forbidden.*
	Stationnement interdit à tous véhicules de facon permanente.
	Stationnement interdit du 1er au 15 du mois. *Parking forbidden from 1st to 15th of the month.*
	Stationnement interdit du 16 au 31 du mois.

3° PANNEAUX DE FIN D'INTERDICTION

Fin d'interdiction d'utiliser les signaux sonores: (*End of horn restrictions.*)

Fin d'interdiction de dépasser.

interdiction: *prohibition*
fin d'interdiction: *end of prohibition*
interdit: *forbidden*

Fin de toutes les interdictions précédemment signalées.

Fin de la limitation de vitesse indiquée.

2° PANNEAUX D'OBLIGATION

Piste cyclable pour cycles et cyclomoteurs sans remorque ni side-car. *For cycles or mopeds without trailers or side-cars.*

Chemin obligatoire pour piétons. *Footpath compulsory for pedestrians.*

Voie réservée aux véhicules lents. Vitesse inférieure à 60 km/h. *Lane for slow vehicles.*

Allumez vos feux. *Switch on your headlights.*

Information: Les poids et mesures en France (*weights and measures*)

When driving on French roads it is important to remember that all the signs show speed limits and distances in kilometres.

Les mesures
1 m: 1 mètre = 1.0936 yards (the metre is slightly longer than the yard)
1 km: 1 kilomètre = 0.6214 miles (the kilometre is about five-eighths of a mile)

Les poids
100 g: 100 grammes = 3.53 oz
1 kg: 1 kilogramme = 2.2046 lb
          une livre = a French pound, equivalent to 0.5 kg (slightly more than the English pound)

Les liquides
1 L: 1 litre = 0.2200 gallons
       1 pint = 0.568 litres (slightly more than half a litre)

PRATIQUE 8.4 Que faisiez-vous quand les CRS vous ont arrêté?

Link your statements to the signs in the left-hand column (i.e. the sign indicating the rule that you have broken in each case).

1	**(a)**	Je klaxonnais
2 (90)	**(b)**	Je dépassais un camion* en haut de côte. (*a lorry)
3 (130)	**(c)**	Je tournais à droite.
4	**(d)**	Je stationnais en zone de stationnement interdit
5	**(e)**	Je roulais en sens interdit.
6	**(f)**	Je faisais du cent à l'heure.
7	**(g)**	Je passais quand le feu était au rouge.
8	**(h)**	Je conduisais à toute vitesse. Je faisais du cent cinquante à l'heure.

Interlude: A bicyclette, cyclomoteur ou à moto

If you are going to travel through France on two wheels, the following table will tell you all you need to know.

CENTRE DE DOCUMENTATION ET D'INFORMATION DE L'ASSURANCE
2, CHAUSSÉE D'ANTIN
75009 PARIS
(1) 770.89.39

BICYCLETTE

CYCLOMOTEUR

	BICYCLETTE	CYCLOMOTEUR
DEFINITION REGLEMENTAIRE	—pas de moteur	—un pédalier —moteur de cylindrée inférieure ou égale à 50 cm^3 —vitesse limitée à 45 km/h —cyclos vendus au public apres le 1.6.80: ni embrayage ni boîte de vitesse non automatique
AGE REQUIS	—pas de condition d'âge	—14 ans revolus
PERMIS DE CONDUIRE	—pas de permis	—pas de permis —attestation d'assurance
ET AUTRES DOCUMENTS EXIGIBLES	(Il est conseillé aux cyclistes et cyclomotoristes, dont on n'exige aucun permis de conduire, d'avoir au moins sur eux leur carte d'identité)	
PLAQUES D'IDENTIFICATION	—plaque métallique indiquant nom et domicile du propriétaire	
PORT DU CASQUE couleur claire ou jaune éléments réfléchissants blancs et fluorescents orange	—facultatif	—obligatoire pour le conducteur —conseillé pour le passager
VOIES DE CIRCULATION	—autoroutes interdites · pistes cyclables obligatoires (mais interdites aux « deux-roues » tirant une remorque)	

—moteur de cylindrée infé rieure ou égale à 80 cm^3 —vitesse limitée à 75 km/h	—2e cat. : moteur de cylindrée inférieure ou égale à 400 cm^3 —3e cat. : moteur de cylindrée supérieure à 400 cm^3
—16 ans révolus	—18 ans révolus (ancien permis A1, 125 cm^3 ou moins: 16 ans).
—permis A1, A2 ou A3	—2e cat; :permis A2, A3, A —3e cat. :permis A3

—attestation d'assurance et carte grise

—plaque d'immatriculation (numéro minéralogique)

—obligatoire pour le conducteur et pour le passager

—pistes cyclables interdites	—pistes cyclables interdites

PRATIQUE 8.5 Répondez en anglais. What do you now know about the legal requirements for cycling or motorcycling in France? (You do not need to understand every word in order to answer the questions.)

1 How old do you need to be to ride a moped?
2 Is a driving licence required for a moped?
3 How old do you need to be to ride an 80cc motorbike?
4 Do you need a helmet to ride a moped?
5 If you are a passenger on a moped, do you need a helmet?
6 If you are a passenger on a motorbike, do you need a helmet?
7 If you are riding a bicycle or a moped, what official papers are you advised to have with you?
8 What kind of plate should you have on your bicycle or moped?
9 What kind of plate should you have on your motorbike?
10 Where is it forbidden to ride a motorbike?
11 Apart from a driving licence, what other official documents are French motorbike riders required to have with them?
12 What colour helmet are you advised to wear?

3 An accident

Monsieur Louis Arnoud, au volant de sa voiture, a heurté le cyclomoteur de Mademoiselle Monique Gallot.

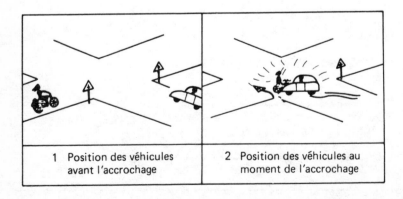

1 Position des véhicules avant l'accrochage

2 Position des véhicules au moment de l'accrochage

Dialogue

Monique Gallot	Oh ma jambe! Je ne peux pas bouger!
Un témoin	Surtout ne bougez pas, mademoiselle, on va appeler une ambulance tout de suite.
Un autre témoin	Oui, on a déjà téléphoné, l'ambulance ne devrait pas tarder.
Monique Gallot	Oh, j'ai très mal, et mon vélomoteur est hors d'usage!
Louis Arnoud	Je suis vraiment désolé, mademoiselle, je vous ai vue au dernier moment et je n'ai pas pu vous éviter . . . Heureusement que je n'allais pas vite!
Un témoin	C'est un carrefour terrible. Il y a des accidents sans arrêt à cause de cette ridicule histoire de priorité à droite. Il faudrait changer tout ça!
Autre témoin	Oui, il faudrait au moins un passage protégé!
Louis Arnoud	Il me faut un constat pour mon assurance . . . Vous étiez ici, madame, au moment de l'accident?
Mme Michaud	Oui monsieur, j'étais là, au coin.
Louis Arnoud	Est-ce que vous vous voulez bien témoigner?
Mme Michaud	Mais oui, bien sûr.
Un passant	Qui est en tort?
Mme Michaud	C'est la jeune fille; elle ne s'est pas arrêtée pour laisser passer la voiture qui débouchait sur sa droite. Ce n'est pas un passage protégé ici et tout ce qui vient de la droite a priorité.

Mots nouveaux et expressions idiomatiques

un accrochage *collision, minor accident*	**Heureusement** *Fortunately*
au volant *at the steering-wheel*	**un carrefour** *crossroad*
avant *before*	**sans arrêt** *all the time*
ma jambe *my leg*	**cette ridicule histoire** *this ridiculous business*
j'ai mal à la jambe *my leg hurts*	**au moins** *at least*
surtout *above all*	**un passage protégé** *protected crossing*
un vélomoteur (cyclomoteur) *moped*	**un constat** *accident report*
hors d'usage *unusable, a write-off*	**une assurance** *insurance*
	au coin *at the corner*
au dernier moment *at the last moment*	**un passant** *passer-by*
	en tort *in the wrong*

Verbes

Infinitives	Examples from the text
Heurter *to hit*	**Il a heurté le cyclomoteur** *He hit the moped*
Bouger *to move*	**Je ne peux pas bouger!** *I can't move!*
	Surtout ne bougez pas *Whatever you do, don't move*
Tarder *to take a long time*	**l'ambulance ne devrait pas tarder** *the ambulance shouldn't be long*
Éviter *to avoid*	**je n'ai pas pu vous éviter** *I couldn't avoid you*
Aller *to go*	**je n'allais pas vite** *I was not going fast*
Être *to be*	**Vous étiez ici?** *Were you here?*
	j'étais là *I was there*
Témoigner *to witness*	**Est-ce que vous voulez bien témoigner?** *Do you mind being a witness?*
S'arrêter *to stop*	**elle ne s'est pas arrêtée** *She did not stop*
Déboucher *to come out*	**la voiture débouchait sur sa droite** *the car was coming out on her right*

Information: conseils utiles

When they are involved in an accident, French people tend to be very meticulous about filling in accident report forms. Both parties involved fill in forms and send them to their insurance companies. Each form is signed by both drivers and includes, if possible, the names and addresses of witnesses. European accident report forms are included with the green card issued by insurance companies for drivers travelling on the continent.

Vocabulaire utilie: un blessé / une blessée } *someone injured*

PRATIQUE 8.6 Réfléchissez et choisissez.

1
- **a** Un des témoins
- **b** Le conducteur   . . . . . . est blessé(e)
- **c** La jeune fille
- **d** Le passant

2 C'est { **a** Louis Arnoud
         { **b** Monique Gallot
                                  . . . . . . qui avait la priorité.

3 C'est { **a** Louis Arnoud
         { **b** Monique Gallot
                                  . . . . . . qui est en tort.

4 C'est { **a** Louis Arnoud
         { **b** Monique Gallot
                                  . . . . . . qui fait un constat.

5 Louis Arnoud

   a accélérait.
   b roulait vite.
   c ne roulait pas vite.
   d était arrêté.

6 L'accrochage a eu lieu*

   a dans un virage.
   b à un passage protégé.
   c à un carrefour.
   d sur l'autoroute.

7 La voiture débouchait

   a sur la droite de Monique Gallot.
   b sur la gauche de Monique Gallot.
   c derrière Monique Gallot.

*a eu lieu   *took place* (avoir lieu *to take place*)

Information

There are three different kinds of ambulance service in France.

1 In case of accidents it is possible to call out firemen's ambulances.
2 Hospitals also send ambulances to the scenes of accidents. They run a service with expert medical staff called SAMU (**Service d'Aide Médicale d'Urgence**).
3 There is also a complete private ambulance service which anyone can call for journeys from home to hospital or vice versa. Firms advertise in the phone book in the same way as taxi services. Most firms are in fact both taxi and ambulance services.

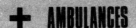

+ AMBULANCES
Bloc oxygénateur - Sérum

Mme M. MORIN
JOUR - NUIT
TOUTES DISTANCES
31, rue de la Nation
Tél. : 75. 12. 48

+ AMBULANCES
MONTPARNASSE

JOUR - NUIT
R. TRUMEAU
Tél. : 33. 19. 10

AMBULANCES-TAXI

M. et Mme DELANOEL

8, rue de la Libération
Tél. : 50.13.46.

4   An unusual holiday

Les Français et les loisirs

Ils sont de plus en plus nombreux, les Français qui refusent de passer leur mois de vacances d'été à dormir sur une plage, dans l'espoir de rentrer chez eux avec un bronzage plus remarquable que celui de leurs voisins. C'est pourquoi de nombreux organismes proposent maintenant de nouvelles formules pour les vacances. *L'Argus Automobile* mentionne un exemple de vacances qui pourrait intéresser les amateurs de mécanique:

Des Stages de mécanique auto en Aveyron

Dans le cadre des Vacances in-solites en Rouergue, le départe-ment de l'Aveyron organise – comme chaque année – des stages chez les artisans, à l'intention des touristes.

Parmi les stages proposés au nombre desquels figurent tissage, poterie, art dramatique et photo, on note aussi des cours de mécanique automobile consistant en une initiation théorique et pratique avec mise au point et réglage.

But du stage de méchanique auto: offrir une meilleure connaissance de l'automobile, de son fonction-nement, de sa conduite, de son entretien et, éventuellement, de son dépannage.

Lieu du stage: Montbazens, dans l'Aveyron. Dates: 6–17 juillet; 20–31 juillet; 3–14 août; 17–28 août. Soit 10 demi-journées au prix de 400 francs.

Vocabulaire

de plus en plus *more and more*
une plage *beach*
plus remarquable que *more remarkable than*
celui de leurs voisins *that of their neighbours*
un stage *course*
faire un stage *to go on a course*

le tissage *weaving*
le but *aim, purpose*
une meilleure connaissance *a better knowledge*
la conduite *driving*
l'entretien *maintenance*
soit *that is*

Le Rouergue is a very old part of France situated to the south-west of the **Massif Central**.

L'Argus Automobile is a weekly paper which deals with the car world. (It is the most important paper for car sales adverts.)

PRATIQUE 8.7   Répondez en anglais.

1   What do many French people not want to do during their summer holidays?
2   What is the name of the French **département** which is organising car-maintenance courses for tourists?
3   What other courses do they offer?

4 Who are the people responsible for the tuition on those courses?
5 What costs 400F?
6 What are the aims of the **Stages de mécanique auto**?
7 In which town are these courses taking place?
8 What does the word **dépannage** mean? Find other words used in this unit which have the same root.

5 Un peu de grammaire

L'imparfait – the imperfect tense

1 The imperfect is used when an action which began in the past was interrupted and remained incomplete.
Examples:

> **Je roulais** à cent à l'heure quand les CRS m'ont fait signe d'arrêter. *I was doing 100 km/h when the police stopped me.*
> **Je regardais** la télévision quand le téléphone a sonné. *I was watching television when the telephone rang.*
> **Vous dormiez** quand les pompiers sont arrivés? *Were you asleep when the firemen arrived?*

2 The imperfect expresses an action of the past in its development (there is no mention of beginning or end).
Examples:

> **Il jouait** dans le jardin. *He was playing in the garden.*
> **Elles apprenaient** le chinois. *They were learning Chinese.*

3 The imperfect expresses a continuous fact or action of the past (it is a tense used for reminiscing).
Examples:

> **Pierre chantait** bien. *Pierre used to sing well.*
> Autrefois **il faisait** toujours chaud en été. *In the old days summers were always hot.*
> De mon temps **les enfants respectaient** leurs parents. *In my day children used to show respect to their parents.*

4 The imperfect is also a tense used to express the notion of
repetitiveness in the past.
Examples:

Quand **j'étais** jeune **j'allais** tous les étés à la mer. **Mes parents
louaient** toujours la même villa. *When I was young I went to
the seaside every summer. My parents used to rent the same
villa.*
Quand **j'habitais** à Paris, **j'allais** au cinéma toutes les
semaines. *When I lived in Paris I used to go to the cinema every
week.*

Verb endings in the imperfect

---

rouler *to drive*

je roul**ais** à 120 à l'heure	nous roul**ions** très lentement
tu roul**ais** très vite	vous roul**iez** vers Paris
il/elle roul**ait** sur l'autoroute	ills/elles roul**aient** à toute vitesse

---

To form the imperfect tense, the **nous** form of the verb in the present
tense loses its ending **-ons**, and the following endings are added:

je . . . ais	nous . . . ions
tu . . . ais	vous . . . iez
il/elle . . . ait	ils/elles . . . aient

The verb endings are the same for *all* verbs in the imperfect tense:

---

faire	**avoir**	**boire**	**finir**
je faisais	j'avais	je buvais	je finissais
tu faisais	tu avais	tu buvais	tu finissais
il faisait	il avait	il buvait	il finissait
nous faisions	nous avions	nous buvions	nous finissions
vous faisiez	vous aviez	vous buviez	vous finissiez
ils faisaient	ils avaient	ils buvaient	ils finissaient

Note the form of **être**:

j'étais	nous étions
tu étais	vous étiez
il/elle était	ils/elles étaient

9 Les Français et la politique

1 The French elections

Dialogue

Dans un café, un groupe de travailleurs discutent la campagne électorale pour les élections présidentielles.

André Letort	Vous avez vu le président à la télé, hier soir?
Jacques Maury	Moi, je tourne le bouton à chaque fois que c'est de la politique, j'en ai marre de leur politique.
Alain Pinier	Oui, je suis de ton avis Jacques, cela fait six mois que ça dure, cette histoire de campagne électorale.
Lucien Carrière	Oui, d'accord, mais il faut bien être au courant de ce qui se passe.
Jacques Maury	Mais qu'est-ce qui se passe? Qu'est-ce qui se passe? Rien! C'est toujours la même chose, on a déjà vu les mêmes têtes de polichinelles il y a sept ans!!
André Letort	Il y a quand même des candidats qui sont meilleurs que les autres.
Alain Pinier	Oui, il y en a qui ne sont pas mal, mais ceux-là, on ne leur donne pas la parole à la télévision.
Lucien Carrière	Moi, les seuls candidats qui m'intéressent, ce sont ceux qui ont un bon programme pour les travailleurs.
Alain Pinier	Ouais! Qui, par exemple?
Lucien Carrière	Eh bien, . . . il y a celui qui propose la retraite à soixante ans, la semaine de trente-cinq heures et cinq semaines de congés payés.
Jacques Maury	Ouais! Des promesses, toujours des promesses! C'est tout ce qu'ils savent faire.

Vocabulaire

Mots nouveaux et expressions idiomatiques

le **bouton** *switch, knob*
chaque fois *every time*
j'en ai marre *I am fed up*
  (colloqu.)
de ton avis *of your opinion*
la campagne électorale
  election campaign
être au courant de ce qui se
  passe *to be informed of*
  what's going on
toujours *always*
la même chose *the same*
  thing
les mêmes têtes de
  polichinelles *the same puppet*
  heads

il y a sept ans *seven years*
  ago
les travailleurs *workers*
quand même *all the same*
meilleur *better*
pas mal *not bad*
les seuls candidats *the only*
  candidates
Ouais *Yes (colloqu.)*
la retraite *retirement*
la semaine de trente-cinq heures
  thirty-five hour week
les congés payés *paid holidays*
des promesses *promises*

Verbes

Infinitives	Examples from the text
Voir *to see*	**Vous avez vu . . .?** *Did you see . . . ?*
Tourner le bouton *to switch off*	**je tourne le bouton** *I switch off*
Durer *to last, to go on*	**cela fait six mois que ça dure** *it has been going on for six months*
Se passer *to happen*	**Qu'est-ce qui se passe?** *What's happening?*
Donner la parole *to give leave to speak*	**On ne leur donne pas la parole** *they don't let them speak* (**la parole** *speech*)
Savoir *to know*	**C'est tout ce qu'ils savent faire** *That's all they can (know how to) do*

Demonstrative pronouns

  celui (*the one, that*) is used with masculine singular nouns
  celle (*the one, that*) is used with feminine singular nouns
  ceux (*the ones, those*) is used with masculine plural nouns
  celles (*the ones, those*) is used with feminine plural nouns

Note also **celui qui** *the one who/that/which* (used as the subject of a subordinate or secondary clause) and **celui que** *the one which/whom/ that* (used as the object of a subordinate clause—see p. 240). Examples:

Tu vas voter pour quel candidat? *Which candidate are you going to vote for?*

Je vais voter pour **celui** de la gauche. *I am going to vote for the one representing the left.*

Je vais voter pour **celui qui** a le meilleur programme social. *I am going to vote for the one who has the best social programme.*

Je vais voter pour **celui que** je connais. *I am going to vote for the one that I know.*

Tu aimes cette voiture rouge? *Do you like this red car?*

Oui, mais je préfère **celle** de ma sœur. *Yes, but I prefer my sister's (Lit. the one of my sister).*

Oui, mais je préfère **celle qui** est à côté. *Yes, but I prefer the one which is next to it.*

Oui, mais je préfère **celle que** j'ai vue hier. *Yes, but I prefer the one (that) I saw yesterday.*

Oui, mais je préfère **celle-ci**. *Yes, but I prefer this one.*

Oui, mais je préfère **celle-là**. *Yes, but I prefer that one.*

celui-ci: *Lit. this one here*; **celui-là**: *Lit. that one there*

PRATIQUE 9.1   Vrai ou faux.

1   Jacques Maury n'a pas vu le président à la télé, hier soir.
2   Cela fait six mois que la campagne électorale a commencé.
3   Alain Pinier est d'accord avec Jacques Maury.
4   Il y a sept ans les candidats à la présidence étaient tous différents.
5   Il y a un candidat qui propose la retraite à cinquante ans.
6   Les candidats savent faire des promesses.

PRATIQUE 9.2   Répondez en français.

1   Qui est-ce qui a regardé la télé, hier soir?
2   Qui était à la télé, hier soir?
3   Pourquoi est-ce que Lucien Carrière regarde la campagne électorale à la télé?
4   Est-ce que les candidats changent tous les sept ans?
5   Quels sont les candidats qui intéressent Lucien Carrière?
6   Combien de semaines de congés payés est-ce que les travailleurs voudraient?

Brève information

Pendant la période des élections, les Français se passionnent pour la politique. Les médias concentrent leurs efforts pour informer les électeurs des intentions des candidats. Il y a toujours *deux tours de scrutin*; au premier tour les Français votent pour leur candidat favori, et au deuxième tour ils doivent choisir entre les deux candidats qui ont obtenu le plus de suffrage au premier tour.

bref, brève *brief*, tour de scrutin *round*

PRATIQUE 9.3 Selon nos quatre travailleurs, quels sont les meilleurs candidats? (*According to our four workers, who are the best candidates?*) Find the correct ending for each sentence. (Remember that **meilleur** adds an **e** in the feminine and an **s** in the plural, and that the demonstrative pronoun varies according to the number and gender.)

1	**André Letort**	A mon avis, la meilleure candidate . . . .
2	**Alain Pinier**	A mon avis, les meilleurs candidats . . . .
3	**Lucien Carrière**	A mon avis, le meilleur candidat . . . .
4	**Jacques Maury**	A mon avis, les meilleures candidates . . . . .

(a) C'est celui du parti écologiste.
(b) Ce sont celles qui proposent des réformes pour les femmes.
(c) C'est celle de gauche.
(d) Ce sont ceux qui pensent aux travailleurs.

Encore des informations sur les élections présidentielles

Qu'est-ce qu'il faut faire pour devenir candidat? (*What is required in order to become a candidate?*)

In principle anyone can become a candidate, but according to the constitution of the Fifth Republic, each candidate must have the backing of 500 sponsors. These sponsors can only be chosen from amongst people who are themselves elected representatives of the nation (such as mayors, regional councillors, etc.).

In order to be elected, the president must obtain more than fifty per cent of the votes cast in the election.

Pour être électeur, il faut avoir dix-huit ans au moins.

2   Politics on the radio

During political campaigns all sorts of debates are organised for the
TV or the radio. The following discussion is the type you might hear
as part of a radio programme.

**Radio République 21 heures, 15 avril – «Le Débat»: René Lucas
contre Simone Vergnaud.** Une émission de Jean-Pierre Lemonier.
Réalisation d'Alain Guichard.

René Lucas est le porte-parole du candidat de la gauche (*the candidate
of the left*). Simone Vergnaud est la représentante du gouvernement.

Jean-Pierre Lemonier	«Le Débat» de ce soir nous prépare, je l'espère, pour un autre débat attendu par tous les Français, celui qui devrait opposer le candidat sortant au candidat de la gauche. Mme Vergnaud, vous voulez commencer?
Simone Vergnaud	Alors, parlons de vos propositions . . . Il est temps que vous disiez très clairement aux Français les objectifs que vous avez . . .
René Lucas	Nous, nous avons l'intention de répondre, sur le plan de la fiscalité, d'abord par la justice: nous voulons que chacun à revenu égal paie la même chose sur le plan des impôts . . . C'est ça la justice fiscale, mais vous n'en avez pas voulu pendant sept ans!
Simone	Mais si, nous en avons voulu!
René	Il y a plus d'un million et demi de chômeurs et il y a beaucoup plus d'hommes et de femmes qui ont peur de perdre leur emploi. Nous avons des propositions simples, et surtout la réduction du temps de travail; avec le nouveau président de la République ce sera la semaine de trente-cinq heures, et aussi l'abaissement de l'âge de la retraite, la cinquième semaine de congés payés. Ce sont des propositions constructives; c'est de cela, Mme Vergnaud, que nous devrions discuter.
Simone	Mais trente-cinq heures payées au même taux que les quarante, ça fait au moins deux cent mille entreprises en faillite, vous le savez bien!

Vocabulaire

Mots nouveaux et expressions idiomatiques

le porte-parole *spokesman*	**le revenu** *income*
le candidat sortant *candidate*	**un impôt** *tax*
still in office	**un chômeur** *unemployed person*
alors *well then*	**un emploi** *job, employment*
Il est temps *It's time*	**surtout** *above all*
clairement *clearly*	**le travail** *work*
sur le plan de *on the question*	**l'abaissement** *lowering*
of	**la retraite** *retirement*
la fiscalité *system of taxation*	**le taux** *rate*
d'abord *first*	**en faillite** *bankrupt*
chacun *each person*	

Verbes

Infinitives	*Examples from the text*
Espérer *to hope*	**je l'espère** *I hope*
Devoir *to have to (I must)*	**celui qui devrait opposer** *the one which . . . should oppose* **nous devrions discuter** *we should discuss*
Parler *to talk*	**parlons de vos propositions** *let's talk about your propositions*
Dire *to say, to tell*	**Il est temps que vous disiez aux Français** *It's time you told the French*
Vouloir *to want*	**vous n'en avez pas voulu** *you didn't want it*
Être *to be*	**ce sera** *(fut. tense)* *it will be*
Savoir *to know*	**vous le savez bien** *you know full well*

PRATIQUE 9.4 Réfléchissez et choisissez.

1 «Le Débat» est

   a une émission à la télévision.
   b une émission à la radio.
   c un film.
   d un accident.

2 Le présentateur de l'émission s'appelle

    a le candidat de la gauche.
    b Simone Vergnaud.
    c le président de la République.
    d Jean-Pierre Lemonier.

3 Simone Vergnaud est

    a la candidate de la droite.
    b la candidate de la gauche.
    c la représentante du candidat de la droite.
    d la représentante du candidat de la gauche.

4 René Lucas est

    a le président de la République.
    b le porte-parole du candidat de la gauche.
    c le candidat à la présidence.
    d le présentateur de l'émission de radio.

5 Mme Vergnaud

    a parle la première.
    b parle avec le président sortant.
    c est contre le président sortant.
    d parle des problèmes de femmes.

6 Tous les Français attendent un débat entre

    a Jean-Pierre Lemonier et le président sortant.
    b René Lucas et Simone Vergnaud.
    c le président sortant et le candidat de la gauche.
    d Alain Guichard et Jean-Paul Lemonier.

7 Cela fait

    a sept ans
    b sept mois
    c cinq ans } que la droite gouverne la France.
    d huit ans

8 Avec le candidat de la gauche comme président, les Français auraient

    a cinq semaines de congés payés.
    b cinq semaines de travail.
    c cinq mois de vacances.
    d trente-cinq semaines de vacances.

9 En France, au moment du débat, il y avait plus de

a 700 000 de chômeurs.
b 5 000 000 de chômeurs.
c 1 500 000 de chômeurs.
d 7 000 000 de chômeurs.

PRATIQUE **9.5** Lisez et complétez le texte suivant.

«Le Débat» est un ...... de radio où ...... personnalités ......
confrontent leurs points de vue. Dans l'émission du 15 ...... les
deux interlocuteurs étaient les ...... du président ...... et du
candidat de la...... Deux...... propositions importantes faites par
la gauche concernent la question des ...... et les conditions de
...... en général.

*avril – impôts – sortant – porte – parole – programme –
politiques – travail – gauche – deux – des*

3 The ecologists

SIGNATURES
Lalonde aurait les 500

Les écologistes ont sablé jeudi soir le champagne pour fêter les cinq cents signatures de Brice Lalonde. Les responsables d'Aujourd'hui l'écologie se sont rendus hier après-midi au Conseil constitutionnel pour y dposer les 360 parrainages dont ils disposaient à Paris. On sait, d'autre part, que certains responsables régionaux ainsi que des maires auraient envoyé directement leurs signatures au Conseil (en prévenant les écologistes parisiens, qui ont ainsi pu les comptabiliser) et que le total des parrainages obtenus dépasserait les 500 nécessaires. Mais les verts ont immédiatement rencontré une autre difficulté quand ils ont appris qu'il leur fallait maintenant traduire leur profession de foi en allemand (tirage: 1 600 000 exemplaires) pour les trois départements de l'Alsace.

Vocabulaire

Mots nouveaux et expressions idiomatiques

le parrainage *sponsorship*	**un maire** *mayor*
le parrain *godfather (here 'sponsor')*	**une profession de foi** } *manifesto* **un manifeste**
d'autre part *on the other hand*	**en allemand** *in German*

Le Conseil constitutionnel is an official body whose role is to check that the constitution is being applied legally.

Verbes

Infinitives	Examples from the text
Sabler le champagne *to drink champagne*	**Ils ont sablé le champagne** *They drank champagne*
Se rendre *to go*	**Ils se sont rendus au Conseil** *They went to the Council*
Envoyer *to send*	**ils auraient envoyé** *they would have sent*
Pouvoir *to be able, (I can)*	**ils ont ainsi pu comptabiliser** *so they were able to count*
Obtenir *to obtain*	**le total des parrainages obtenus** *the total of the sponsors obtained*
Apprendre *to learn*	**ils ont appris** *they learnt (heard)*
Falloir *to be necessary (I must)*	**il leur fallait traduire** *they had to translate*

PRATIQUE 9.6   Répondez en anglais. Qu'avez-vous compris? (*What did you understand?*)

1   What did the Ecology Party celebrate?
2   Who took the 360 signatures which were already in Paris to the **Conseil constitutionnel**?
3   How did the **Conseil** get the other signatures?
4   Who added up the signatures?
5   Which colour is used as a nickname for the ecologists in this article?

6 Reading the article carefully, and looking particularly at the verbal forms, can you tell whether the facts related had been made official at the time of publication? How can you tell either way? (The clue is in the title and in a recurring verbal form.)

PRATIQUE **9.7** Complétez les phrases.

1	Les écologistes ont bu du champagne	(a)	plus de cinq cents signatures.
2	Brice Lalonde est	(b)	leur manifeste en allemand.
3	Brice Lalonde a obtenu . . .	(c)	pour célébrer leur succès.
4	Certains maires ont envoyé	(d)	le candidat du parti écologiste.
5	Il faut que les écologistes traduisent . . .	(e)	leurs signatures directement au Conseil constitutional.

4 Un peu de grammaire

Reflexive verbs and reflexive pronouns

A reflexive verb is one which implies that the action is done by, for, on or to the self. Example:

je me lave *I wash myself*

The subject and the object of a reflexive verb generally refer to the same person. Example:

je me blesse souvent *I (subject) hurt myself (object) often*

Most verbs can be either reflexive or non-reflexive. In French, the reflexivity is indicated by the use of a reflexive pronoun. Examples:

je coupe le pain *I cut the bread (non-reflexive)*
je **me** coupe avec le couteau *I cut myself with the knife (reflexive)*

The reflexive pronouns are as follows: **me** *myself*, **te** *yourself*, **se** *himself, herself, itself, oneself*, **nous** *ourselves*, **vous** *yourself, yourselves*, **se** *themselves*.
Study the examples of reflexive verbs overleaf:

Se laver *to wash oneself*	Je me	**lave les mains**	*I wash my hands*
Se lever *to get up*	Tu te	**lèves à sept heures**	*You get up at seven o'clock*
Se raser *to shave (oneself)*	Il se	**rase tous les matins**	*He shaves every morning*
S'amuser *to enjoy oneself*	On s'	**amuse beaucoup**	*We enjoy ourselves a lot*
S'asseoir *to sit (oneself) down*	Elle s'	**assoit sur le banc**	*She sits down on the bench*
Se passionner *to feel passion, to love passionately*	Nous nous	**passionnons pour la musique moderne**	*We have a passion for modern music*
Se maquiller *to put on-make-up*	Elles se	**maquillent trop**	*They put too much make-up on*
S'en aller *to go away*	Vous vous	**en allez déjà?**	*Are you going away already?*
S'habiller *to get (oneself) dressed*	Ils s'	**habillent tôt**	*They get dressed early*

Reciprocal verbs

Reciprocal verbs are very similar in form to reflexive verbs. Example:

Ils s'aiment passionnément. *They love one another passionately.*

The pronoun is often translated here as 'one another' or 'each other'. Examples:

S'entendre *to get on*	Ils s'	**entendent très bien**	*They get on very well (together)*
Se disputer *to have arguments*	Nous nous	**disputons souvent**	*We often argue*
S'embrasser *to kiss (one another)*	Vous vous	**embrassez en public?**	*Do you kiss in public?*
Se parler *to speak to one another*	Elles se	**parlent**	*They are talking to one another*

Reflexive verbs and the perfect tense

In the perfect tense, all reflexive verbs take **être** as an auxiliary, and therefore the past participle must agree with the subject.

Examples:

Se coucher *to go to bed*	Elle s'est couchée de bonne heure. *She went to bed early.*
S'endormir *to go to sleep*	Ils se sont endormis dans le train. *They fell asleep on the train.*
Se réveiller *to wake up*	Les deux femmes se sont réveillées au milieu de la nuit. *The two women woke up in the middle of the night.*
Se raser *to shave*	Il ne s'est pas rasé ce matin. *He did not shave this morning.*

PRATIQUE 9.8 There are five examples of reflexive verbs in this unit: can you identify them? (They are on pp. 150, 153, 156 and 157.)

PRATIQUE 9.9 Complétez les phrases.

1 Ma mère et moi, nous ......
2 Lucien s'est ....
3 Marie se ....
4 Et vous, messieurs ....
5 Pierre et Hélène se sont ....
6 Janine et Arlette se ....
7 Vous, mesdames ....
8 Et vous, madame, ...
9 Et toi, Marie ....
10 Et Pierre, il se ....

(a) maquille beaucoup trop.
(b) embrassés.
(c) disputent souvent.
(d) nous sommes couchées à minuit.
(e) réveillé de bonne heure.
(f) rase tous les matins?
(g) vous vous êtes bien amusés?
(h) vous vous êtes rencontrées?
(i) vous vous êtes endormie dans le train?
(j) tu te lèves à quelle heure?

10   Les postes et télécommunications

1   At the telephone counter

Dialogue

Robert Chayoux est au bureau de poste de Bernay, en Normandie. Il veut téléphoner mais il n'y a pas de cabines téléphoniques automatiques.

Robert Chayoux	Pardon, madame, où faut-il s'adresser pour téléphoner?
Cliente	Au guichet du téléphone, là-bas, monsieur.
Robert	Au oui, je le vois. Merci bien, madame!
Cliente	De rien, monsieur!

(Au guichet du téléphone.)

Employé des PTT	Monsieur? Vous désirez?
Robert	Euh . . . je voulais téléphoner à quelqu'un qui habite à Sainte-Marie-du-Lac; c'est un village dans le département de la Marne.
Employé	Attendez un instant . . . je prends note du numéro de votre correspondant et ensuite je vais appeler la standardiste. Alors . . . votre numéro, monsieur?
Robert	Euh . . . c'est le quarante-et-un, soixante-quatre, trente.
Employé	Et c'est dans la Marne, vous dites?
Robert	Oui, mais je ne connais pas l'indicatif téléphonique du département.
Employé	La Marne . . . c'est le 26 . . . Prenez la cabine numéro quatre, monsieur.
Robert	Merci bien, monsieur.

(Dans la cabine téléphonique. Robert Chayoux décroche le combiné.)

Robert	Allô, allô . . . Jean . . . Tu m'entends?
Standardiste	Un instant, monsieur, votre correspondant ne répond pas . . . Ne quittez pas . . . Votre correspondant est en ligne, monsieur.
Robert	Merci, mademoiselle . . . Allô . . . C'est bien le quarante-et-un, soixante-quatre, trente?
Jean Dubois	Allô, oui. Qui est à l'appareil?
Robert	C'est moi, Robert . . .
Jean Dubois	Robert! Quelle surprise! Comment ça . . . Brrrr . . .
Robert	Allô, allô . . . Jean! . . . Zut!

(M. Chayoux sort de la cabine et retourne au guichet du téléphone.)

Employé	Qu'est-ce qui ne va pas, monsieur?
Robert	Nous avons été coupés.
Employé	Retournez à votre cabine, monsieur, et je vais redemander votre communication.

Vocabulaire

Mots nouveaux et expressions idiomatiques

le bureau de poste *post office*	**le/la standardiste** *operator*
le guichet du téléphone *telephone counter*	**l'indicatif téléphonique** *telephone code*
la cabine téléphonique *telephone booth*	**le combiné** *receiver*
De rien *Don't mention it*	**en ligne** *on the line*
votre correspondant *person you are calling*	**Qui est à l'appareil?** *Who's speaking?*
ensuite *and then, next*	**Zut!** *damn!*
	votre communication *your call*

Verbes

Infinitives	Examples from the text
S'adresser *to ask*	où faut-il s'adresser? *where should I ask?*
Voir *to see*	je le vois *I can see it*
Vouloir *to want*	je voulais téléphoner à quelqu'un *I wanted to phone someone*
Prendre *to take*	je prends note *I take note/note down*
Appeler *to call*	je vais appeler la standardiste *I'll call the operator*
Dire *to say*	vous dites *you say*
Connaître *to know*	je ne connais pas l'indicatif *I don't know the code*
Décrocher *to unhook*	Il décroche le combiné *He picks up the receiver*
Entendre *to hear*	Tu m'entends? *Can you hear me?*
Répondre *to reply, to answer*	votre correspondant ne répond pas *there's no reply*
Sortir *to go out*	Il sort de la cabine *He goes out of the booth*
Retourner *to return*	Il retourne *He goes back* Retournez à votre cabine *Go back to your booth*
Couper *to cut*	Nous avons été coupés *We have been cut off*
Redemander *to ask again*	je vais redemander *I'll ask again*
Verbs in the imperative (giving orders or advice)	
Attendre *to wait*	Attendez un instant *Wait a moment*
Quitter *to leave*	Ne quittez pas *Hold the line (Lit. Do not leave)*

Note that in French the prefix **re** is used to indicate that an action is repeated.

Examples:

redemander *to ask again*	retourner *to go back*
relire *to read again*	rappeler *to call back*
repartir *to leave again*	retrouver *to find again*

PRATIQUE 10.1 Vrai ou faux.

1 Bernay se trouve en Bretagne.
2 Robert Chayoux téléphone d'une cabine interurbaine automatique.
3 Il s'adresse au guichet du téléphone.
4 L'employé lui demande le numéro de son correspondant.
5 Robert Chayoux obtient son correspondant, mais la communication est coupée.

PRATIQUE 10.2 Répondez brièvement en français.

1 Où faut-il s'adresser pour téléphoner?
2 Quel est l'indicatif téléphonique du département de la Marne?
3 Où habite Jean Dubois?
4 Qu'est-ce que Jean Dubois allait dire quand la communication a été coupée?
5 Est-ce que Sainte-Marie-du-Lac est une ville?

2 Making a phone call

Voici tout ce qu'il faut savoir pour téléphoner en France. (*Here is all you need to know to use the telephone in France.*)

1 On peut téléphoner:	*One can telephone:*
(*a*) de chez soi	*from home*
(*b*) de sa chambre d'hôtel	*from one's hotel room*
(*c*) d'une cabine publique	*from a public phone box*
(*d*) d'un bureau de poste.	*from a post office.*
2 La communication peut être:	*The call can be:*
(*a*) personnelle	*personal*
(*b*) urgente	*urgent*
(*c*) avec préavis	*person to person*
(*d*) en **PCV**: payable à l'arrivée.	*reverse charge.*

3   L'appel peut être fait:

The call can be made:

(*a*) en composant directement le numéro (c'est le cas pour un appel dans la même circonscription et pour toutes communications interurbaines automatiques)

by dialling directly (this is the case for a local call and for all inter-city calls)

(*b*) en appelant la standardiste qui obtiendra votre correspondant pour vous (c'est le cas pour appels dans les régions où seul un système semi-automatique existe).

by calling the operator who will get your number for you (this is the case for calls from parts of the country where the telephone is not yet fully automatic).

4   Dans une cabine publique, on a besoin:

In a public phone box, one needs:

(*a*) de monnaie: des pièces de 5 F, 1 F, ½ F

change: 5 F, 1 F, ½ F

(*b*) d'un jeton (c'est le cas pour certains cafés ou certaines brasseries où on peut acheter un jeton au comptoir).

a token (this is the case in some cafés or pubs where you can buy a token at the counter).

5   Pour trouver des renseignements:

In order to obtain information:

(*a*) il faut consulter l'annuaire

you have to consult the telephone book

(*b*) il faut s'adresser à la standardiste.

you have to call the operator.

6   Pour composer le numéro, il faut:

In order to dial the number you must:

(*a*) connaître l'indicatif du département. Des listes sont affichées dans toutes les cabines automatiques. Toutes les villes et villages d'un département ont le même indicatif.

know the code of the area (département). *Lists are posted in all public telephone boxes. All the towns and villages within the same* département *have the same code.*

(*b*) composer le 16 avant le numéro du département si l'appel n'est pas un appel dans la même circonscription

dial 16 before the area code if you are not making a local call

(*c*) composer correctement le numéro, en attendant la tonalité après le 16 et après l'indicatif du département.

dial correctly, waiting for the special dialling tone after dialling 16, and again after dialling the area code.

If you have not dialled your number properly, a disc will inform you of your error. 'Il n'y a pas d'abonné au numéro que vous avez demandé. Veuillez vérifier le numéro de votre correspondant.' (*There is no-one at the number you have dialled. Please check the number of the person you wish to call*).

Note that cafés or pubs where you can buy telephone tokens are generally the larger ones with several rooms and pavement terraces, (traditionally places where beer is sold and food served). They are usually called Brasseries.

Que dire au téléphone (What to say on the telephone)

1   Chez des particuliers (*In a private house*)

Pour établir le contact
To establish contact

Pour répondre
To reply

Allô, c'est bien le 71-05-46?
Hello, is this 71-05-46?

Allô, oui. Qui est à l'appareil?
Hello, yes. Who's calling?
Allô, oui. A qui ai-je l'honneur?
(*as above, but more formal*)

Allô, je voudrais parler à Maurice Lebrun, s'il vous plaît. *Hello, may I speak to Maurice Lebrun, please?*

Oui, c'est lui-même à l'appareil.
Yes, speaking.
Attendez, je vous le passe. *Just one moment, I'll pass him to you.*
Vous faites erreur. (Vous avez fait le mauvais numéro.)
You've got the wrong number.
Il n'est pas ici en ce moment.
He's not here at the moment.

Allô, puis-je parler à Madeleine Lebrun, s'il vous plaît?
(*as above, but more formal*)

C'est elle-même à l'appareil.
Yes, speaking.

2 Avec une firme ou une institution publique (*To a firm or public institution*)

Allô, la gendarmerie?
Hello, is that the police?

Oui, j'écoute.
Yes, I'm listening.

Allô, pouvez-vous me passer le directeur, s'il vous plaît?
Hello, could you put me through to the manager, please?

C'est de la part de qui?
Who's calling?

Allô, c'est bien le 80-64-98? Vous pouvez me passer le poste 35, s'il vous plaît?
Hello, is that 80-64-98? Could you put me through to extension 35, please?

Oui, ne quittez pas.
Yes, hold the line.

Le poste 35 est occupé, vous pouvez patienter un moment?
Extension 35 is engaged, would you like to hold on for a moment?
Le poste que vous demandez est occupé, vous voulez rappeler plus tard? *The extension you want is engaged. Would you like to call back later?*

3 Pour transmettre la communication (*passing the call on to someone*)

Maurice, c'est pour toi!
Maurice, it's for you!

4 Si vous n'avez pas compris (*If you have not understood*)

Allô, je vous entends très mal.
Hello, I can hardly hear you.
Allô, vous pouvez répéter, s'il vous plaît?
Hello, could you repeat that, please?

PRATIQUE 10.3   Find the most likely response for each of the cues.

1 Allô, l'hôpital américain de Neuilly?

(a) Ah non, ici c'est le 17. Pour obtenir les pompiers, il faut faire le 18, monsieur!

2 Allô, bonjour mademoiselle, puis-je parler à Françoise Pelletier, s'il vous plaît?

(b) Oh, pas avant six heures!

3 Allô, vous pouvez me passer le poste 28, s'il vous plaît?

4 Allô, les pompiers!

5 A quelle heure est-ce que je peux vous rappeler?

6 Allô, Monsieur Dupont est ici, s'il vous plaît?

7 Allô, allô, allô!!!

8 Allô, c'est bien la Banque Nationale de Paris?

9 Allô, je voudrais parler à la directrice du magasin, s'il vous plaît.

10 Allô, bonjour monsieur, je voudrais parler à Marie-Claire, s'il vous plaît.

(c) Il n'y a pas d'abonné au numéro que vous demandez; veuillez vérifier le numéro de votre correspondant.

(d) Ah non, madame, ici c'est la clinique du Docteur Blanc.

(e) Oui, c'est bien la BNP. C'est à quel sujet, monsieur?

(f) Désolé, monsieur, elle n'est pas ici en ce moment. Le magasin est fermé.

(g) Oui, ne quittez pas. Il vient d'arriver, je vous le passe.

(h) Oui, c'est elle-même à l'appareil.

(i) C'est de la part de qui? ... oui ... attendez, elle est dans sa chambre, je vais l'appeler.

(j) Désolée, madame, le poste que vous demandez est occupé. Vous pouvez patienter un moment?

Une cabine téléphonique

In a French telephone box most of the instructions are translated into English.

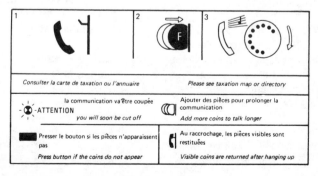

PRATIQUE 10.4 Que savez-vous? (*Check your knowledge.*)

Read the following instructions and bits of information which can all be found in a public phone box. Link them with the information or instructions given in English.

1 Introduire les pièces.	**(a)** Lift the receiver.
2 Attendre la tonalité.	**(b)** On Sundays the cost of calls is halved.
3 Décrocher.	**(c)** The cost of a local call is ½F whatever the length.
4 Presser le bouton si les pièces n'apparaissent pas.	**(d)** Wait for the dialling tone.
5 Attention, la communication va être coupée.	**(e)** Press the button if the coins do not appear.
6 Au raccrochage, les pièces visibles sont restituées.	**(f)** After 8 p.m. you can phone for twice as long for the same amount of money.
7 Coût d'une communication: 0,50 F dans la même circonscription. Durée illimitée.	**(g)** Insert your coins.

8 Pour la même somme vous pouvez téléphoner deux fois plus longtemps après 20 h ainsi que les dimanches et jours fériés toute la journée.

(h) If you have inserted more coins than necessary, all the unused coins (those that you can still see in the machine) will be returned to you.

(i) Careful, your call is about to end. (Unless more coins are added.)

(j) A cheaper rate is applicable all day on public holidays.

PRATIQUE **10.5**   Lisez et complétez le texte suivant.

...... l'annuaire vous trouverez des pages de ...... différentes. Aux ...... bleues vous trouverez des ...... vous indiquant ...... utiliser ...... téléphone et ...... des détails des différents tarifs.

...... pages roses ...... trouverez des renseignements ...... sont particuliers ...... département ainsi que les ...... de téléphone des services publics et ...... Aux pages ...... vous ...... la liste ...... des ...... du département. Aux pages jaunes vous trouverez les numéros des entreprises ......

comment – blanches – renseignements – aussi – numéros – aux – dans – couleurs – pages – vous – trouverez – abonnés – qui – au – du – département – administratifs – votre – commerciales – alphabétique

3   Sending a telegram

Dialogue

Mme Lambert   Pardon, mademoiselle, je voudrais envoyer un télégramme.

Employée   Oui . . . vous avez rempli une fiche?

Mme Lambert   Non, pas encore. Je n'en ai pas.

Employée   Bon, en voilà une. Remplissez-la et revenez au guichet quand vous aurez fini de la remplir.

Mme Lambert   Ça coûte combien pour une quinzaine de mots environ?

Employée	Un télégramme . . . ça fait quatorze francs cinquante pour quatre mots plus cinquante-cinq centimes par mot supplémentaire.
Mme Lambert	Merci bien, mademoiselle.

(Elle remplit le formulaire du télégramme et retourne au guichet.)

Employée	Merci . . . Ah, vous n'avez pas indiqué votre nom et votre adresse au bas de la fiche.
Mme Lambert	Ah, excusez-moi . . . voilà.
Employée	Et vous voulez l'envoyer avec réponse payée, c'est bien cela?
Mme Lambert	Oui, c'est exact.
Employée	Alors, cela va vous faire 50 francs en tout.
Mme Lambert	50 francs . . . Voilà.
Employée	Merci bien . . . Attendez, avec réponse payée, il vous faut un récépissé . . . voilà.
Mme Lambert	Il faut compter combien de temps pour obtenir une réponse, croyez-vous?
Employée	Hum, ça dépend . . . Il est dix heures . . . en principe vous devriez recevoir votre réponse vers quatre ou cinq heures de l'après-midi.
Mme Lambert	Bien. Merci, mademoiselle.
Employée	Je vous en prie. Au revoir, madame.

Verbes

Infinitives	Examples from the text
Remplir *to fill, to fill in*	**vous avez rempli une fiche?** *have you filled in a form?*
Finir *to finish*	**quand vous aurez fini de la remplir** *when you have finished filling it in*
Envoyer *to send*	**vous voulez l'envoyer?** *you want to send it?*
Compter *to count*	**Il faut compter combien de temps?** *How much time do you allow?*
Croire *to think, to believe*	**Croyez-vous?** *do you think?*
Dépendre *to depend*	**ça dépend** *it depends*
Devoir *to ought to*	**vous devriez recevoir** *you should receive*

More verbs in the imperative

Remplir *to fill, to fill in*	**Remplissez-la** *Fill it in*
Revenir *to come back*	**revenez au guichet** *come back to the counter*
Attendre *to wait*	**Attendez** *Wait*

Mots nouveaux et expressions idiomatiques

une fiche/un formulaire *form*	**au bas de** *at the bottom of*
pas encore *not yet*	**réponse payée** *paid answer*
une quinzaine de mots	**un récépissé** *receipt*
environ *about 15 words*	(*also* **un reçu**)
par mot *per word*	

PRATIQUE 10.6 Le télégramme de Mme Lambert.

N° 698 TÉLÉGRAMME		Étiquettes					N° d'appel : ____
					Timbre à date		INDICATIONS DE TRANSMISSION
Ligne de numérotation		N° télégraphique	Taxe principale				
ZCZC			Taxes accessoires				N° de la ligne du P.V. : ____
Ligne pilote			Total			Bureau de destination	Département ou Pays
Bureau d'origine	Mots	Date	Heure			Mentions de service	

Services spéciaux demandés : (voir au verso)

Inscrire en **CAPITALES** l'adresse complète (rue, n° bloc, bâtiment, escalier, etc.), le texte et la signature (une lettre par case ; laisser une case blanche entre les mots).

Réponse payée

Nom et adresse: M A D A M E   A N N I E   C O N D E
8   R U E   D E S   C A P U C I N S
R E I M S   5 1

TEXTE et éventuellement signature très lisible: A R R I V E R A I   D E M A I N   S O I R   T R A I N
8 H   A T T E N D S - M O I   G A R E   R E I M S
A L I N E

Pour avis en cas de non-remise, indiquer le nom et l'adresse de l'expéditeur : madame Aline LAMBERT   23 Rue de FOUGERES RENNES 35
(Ces indications ne sont transmises et taxées que sur demande de l'expéditeur.)

Imagine you have received this telegram from Mme Lambert. Send a return telegram stating that you cannot meet her at the station. (The message would normally be: 'Je regrette, je ne serai pas à la gare de Reims. J'ai une réunion importante à 7h30. Prends un taxi.')

PRATIQUE 10.7 Que feriez-vous? (*What would you do?*)

Here is a list of requests or remarks which could be made to you by **un employé des PTT***. How would you respond to them? What would you do? Link the remarks to the way in which you would react.

1 Pour les télégrammes ... Allez au guichet numéro quatre là-bas.

2 Signez ici, s'il vous plaît.

3 Signez au bas de la fiche, madame/monsieur.

4 Écrivez votre nom en lettres majuscules.

5 Remplissez cette fiche.

6 Revenez ici quand vous aurez tous vos papiers.

7 Attendez, il vous faut un récépissé.

8 Voilà, ça vous fait quarante francs en tout.

9 Ce guichet est fermé, allez à côté.

10 N'écrivez rien dans cette case.

(a) You pay forty francs.

(b) You fill in the form.

(c) You go to counter number four.

(d) The counter is closed, so you go to the one next door.

(e) You sign at the bottom of the form.

(f) You do not write anything in this particular section.

(g) You write your name in capital letters.

(h) You sign where the **employé des PTT** tells you.

(i) You wait for your receipt.

(j) You come back when you have all the required documents.

*PTT: Poste, Télégramme, Téléphone.

PRATIQUE 10.8 Vrai ou faux. (Reread the dialogue on p. 171 and Mme Lambert's telegram, and answer the following questions with **vrai** or **faux**.)

1 Mme Lambert habite à Reims.
2 Pour envoyer un télégramme, il faut d'abord remplir la fiche.
3 Mme Condé va payer la réponse.
4 L'employée donne un récépissé à Madame Lambert.
5 Mme Lambert arrivera à Reims en voiture.
6 L'appel téléphonique a coûté cinquante francs.

Quelques Télégrammes

The following telegrams have been sent by six different people.

1 Durand Jacques, 18 Rue du Halgouët, Quimper 29

DURAND ALAIN   28 RUE DU PORT = 56 VANNES =

⇐ PERE DECEDE HIER   ENTERREMENT DEMAIN

MATIN   ONZE HEURES ⇐ JACQUES

2 Maurice Leclerc, 5 Boulevard de la Plage, La Baule 44

= MADAME LECLERC   175 RUE VAUGIRARD =

PARIS 75005 =

< PERDU PORTEFEUILLE = URGENT BESOIN ARGENT

MERCI   A BIENTOT   TON FILS MAURICE

3 Labat René, 18 Rue de la Gare, Marseille 13006

< BOUDET ROBERT   284 BOULEVARD

MONTPARNASSE ⇐ PARIS 75012

REGRET VOYAGE ANNULE   RAISON FAMILLE

VOUS CONTACTERAI BIENTOT AMITIES RENE LABAT ⇐

4   Michel Legrand, Route de Lyon, Dijon 21100

MLLE ANNE LEGRAND   59 RUE DE NORMANDIE=

CAEN 14 =

GARÇON NE DEUX HEURES MATIN   MAMAN

BEBE BONNE SANTE   GROSSES BISES = MICHEL

5   M. Jean-Jacques Villiers, Hôtel de la Gare, Rouen

LAURENCE VILLIERS   74 AVENUE DU MANS = TOURS

<= PANNE VOITURE PRES ROUEN

RENTRERAI DEMAIN<=GROSSES BISES JEAN-JACQUES

6   M. Barrière Bernard, 141 Rue Jean Jaurès, Boulogne 62

M ET MME   BARRIERE ALBERT   PLACE DU

MARCHE <= 56 LA GACILLY <=

<=ARRIVONS   TOUS   TROIS   DEMAIN   TRAIN   MIDI

PRENDRONS TAXI   ANNE BERNARD SOPHIE<=

(Note that many French people write their surnames first.)

In each address the name of the town is followed by a number. This is a postal code based on the number of the **département**. The postal code is normally composed of five figures, but if you don't know the precise postal code of the area it is sufficient to write down the number of the **département** (see p. 122).

PRATIQUE 10.9 Qui a envoyé et qui recevra les télégrammes?

Work out the relationship between the people who have sent and those who have received the telegrams, and state which telegram fits which relationship. (You may need to revise 'La famille' on p. 103)

(a) Un fils à sa mère.
(b) Un homme d'affaires à un collègue.
(c) Un homme à son frère.
(d) Un fils à ses parents.
(e) Un frère à sa soeur.
(f) Un mari à sa femme.

PRATIQUE 10.10 Réfléchissez et choisissez.

1 Le père de Jacques Durand

    a est mort hier.
    b a été enterré hier.
    c sera enterré demain après-midi.
    d est mort à Vannes.

2 Madame Leclerc doit

    a emprunter de l'argent à Maurice.
    b envoyer de l'argent à Maurice.
    c écrire à Maurice.
    d acheter un portefeuille pour Maurice.

3 René Labat regrette mais

    a il ne pourra pas se rendre à Paris.
    b il ne veut pas aller à Marseille.
    c il préfère contacter sa famille.
    d il n'aime pas Robert Boudet.

4 Le bébé

    a est né à minuit.
    b est une fille.
    c est malade.
    d et sa mère sont en bonne santé.

5   Jean-Jacques Villiers

    a   a eu un accident de voiture.
    b   ne peut pas rentrer chez lui ce soir.
    c   est célibataire.
    d   passe la nuit dans un hôtel de Tours.

6   Bernard Barrière

    a   sa femme et ses enfants vont à la Gacilly.
    b   va en vacances chez les parents de sa femme.
    c   et sa femme partent en vacances sans leur fille.
    d   sa femme et sa fille prendront un taxi à la gare de la Gacilly
    pour se rendre chez les parents de Bernard.

4   Un peu de grammaire

L'impératif – the imperative

The imperative mood is used to express a command, a request or a suggestion. It functions under three forms:

Order: **Mange** ta soupe! *Eat your soup!* (*mother speaking to child.*)

Advice: **Mangez** des pommes, c'est bon pour la santé! *Eat apples, they are good for your health!*

Suggestion: **Mangeons** un melon, c'est rafraîchissant! *Let's eat a melon, it's refreshing!*

Note the absence of the subject. In the first example **tu** is deleted, in the second example **vous** is deleted and in the third **nous** is deleted.

Note also: **Tu manges ta soupe** but **Mange ta soupe**. The **s** in the present tense of -**er** verbs in the second person singular disappears in the imperative.

The imperative is mainly used in the second persons singular and plural (i.e. the **tu** and **vous** forms), and mainly orally (giving orders, making suggestions or requests are frequent in oral communication).

The following examples are used frequently in everyday speech.

Orders

Sors immédiatement! *Get out immediately!*
Ferme la porte! *Shut the door!*
Rangez vos affaires. *Tidy up your belongings. (teacher to pupils)*
Partez! *Leave! (Get out!)*

Suggestions and advice

Prends le train de huit heures. *Catch the 8 o'clock train.*
Demande à ta mère. *Ask your mother.*
Allez donc chez Rousseau, leur fromage est excellent. *Why not go to Rousseau's, their cheese is excellent.*
Revenez me voir. *Come back and see me.*

Note the behaviour of reflexive verbs in the imperative:

Tais-toi! *Shut up! Be quiet! (parent to child)* (se taire *to be quiet*)
Va-t'en! *Go away!* (s'en aller *to go away*)
Levez-vous! *Get up!* (se lever *to get up*)
Asseyez-vous! *Sit down!* (s'asseoir *to sit down*)

The negative imperative is as follows:

Ne parle pas la bouche pleine. *Don't talk with your mouth full.*
Ne fais pas ça! *Don't do that!*
Ne t'en fais pas! *Don't worry!* (s'en faire *to worry about something*)
Ne vous en faites pas pour ça! *Don't worry about that!*
Ne perdez pas vos billets. *Don't lose your tickets.*

Le futur – the future tense

The future tense is used to express an action or an event which is going to happen in the future. It is used to express one's intentions or plans to do something. For this reason, several examples of the future tense can be found in the various telegrams on pp. 175–6 (though here, the subjects of the verbs have been deleted).

Rentrerai demain: Je rentrerai demain. *I shall come home tomorrow.*
Prendrons taxi: Nous prendrons un taxi. *We shall take a taxi.*
Vous contacterai bientôt: Je vous contacterai bientôt. *I shall contact you soon.*

Verb patterns in the future tense

To form the future tense, most verbs simply add the following endings to their infinitive forms: **-ai, -as, -a, -ons, -ez, -ont**. (Verbs ending in **-re** drop the **e**. **Prendre: Je prendrai**.)

Regular verbs

Regarder *to look*	Je regarder**ai** *I shall look, I will look*
Manger *to eat*	Tu manger**as**
Prendre *to take*	Il prendr**a**
Mettre *to put*	Elle mettr**a**
Finir *to finish*	Nous finir**ons**
Lire *to read*	Vous lir**ez**
Dormir *to sleep*	Ils dormir**ont**
S'habiller *to get dressed*	Elles s'habiller**ont**

A number of verbs form an irregular future tense, but note that the endings are always the same, in each case preceded by an 'r'.

Irregular verbs

Aller *to go*	J'irai, tu iras, il ira, nous irons, vous irez, ils iront.
Avoir *to have*	J'aurai, tu auras, il aura, nous aurons, etc.
Être *to be*	Je serai, tu seras, il sera, nous serons
Faire *to do*	Je ferai, tu feras, il fera, nous ferons
Pouvoir *to be able*	Je pourrai, tu pourras, il pourra, nous pourrons
Savoir *to know*	Je saurai, tu sauras, il saura, nous saurons
Venir *to come*	Je viendrai, tu viendras, il viendra, nous viendrons
Falloir *to be necessary*	Il faudra *It will be necessary*

Question form in the future tense

Tu prendras le train? *Will you take the train?*
Est-ce que vous irez en Angleterre? *Will you go to England?*
Passerons-nous par Paris? *Shall we go through Paris?*
Elle viendra nous voir? *Will she come and see us?*
  but
Viendra-t-elle nous voir? *Will she come and see us?*
Téléphonera-t-il? *Will he telephone?*

In the third person singular when the order of the verb and subject is inverted, a **t** is inserted for easier pronunciation (see p. 53).

Here are some further examples of verbs in the future:

Rappeler *to call again*	**Je rappellerai plus tard.** *I shall call back/again later.*
Aller *to go*	**Tu iras en Espagne cet été?** *Will you go to Spain this summer?*
Prendre *to take*	**Adidja prendra le bateau à Marseille.** *Adidja will take the boat at Marseille.*
Partir *to leave*	**Nous partirons très tôt demain matin.** *We shall leave very early tomorrow morning.*
Téléphoner/arriver *to telephone, to arrive*	**Vous téléphonerez dès que vous arriverez?** *Will you phone as soon as you arrive?*
Être *to be*	**Les Blanchard seront à Nice au mois d'août.** *The Blanchards will be in Nice in August.*

Note that it is possible to express the future without using the future tense (see p. 64). The immediate future can be expressed by using **aller** + verb in the infinitive.

Examples:

> Je **vais** rappeler plus tard. *I am going to call back later.*
> Nous **allons** partir très tôt demain matin. *We are going to leave very early tomorrow morning.*
> Adidja **va** prendre le bateau à Marseille. *Adidja is going to take the boat at Marseille.*

Reference to the future

Plus tard dans la journée	*Later in the day*
Ce matin	*This morning*
Cet après-midi	*This afternoon*
Ce soir	*This evening*
Cette nuit	*Tonight*
Demain	*Tomorrow*
Demain matin	*Tomorrow morning*
Après demain	*The day after tomorrow*
Le lendemain	*The next day*

La semaine prochaine	*Next week*
Le mois prochain	*Next month*
L'année prochaine	*Next year*
Bientôt	*Soon*
Dans peu de temps	*Shortly*
Dans les jours qui viennent }	*In the days to come*
Dans les jours à venir	
Les jours suivants	*The following days*

See also 'Reference to time' on p. 117.

PRATIQUE 10.11 The following telegram messages have been received by six different people. Add personal pronouns where necessary in order to turn them into normal sentences.

1 Visite annulée. Téléphonerai demain midi.
2 Yannick malade. Rentrera samedi. Train treize heures.
3 Vacances Angleterre annulées. Irons Espagne mois d'août.
4 Laurence, Philippe à Paris. Seront chez vous vingt heures.
5 Message reçu. Reviendrons demain.
6 Tout va bien. Écrirai bientôt. Amitiés.

11   Vacances et loisirs

1   Holiday plans

Dialogue

André et Janine Guerlet rencontrent leurs amis Paul Macé et Chantal Fournel pour faire des projets de vacances. Les Guerlet ont deux enfants.

André   Alors, où va-t-on? Sur la Côte d'Azur?

Chantal   Ah non! Pas au mois d'août! Il fait trop chaud et il y a trop de monde!

André   Oh, ça dépend où on va . . .

Janine   Moi, je suis d'accord avec Chantal. C'est tout à fait impossible dans le Midi en été, surtout pour faire du camping!

Chantal   Personnellement j'aimerais mieux aller en Bretagne; il y fait beaucoup moins chaud et d'ailleurs c'est très joli, à ce qu'on dit!

Paul   En Bretagne! Mais il fait mauvais en Bretagne, il pleut toujours!

Chantal   Mais non! D'ailleurs, dans le Midi il pleut aussi quand il y a des orages!

Paul   Tu ne vas tout de même pas nous dire qu'il fait plus beau en Bretagne que sur la Côte d'Azur!

Chantal   Je ne dis pas qu'il fait plus beau en Bretagne, je dis que le temps est plus agréable; il y fait moins chaud!

André   Oui, mais en Bretagne il fait toujours du vent, et moi j'ai horreur du vent.

Janine   Mais voyons André, il fait du vent dans le Midi aussi; il y a le Mistral et la Tramontane! Tu n'as jamais été bon en géographie, cela se voit!

Paul   Écoutez, vous n'allez pas vous disputer! . . . Récapitulons . . . Il nous faut un endroit . . . où? Ah oui, au fait nous n'avons pas décidé où? . . . à la

	campagne? . . . à la montagne? . . . à la mer? . . .
Janine	A la mer, c'est mieux pour les enfants.
Chantal	Oui, à la mer.
Paul	Bon, alors tout le monde est d'accord? André?
André	Oui, oui.
Paul	Alors, il nous faut un endroit idéal sur la côte où il ne fait ni trop chaud, ni trop froid, ni trop de vent et où il ne pleut pas!
Chantal	Alors, allons à L'Île de Ré.*
Janine	Excellente idée! J'ai entendu dire qu'il fait souvent meilleur à l'Île de Ré que dans tout le reste de la France.
André	Seulement tu oublies que moi, je n'aime pas les îles . . . Je . . .
Janine	Toi! . . . Tu n'aimes jamais rien! D'ailleurs, l'Île de Ré n'est pas vraiment une île. On n'a pas besoin de prendre un bateau pour y aller, il y a un pont.
André	Bon, bon d'accord . . . Mais je vous parie qu'il y aura autant de monde que dans le Midi, et qu'il y fera presqu'aussi chaud!

*L'Île de Ré is an island off the Atlantic coast, 25 kilometres from La Rochelle, which has a reputation for good, reliable weather.

Vocabulaire

Mots nouveaux et expressions idiomatiques

des projets de vacances *holiday plans*	**la campagne** *countryside*
trop chaud *too hot*	**la montagne** *mountain*
trop de monde *too many people*	**la mer** *sea*
Le Midi *South of France*	**la côte** *coast*
en été *in the summer*	**froid** *cold*
surtout *above all*	**ni . . . ni** *neither . . . nor*
moins chaud *less hot*	**souvent** *often*
d'ailleurs *in any case, anyway*	**Seulement** *Only*
le temps *weather*	**une île** *island*
le vent *wind*	**un pont** *bridge*
un endroit *place*	**autant** *as much*

Verbes

Infinitives	*Examples from the text*
Rencontrer *to meet*	**Janine et André rencontrent leurs amis** *Janine and André meet their friends*
Faire *to do*	**faire du camping** *go camping*
Dire *to say*	**à ce qu'on dit** *from what people say* **Je ne dis pas** *I am not saying*
Avoir horreur *to hate*	**J'ai horreur du vent** *I hate the wind*
Être bon en *to be good at*	**Tu n'as jamais été bon en . . .** *You have never been good at . . .*
Voir *to see*	**cela se voit** *(reflexive) it shows*
Entendre dire *to hear*	**J'ai entendu dire que . . .** *I have heard (it said) that . . .*
Oublier *to forget*	**tu oublies que . . .** *you forget that . . .*
Parier *to bet*	**je vous parie que . . .** *I'll bet you that . . .*

Verbes qui décrivent le temps *Verbs which describe the weather*

Faire chaud	**Il fait chaud** *It is hot* **Il fera presqu' aussi chaud** *It will be nearly as hot*
Faire froid	**Il fait froid** *It is cold*
Faire beau	**Il fait beau** *The weather is nice/fine*
Faire mauvais	**Il fait mauvais** *The weather is bad*
Faire du vent	**Il fait du vent** *It's windy*
Faire de l'orage	**Il fait de l'orage** *It is stormy (thundery)* **Il y a des orages** *There are thunder storms*
Pleuvoir *to rain*	**Il pleut** *It is raining*

PRATIQUE **11.1** Vrai ou faux.

1 Paul et Chantal n'ont pas d'enfants.
2 André voudrait aller en vacances sur la Côte d'Azur.
3 Les deux femmes aimeraient mieux passer leurs vacances sur la côte Atlantique.

4   André aimerait mieux passer ses vacances sur une île.
5   En été, il n'y a pratiquement personne dans le Midi de la France.

PRATIQUE **11.2**   Répondez très brièvement en français.

1   Les quatre amis partiront en vacances au mois de juillet?
2   Les vacances au bord de la mer, c'est mieux pour qui surtout?
3   Comment s'appellent les vents dans le Midi de la France?
4   Qui n'aime pas les îles?
5   Ils veulent aller à l'hôtel?
6   Où est-ce qu'il pleut souvent?

2   The weather

Making comparisons

Plus . . . que (*more . . . than*), moins . . . que (*less . . . than*), aussi
. . . que (*as . . . as*), autant . . . que (*as much . . . as*). (**Autant** applies to verbs, **aussi** to adjectives.)

Examples:

Il pleut à Cherbourg. *It is raining in Cherbourg.*
Il pleut **plus** dans le nord **que** dans le sud. *It rains more in the
north than in the south.*
Il pleut **moins** à Marseille **qu'**à Cherbourg. *It rains less in
Marseille than in Cherbourg.*
Il pleut **autant** dans le nord **que** dans l'est. *It rains as much in the
north as in the east.*

Il fait chaud à Nice. *It is hot in Nice.*
Il fait **plus** chaud à Nice **qu'** à Paris. *It is hotter in Nice than in
Paris.*
Il fait **moins** chaud à Boulogne **qu'**à Paris. *It is less hot in
Boulogne than in Paris.*
Il fait **aussi** chaud à Cannes **qu'**à Nice. *It is as hot in Cannes as in
Nice.*

Note the irregular comparisons of the adjective **bon** and the adverb
bien.

bon *good*, meilleur *better*   bien *well*, mieux *better*

Examples:

> Le climat de l'Île de Ré est bon. *The climate on the Isle of Ré is good.*
> Le climat de l'Île de Ré est meilleur que celui de Boulogne. *The climate on the Isle of Ré is better than that of Boulogne.*
> J'aime bien le soleil. *I like the sun.*
> J'aime mieux le soleil que la pluie. *I like the sun better than the rain.*

As in English, the second part of the comparison is not always expressed:

> Le vin rouge est meilleur. (que le vin blanc)
> La robe de gauche est plus belle. (que celle de droite)

Expressing a preference for something can be put in two different ways:

> **J'aime mieux** passer mes vacances en France qu'à l'étranger.
> **Je préfère** la robe de droite à celle de gauche.

PRATIQUE **11.3** Find the appropriate ending for each sentence, using the signs (+) (more than, better than), (−) (less than), (=) (as much as) and (≃) (nearly as much as), as a guide.

1	La mer, c'est ... (+)	**(a)**	mieux la mer que la montagne.
2	Il pleut .... (−)	**(b)**	est aussi chaud qu'à Tunis.
3	Il fait .... (=)	**(c)**	de l'Angleterre est moins bon que celui de la France.
4	Le soleil .... (=)	**(d)**	moins dans le sud que dans le nord.
5	J'aime .... (+)	**(e)**	presqu'autant de soleil qu'à Nice.
6	Le climat ...... (−)	**(f)**	autant à Paris qu'à Londres.
7	Il y a .... (+)	**(g)**	mieux pour les enfants.
8	Il pleut .... (=)	**(h)**	moins froid ici qu'au Pôle nord.
9	Il fait .... (−)	**(i)**	aussi mauvais qu'en hiver.
10	Il fait .... (≃)	**(j)**	plus d'orages dans le Midi que dans le nord.

Les saisons

au printemps *in spring*   en automne *in autumn*
en été *in summer*   en hiver *in winter*

PRATIQUE **11.4**   Study the temperature chart and complete the following sentences with either the name of the relevant town or with **plus, moins, aussi, froid** or **chaud**.

Températures prévues aujourd'hui						
	Mini	Maxi	Paris	5	7	Dublin 1 5
FRANCE			Strasbourg	5	7	Genève 5 13
Ajaccio	11	13	Toulouse	5	9	Lisbonne 6 11
Bordeaux	4	6				Londres 3 5
Brest	4	5		Mini	Maxi	Luxembourg 5 9
Lille	5	7	**EUROPE**			Madrid 2 14
Limoges	3	5	Amsterdam	5	6	Oslo 1 9
Lyon	0	11	Bonn	5	6	Rome 11 13
Marseille	7	12	Bruxelles	5	6	Stockholm 2 6
Nice	9	13	Copenhague	3	5	Tunis 15 18

Both sets of temperature (Mini and Maxi) must be taken into consideration.

1   Il fait moins chaud à Ajaccio qu'à . . . . . .
2   Il fait plus . . . . . . à Londres qu'à Lille.
3   Il fait . . . . . . froid à Amsterdam qu'à Bruxelles.
4   Il fait aussi chaud à Ajaccio qu'à . . . . . .
5   Il fait . . . . . . froid à Paris qu'à Toulouse.
6   Il fait aussi froid à Londres qu'à . . . . . .
7   Il fait presqu' . . . . . . froid à Brest qu'à Bordeaux.
8   Il fait plus . . . . . . à Nice qu'à Marseille.

Information

Holidays play an important part in the lives of French people. Most firms close either for the whole of July or the whole of August, so for two months the camp-sites are full of people hoping for good weather.

Quel temps fait-il?	*What is the weather like?*
il fait beau *it is nice, fine*	il fait froid *it is cold*
il fait chaud *it is hot*	il fait mauvais *it is bad*
il fait du soleil *it is sunny*	il pleut *it is raining*
il fait du vent *it is windy*	il neige *it is snowing*
il fait de l'orage *it is stormy*	le temps est pluvieux *the weather is rainy*
il fait du brouillard *it is foggy*	le temps est gris *it is grey, dull*
il fait de la brume *it is misty*	

le temps est couvert *the weather is cloudy*	*is getting clearer, it is getting brighter*
le temps est nuageux *the weather is cloudy*	les températures sont en hausse *the temperature is rising*
un nuage *a cloud*	
il y a de l'orage dans l'air *there is thunder in the air*	les températures sont en baisse *the temperature is falling*
une averse *a shower*	haut/haute *high*
il y a une éclaircie *the sky*	bas/basse *low*

PRATIQUE 11.5 Les prévisions météorologiques. Quel temps fera-t-il demain?

Here is a random list of forecasts for tomorrow. Pick the ones you would wish for if you were camping. (Note the use of the future tense.)

1 Il fera plus froid.
2 Les températures seront en hausse.
3 Il neigera dans l'est de la France.
4 Il pleuvra sur la plus grande partie de la France.
5 Il fera moins beau.
6 Il y aura des orages passagers.
7 Le ciel se couvrira en fin de matinée.
8 Le temps sera moins nuageux.
9 Il fera un temps beau et stable.
10 Il y aura quelques averses suivies de* longues périodes ensoleillées.

*suivies de *followed by* (suivre *to follow*)

PRATIQUE 11.6 Un peu de lecture.

Read the weather forecast overleaf very carefully, and answer the following questions in English.

1 Name four parts of France where it will be windy today. Where are the strongest winds likely to be?
2 At what time of day will the cold front reach the south of France?
3 What will the weather be like in Paris?
4 Name the two places where a slight change in temperature will occur.
5 Where might there be some snow?
6 What might happen in the afternoon in the north and east of France?

7 When could the weather become more variable in the west and north of France?

8 Where are there some sunny periods?

LA PLUIE ET LE BEAU TEMPS
par Laurent Broomhead

Encore des nuages et des averses

Evolution du temps

Une masse d'air froide et pluvieuse circulera sur la France, atteignant dans l'après-midi les régions sud.

Le temps aujourd'hui lundi

Région parisienne. *Le vent du nord-nord-est apportera sur Paris des nuages bas porteurs d'averses. Température sans changement.*

Côte atlantique. *Temps couvert et froid avec des averses et du vent assez fort de secteur nord-ouest.*

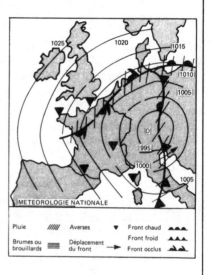

MÉTÉOROLOGIE NATIONALE

Pluie	/////	Averses	▼	Front chaud	▲▲▲
Brumes ou brouillards	≡	Déplacement du front	→	Front froid	▲▲▲
				Front occlus	▲▲▲

Région nord et est. *Ciel couvert avec des averses de pluie et même par endroits de neige. Les températures sensiblement identiques à celles d'hier seront localement plus basses. Vent général de secteur nord-est assez fort près des côtes.*

Quelques chances d'éclaircies dans l'après-midi.

Région sud. *Temps variable avec certains passages ensoleillés entrecoupés de très violentes averses. Dans la journée et dans la nuit, le ciel se couvrira progressivement et les températures seront légèrement plus basses. Etablissement du mistral et de la tramontane.*

Et peut-être demain mardi

La masse d'air froid gagnera progressivement les régions sud, alors que dans le Nord et dans l'Ouest le temps deviendra plus variable.

PRATIQUE **11.7** Reread the weather forecast and make a list of all the verbs in the future tense.

3 Choosing a camp-site

Dialogue

Nous retrouvons les mêmes personnes que dans le dialogue précédent. Maintenant il s'agit de trouver un terrain de camping adéquat.

Janine	Nous avons un guide officiel du camping et du caravaning. Je vais le chercher.
Chantal	Parfait. Comme ça on va pouvoir choisir notre camping dès aujourd'hui. Il suffit d'écrire . . .
Paul	Oh, pas si vite Chantal. Ce n'est pas aussi simple que cela! Tu sais, il y a beaucoup de campings où les emplacements sont retenus un an à l'avance.
Chantal	Tu crois qu'il est déjà trop tard?
André	Mais non, on verra bien . . . J'ai une carte Michelin de la région, je vais la chercher.

(Janine revient avec son guide des terrains de camping et André avec la carte.)

Chantal	Mais elle est grande, cette île! Il y a plusieurs villages, regardez!
Janine	On serait mieux au sud de l'île. Ce doit être plus abrité des vents.
André	Il nous faut aussi une belle plage, pas trop loin pour les enfants.
Paul	Bon, alors voyons . . . Au sud de l'île il y a plusieurs villages: Ars-en-Ré, Le Bois-Plage-En-Ré, La Couarde-sur-Mer . . .
André	Regardons le guide des terrains de camping.
Janine	Voilà, c'est parfait. Maintenant il s'agit d'interpréter tous les signes.
Paul	71.12. Ça, c'est le numéro de la Carte Michelin et Ars-en-Ré est à vingt-quatre kilomètres de la Rochelle.
André	Un grand E indique le nombre d'emplacements pour tentes . . .
Chantal	Arrêtez tous les deux! Il y a une légende, il suffit de la consulter.

(Ils regardent la légende, qui est traduite en anglais. Après de longues discussions nos quatre amis sont plus ou moins d'accord sur le choix d'un terrain de camping qui leur convient à tous.)

La Légende (*the key*)

1	**Nombre d'habitants** *Number of inhabitants*	8	**Branchement électrique pour caravanes** *Electric points for caravans*
2	**Code postal** *Postal code*	9	**Animaux interdits** *No animals*
3	**Surface** *Size of site*	10	**Ravitaillement** *Shops*
4	**Nombre d'emplacements pour tentes** *Number of tent sites*	11	**Ombrage** *Shade*
		12	**Restaurant** *Restaurant*
5	**Classement** *Classification*	13	**Piscine** *Swimming-pool*
6	**Date d'ouverture et de fermeture** *Opening and closing dates*	14	**Douche chaude** *Hot showers*
		15	**Plats cuisinés** *Takeaway food*
7	**Emplacement aménagé pour caravanes** *Caravan site*		

16 **Plage** *Beach*
17 **Jeux pour enfants** *Children's playground*
18 **Jeux pour adultes** *Adult recreation*
19 **Glace** *Ice*
20 **Pêche** *Fishing*
21 **Équitation** *Riding*
22 **Canotage, voile ou yachting** *Canoeing, boating or yachting*
23 **Téléphone** *Telephone number*

Janine	Tout le monde est d'accord, on choisit «L'Océan»?
Paul	Oui, il est à cinquante mètres de le plage. C'est parfait.
Chantal	Oh non! C'est impossible, regardez!
André	Quoi?
Chantal	La route nationale passe à cinquante mètres: je ne pars pas en vacances pour dormir au bord de la route!
Paul	Eh, calme-toi, Chantal!
Janine	Vous savez, elle a raison! Il faut qu'on choisisse un terrain plus loin de la route.
Chantal	Regardez, «Le Camp du Soleil», la plage n'est pas aussi près mais la route nationale passe plus loin!
Janine	Bon, alors d'accord. Qui va écrire au propriétaire?
Chantal	Euh moi, si vous me faites confiance.
André	Oui, bien sûr. Tiens-nous au courant dès que tu auras une réponse.
Chantal	D'accord.

Vocabulaire

Mots nouveaux et expressions idiomatiques

la conversation précédente *previous conversation*	**plusieurs** *several*
un terrain de camping *camp-site*	**abrité des vents** *sheltered from the wind*
dès aujourd'hui *this very day*	**un abri** *shelter*
un an à l'avance *year in advance*	**une plage** *beach*
trop tard *too late*	**pas trop loin** *not too far*
une carte *map*	**au bord de la route** *at the side of the road, by the roadside*
la carte Michelin *Michelin map*	**dès que** *as soon as*

Verbes

Infinitives	*Examples from the text*
Retrouver *to find again*	**Nous retrouvons les mêmes personnes** *We find the same people*
S'agir: il s'agit de *(impersonal) it is a matter of*	**il s'agit de trouver un camping** *it is a matter of finding a camp-site*
	il s'agit d'interpréter les signes *it's a question of interpreting the signs*
Suffire *to suffice*	**Il suffit d'écrire** *We need only write*
Retenir *to reserve*	**les emplacements sont retenus** *the places are reserved*
Convenir *to suit*	**un camping qui convient à tous** *a camp-site which suits everyone*
Partir *to go away*	**Je ne pars pas en vacances** *I don't go away on holiday*
Choisir *to choose*	**Il faut qu'on choisisse** *We must choose*
Faire confiance *to trust*	**si vous me faites confiance** *if you trust me*
Tenir au courant *to keep informed*	**Tiens-nous au courant** *Keep us informed*
Traduire *to translate*	**Elle est traduite en anglais** *It is translated into English*

PRATIQUE **11.8** Trouvez la bonne réponse.

Use this page from the camping guide to find the best responses to each of the cues in the left-hand column. (You will need to consult the symbols on the opposite page and the key on page 192.)

ILE DE RE
ARS-EN-RE

71.12. 24 km N.-O. La Rochelle. 1 000 hab. ⊠ 17590.
CAMP DU SOLEIL ★ ★ ★. 140 E. 1,4 ha. ☉ ♨ ♫ ⌐ 🔲 ◉ ♣ à 250 m. (Perm.). 150 m de RN 735, lieudit « La Grange ». ☎ 29.40.62.
LES DUNES ★ ★. 166 E. 2 ha. ♣ ⌐ ♫ ⌣ ♣ à 800 m. Location caravanes. (1.4/30.9). Lieudit « La Batterie », Route des Baleines. ☎ 29.41.41.
CAMP ESSI ★ ★ ★. 140 E. 2 ha. ♣ ♫ ◉ ♪ ♣. Salle de jeux. (Pâques/30.9). Pointe de Grignon, 600 m du centre ville. Réservation conseillée. ☎ 29.44.73 ou 29.41.67.

CAMP MUNICIPAL LA COMBE A L'EAU ★ ★. 400 E. 5 ha. ☉ ♣ ♫ ⌐ ♪ ◉ ♣ à 50 m. Animation. (1.3/15.10). 1 km RN 735. ☎ 29.46.42.
LE CORMORAN ★ ★. 216 E. 2,25 ha. ☉ ♣ ♫ ♪ ◉ ♣ à 300 m. Salle de jeux. (15.6/15.9). Route de la Poterie. ☎ 29.46.04.

LE BOIS-PLAGE-EN-RE

71.12. 22 km N.-O. Rochefort-sur-Mer. 1 315 hab. ⊠ 17580.
ANTIOCHE ★ ★ ★ ★. 92 E. 2,5 ha. **Réd. FFCC + Gar. Ass. FFCC.** 🔲 ☉ ♣ ♫ proche. 🔲 ◉ ♣ à 200 m. ⌣ ⌖. (15.6/15.9). Lieudit « La Pierre qui Vire ». ☎ 09.23.86.
INTERLUDE ★ ★ ★ 90 E. 3,6 ha. ♣ ♫ 🔲 ♪ ◉ ♣ à 200 m. 🔲. (15.6/30.9). Route de Gros-Jonc. ☎ 09.18.22.
CAMP MUNICIPAL DES AMIS DE LA PLAGE ★ ★. 200 E. 3,5 ha. ☉ ♣ ⌐ ⌣ proche. ♣ 50 m. (15.6/15.9). A. du Pas des Bœufs. ☎ 09.24.01.
LES GENETS ★ ★. 50 E. 0,7 ha. ☉ ♫ ♪ 🔲. (15.6/15.9). Rue de la Caillette prolongée. ☎ 09.24.31.
LE GROS JONC ★ ★. 166 E. 1,6 ha. ☉ ♣ 🔲 ♣ à 100 m. (1.5/15.9). ☎ 09.23.38.

LES BARJOTTES ★ ★. 100 E. 1,25 ha. ♣ ♣ à 300 m. (1.6/31.8).
LES TAMARINS ★. 166 E. 2 ha. ♣ ⌐ ◉ ♣ à 500 m. (20.6/5.9). Route de la Couarde, 400 m de l'église.
LES DUNES ★. 66 E. 0,7 ha. ♣. (1.6/15.9). « Les Burons » 2 km de RN 735.
LA BONNE ETOILE ★. 100 E.
LE SUROIT ★ ★. 110 E. 2 ha. ☉ ♣ ⌐ ☉ ⌐ 🔲 ♪ ◉ ♣ à 400 m. (1.4/30.9). Route du Pas-du-Bœuf. 300 m de RD 201. ☎ 09.23.60.
G.C.U. LES CLUMASSES ★ ★. 133 E. **Rés. G.C.U.**
LES PINS ★ ★. 25 E. 0,25 ha. ♣♣ ♣ à 500 m. (1.4/30.9). Route de la Blanche.
VILLAGE OCEANIQUE ★ ★. 200 E. Tourisme et Travail. (Mai/15.9). ☎ 09.23.22.
LES FREGONDS ★ ★. 83 E. Union Dle des Sapeurs Pompiers du Loir-et-Cher.
LES VARENNES ★. 50 E.

LA COUARDE-
SUR-MER

71.12. 25 km N.-O. La Rochelle. 25 m. 760 hab. ⊠ 17670.
CAMP DU BOIS HENRI IV ★ ★. 92 E. 1,3 ha. ♣ ⌐ ♫ 🔲 ◉ ♣ à 250 m. (15.6/15.9). Lieudit « La Grande Bosse ». 30 m de RN 735, à 2 km à l'ouest de la commune.
LE PUMA ★ ★. 66 E. 1,5 ha. ☉ ♣ 🔲 ♪ ◉ ♣ à 200 m. (15.6/15.9). Sur RN 735. **Gar. Ass. FFCC.**
L'OCEAN ★ ★. 256 E. 3,5 ha. ♣♣ ♫ ⌐ ◉ ♣ à 50 m. Animation. (1.6/15.9). Lieudit « Fief de la Passe ». 50 m de RN 735. ☎ 09.16.41.
CAMP MUNICIPAL LE RE-MONDEAU ★ ★. 356 E. 3 ha. ☉ ♣ ⌐ ◉ en ville. ♣ à 50 m. (Pâques/30.9). Rue du Petit-Noue, 800 m du centre de commune.
LA DAVIERE ★ ★ ★. 116 E. Rés. C.E. Alsthom.

425 hab	✉ 17940	ha	66 E	★ ★ ★	(1.6/15.9)	🄿	☉
1	2	3	4	5	6	7	8

😊	⚓	♙♙	✗	〰	🚿	🍲	⛱
9	10	11	12	13	14	15	16

🐾	🏐	G	🐟	🐴	⛵	☎ 09.62.39.	
17	18	19	20	21	22	23	

1 On voudrait un petit terrain de camping.

(a) Oui, mais beaucoup de terrains n'ouvrent qu'au mois de mai ou juin.

2 Il nous faut un camp où il y a des jeux pour les enfants.

(b) Alors va à l'Antioche.

3 Je cherche un camp où on veut bien accepter mon chien.

(c) Allez aux Genêts, il n'y a que cinquante emplacements.

4 L'Île de Ré, c'est loin de La Rochelle?

(d) Le camp des Dunes à Ars-en-Ré s'occupe de location de caravanes.

5 On va aux Frégonds?

(e) Dans la Charente-Maritime.

6 L'Île de Ré, c'est dans quel département?

(f) Bien sûr, il y en a dans chaque commune.

7 L'année prochaine je camperai pendant les vacances de Pâques.

(g) Oh vous savez, la plupart des camps ont toutes sortes de jeux.

8 Je cherche un camping spécialement aménagé pour caravanes.

(h) Dans ce cas le Suroît est exclu. Les animaux domestiques y sont interdits.

9 Est-qu'il y a un camp municipal ici?

(i) Non, c'est à vingt-cinq kilomètres environ.

10 Je voudrais louer une caravane.

(j) Non, c'est impossible! C'est un terrain réservé aux pompiers.

Quelques renseignements complémentaires
In order to understand the guide more fully, you need to know.

FFCC: La Fédération Française de Camping et de Caravaning. If you belong to the association it is easier to find a site, since in many cases places are specially reserved for members.

RN: Route Nationale (see p. 122).

Lieudit: Name given locally to a particular place.

Camps Municipaux: Camp-sites owned and run by the local council. Note: **Un camp municipal/des camps municipaux**.

Some camps are specially organised for workers of certain firms. Here «Les Frégonds» is strictly for the firemen from Loire-et-Cher.

Correspondance

PRATIQUE **11.9** Read carefully the letters below and write a letter from Chantal to Mme Dubreuil. (Note the presentation of the letters and the standard business formulas at the end. See also p. 82 for the pattern of an informal letter.)

This is the kind of letter that Chantal might have written to the manager (**gérant**) of the camp-site.

Paris, le 17 avril 19--.

Le gérant
Camp du Soleil
La Grange
Ars-en-Ré 17590

Cher Monsieur,

    Je vous écris pour vous demander de bien vouloir me faire savoir* s'il est possible de réserver deux emplacements pour deux tentes et deux voitures dans votre terrain de camping pour le mois d'août.

    * Kindly let me know.

J'espère qu'il n'est pas trop tard pour cela. Je
joins à ma lettre une enveloppe timbrée pour la réponse.

En vous remerciant à l'avance, je vous prie
d'agréer, Monsieur, l'expression de mes sentiments
distingués.

Chantal Fournel

P.S. Mon adresse est la suivante:

Mademoiselle Chantal Fournel
158, rue St Sébastien
PARIS 75012

Chantal was unlucky. All the places were already reserved in this
particular camp-site. This is the letter she received from the manager.

Ars-en-Ré, le 25 avril 19--.

Mademoiselle Fournel
158, rue St Sébastien
Paris 75012

Chère Mademoiselle,

Je vous remercie de votre lettre du 17
courant.* Je suis désolé de vous faire savoir
qu'il n'y a plus d'emplacements de libres au
Camping du Soleil. De nombreux clients
retiennent leurs places un an à l'avance et
cette année toutes les places sont retenues
depuis janvier.

Je peux cependant vous indiquer que ma
collègue Madame Dubreuil, gérante du camping
Le Cormoran, a encore quelques emplacements
de libres. Je vous conseillerais donc de lui
écrire au plus vite.

* the 17th of this month.

```
        En regrettant de ne pouvoir vous aider
    davantage, je vous prie d'agréer, Mademoiselle,
    l'expression de ma considération distinguée.


                              F. Delaunay
                           F. Delaunay

                    Gérant du Camp du Soleil
                    Ars-en-Ré
```

Useful vocabulary

une enveloppe timbrée *stamped envelope*	**cependant** *however*
un gérant/une gérante *manager/manageress*	**libre** *free/vacant*
davantage *more*	**au plus vite** *as promptly as possible*

4   The summer holidays

Les grandes vacances (Summer holidays) are the longest holidays, lasting for two and a half months for school children. In the summer, children who would not otherwise go away on holiday may be sent by their parents to holiday homes (**Colonies de vacances**) for a month or so. There are **Colonies de vacances** all over France in holiday areas. Children are looked after by young qualified leisure organisers (**moniteurs** or **monitrices**) and can practice numerous outdoor sports and activities.

For those children who cannot go away from home, there are a number of **Centres aérés** near towns where children can develop their sportive and artistic skills. These centres are run by **animateurs socio-culturels**.

Animateurs and **animatrices** also work all the year round in **Maisons de Quartier** or **Maisons des Jeunes** (local youth centres). Children can go to these every day after school, or on their afternoon off on Wednesdays.

Les centres aérés municipaux

Here is an example of what is available to children from Boulogne.

LES CENTRES AERES MUNICIPAUX

enfants de 6 ans à 14 ans

où et comment inscrire les enfants?

Les inscriptions seront prises à partir du:

– 12 Mai au 14 Juin (date limite des inscriptions)

– à la Mairie de Boulogne s/Mer – Guichet 10 – (une information par voie de presse et tracts se fera à cette époque dans les écoles).

Nous vous demandons de bien vouloir fournir les renseignements suivants indispensables:

– Nom prénom de l'enfant – date de naissance – adresse – carnet de vaccinations – nom du responsable de l'enfant – numéro de sécurité sociale – profession et lieu de travail – numéro de téléphone.

activités

1 gîte rural – Départ le Lundi (125 F. en plus de l'inscription) retour le Vendredi – découverte de la nature et du milieu rural – Expérience de la vie campagnarde.

1 camping permanent: Ecault avec Activités de plein air, découverte de la vie en collectivité (80 F. en plus de l'inscription).

Equitation à la Capelle – 2 séances par semaine

Voile: obligation de présenter un certificat médical et un brevet de 50 mètres de natation

Judo: à la Salle Omnisports – Juillet et Août

Cyclotourisme – Excursions
                        – MARQUENTERRE

Coins pour les petits – Ateliers spécifiques
                           par tranche d'âge

Enquêtes spectacles

– 1 voyage de fin de session – Belgique

– 2 sorties en forêt par semaine

Vocabulaire

inscrire *to register*	**un brevet** *certificate*
Les inscriptions *Registrations*	**Coins pour les petits** *Children's corner*
par voie *by means*	**Ateliers** *Workshops*
La Mairie *Town Hall*	**une tranche d'âge** *age group*
La Municipalité *the Council*	
un gîte rural* *country youth hostel*	

* **Gîtes ruraux** can be used by anyone.
The **Centres aérés** are subsidised by the Council.

PRATIQUE **11.10**   Répondez en anglais.

1   List the information parents must provide in order to register their child for **un centre aéré**?
2   Is the cost of the stay in **un gîte rural** included in the registration fee?
3   How often can the children go riding?
4   If children want to sail, what documents must be submitted?
5   How often are there forest outings?

PRATIQUE 11.11 Lisez et complétez les phrases suivantes.

Les Français et les loisirs

Beaucoup de . . . . . . partent en . . . . . . aux mois de juillet et . . . . . . La plupart d'entr'eux font . . . . . . au bord de la mer.

Les Français . . . . . . sont pas très . . . . . . , mais en été c'est . . . . . . A la . . . . . . ils font de la . . . . . . , de la nation, de la planche à voile ou bien ils jouent au . . . . . . sur la plage.

Il y a des Français qui . . . . . . leurs . . . . . . vacances à la montagne et . . . . . font de l' . . . . . . ou de longues randonnées. Mais la montagne est surtout . . . . . . en hiver. Au . . . . . . de février, pendant les vacances de neige, des milliers . . . . . . Français passent une semaine ou deux aux sports d' . . . . . .

passent – vacances – différent – hiver – volleyball – de –
Français – sportifs – mois – mer – populaire – voile –
grandes – août – camping – ne – alpinisme – qui

une randonnée *a long walk*, jouer *to play*, la plupart d'entr'eux *most of them*

5 Un peu de grammaire

Comparisons

In comparing actions, the meaning of the verb is modified:

Verb + **plus que, moins que, autant que, aussi bien que, plus mal que**

Examples:

Elle parle **plus que** moi. *She talks more than I do.*
Il mange **moins que** son frère. *He eats less than his brother.*
Elles travaillent **autant que** nous. *They work as much as we do.*
Je joue du piano **aussi bien que** toi. *I play the piano as well as you.*
Il écrit **plus mal que** toi. *His writing is worse than mine.*

In comparing qualities, the meaning of the adjective is modified:

plus, moins, aussi + adjective + **que**

Examples:

Elle est plus intelligente que son patron. *She is more intelligent than her boss.*
Tu es moins grand que moi. *You are not as tall as me.*

Nous sommes aussi pauvres que nos parents. *We are as poor as our parents.*

The adjectives **bon** and **mauvais** behave as follows:

Elle est bonne en maths. *She is good at maths.*
Elle est mauvaise en gymnastique. *She is bad at gymnastics.*
Elle est **meilleure** en maths que toi. *She is better at maths than you.*
Elle est **pire** en gymnastique que toi. *She is worse at gymnastics than you.*

Examples of absolute comparisons:

Elle est **la plus intelligente** de la famille. *She is the most intelligent in the family.*
La Tour Eiffel est **le plus haut** bâtiment de Paris. *The Eiffel Tower is the highest building in Paris.*
C'est **le meilleur** vin du monde. *It's the best wine in the world.*
C'est **la pire** des choses. *It's the worst thing.*

Le subjonctif – the subjunctive (a brief introduction)

The subjunctive is a verbal form. It is a different mood, not a different tense, and is used to express wishes, regrets or uncertainty. The subjunctive is never used to express tangible reality.

Example:

Il faut qu'on choisisse un terrain plus loin de la route. *Lit. It is necessary that we should choose a camp-site further away from the road.*

The subjunctive is always found in a subordinate (or secondary) clause introduced by **que**. **Il faut que** + verb in the subjunctive is a structure that is used fairly frequently in French.
Note the use of the subjunctive in the following examples:

Il faut **que je parte** immédiatement. *I must leave immediately* (*Lit. It is necessary that I should leave immediately*).
Il faut **que tu travailles** tous les jours. *You must work every day.*
Il faut **que vous alliez** en France. *You must go to France.*
Je veux **qu'il sorte**. *I want him to go out.*

Warning: most expressions with **que** are *not* followed by the subjunctive:

Je pense qu'il sortira. *I think that he will go out.*

12 Au travail

1 Out of work

Dialogue

Cela fait deux mois que Julien Martel est en chômage. Il sort de chez lui pour aller acheter des journaux et rencontre un vieil ami, Yvon Leboux.

Julien Salut Yvon!

Yvon Salut Julien! Alors, à quand le départ?

Julien Oh, on ne part pas en vacances cette année . . . Il faut bien qu'on fasse quelques économies . . . Tu sais, quand on est en chômage . . .

Yvon Tu es en chômage! . . . Ça alors! . . . Excuse-moi, je ne savais pas . . .

Julien L'entreprise POMAC a fait faillite . . . Tu ne savais pas?

Yvon Mais non . . . Depuis quand es-tu en chômage?

Julien Euh . . . J'ai été licencié il y a deux mois aujourd'hui.

Yvon Depuis la fin mai, alors?

Julien Oui, c'est ça, mais il y avait au moins deux ans que tout allait mal à POMAC; on avait les salaires les plus bas de la région et l'hiver dernier . . .

Yvon Ah oui, j'en ai entendu parler . . . Vous étiez en grève aussi, non?

Julien Oui, c'est ça, on était en grève juste avant Noël parce que le patron débauchait du personnel alors qu'il y avait assez de travail pour tout le monde.

Yvon C'est partout pareil! Et tu espères trouver du travail dans la région?

Julien Oui, mais ce n'est pas facile, tu sais! Je cherche tous les jours, je lis toutes les annonces dans les journaux. J'ai déjà fait cinquante demandes d'emploi mais jusqu'à présent je n'ai pas reçu une seule réponse . . . Il y a des milliers de gens dans la même situation que moi. Il y

	a beaucoup de cadres moyens qui ont plus de cin- quante ans et qui sont en chômage.
Yvon	C'est vrai . . . J'ai entendu dire qu'on embauche chez Luminex, mais ils cherchent surtout des ouvriers spécialisés.
Julien	Chez Luminex, c'est toujours la même chose: tous les ans, ils embauchent à la rentrée et ils débauchent après Noël. En plus les ouvriers gagnent à peine le SMIC.
Yvon	Les syndicats devraient faire quelque chose!
Julien	Que veux-tu qu'ils fassent? . . . C'est vraiment la crise! . . . En tout cas, pour le moment il faut que j'aille acheter mes journaux et que je continue à chercher . . . Si je ne trouve rien, il va falloir que je fasse des stages pour me recycler.
Yvon	Bonne chance, mon vieux!
Julien	Et toi au fait, tu pars en vacances?
Yvon	Euh oui, on part dans une semaine. On va camper sur la côte. Pas très loin cette année, l'essence coûte trop cher!

Vocabulaire

Mots nouveaux et expressions idiomatiques

en chômage *out of work, unemployed*	**des gens** *people*
un journal/des journaux *newspaper(s)*	**un cadre** *member of the management*
des économies *savings*	**un cadre moyen** *member of the middle management*
la faillite *bankruptcy*	**un ouvrier** *manual worker*
un salaire *wages*	**un ouvrier spécialisé** *skilled worker*
un salarié *wage-earner*	**la rentrée** *return to work or school (after summer holidays)*
la grève *strike*	**à peine** *barely*
le patron *the boss*	**les syndicats** *unions*
le travail *work*	**un stage** *training course*
C'est partout pareil *it's the same everywhere*	**un stage de recyclage** *retraining course*
une annonce *advertisement*	**bonne chance** *best of luck*
une demande d'emploi *job application*	**vieux/vieil** *old*
un licenciement *termination of employment*	**au fait** *by the way*

Le SMIC: Salaire Minimum Interprofessionnel de Croissance. By law wages cannot be lower than the minimum basic salary (SMIC). **Un smicard** is the name given to a person who is paid the SMIC.

Verbes

Infinitives	Examples from the text
Sortir *to go out*	**Il sort de chez lui** *He goes out of his house*
Acheter *to buy*	**pour aller acheter des journaux** *to go and buy newspapers*
Faire:	
+ **des économies** *to save*	**Il faut qu'on fasse des économies** *We must save money (economise)*
+ **faillite** *to be bankrupt*	**POMAC a fait faillite** *POMAC has gone bankrupt*
+ **des stages** *to attend courses*	**Il va falloir que je fasse des stages pour me recycler** *I shall have to attend courses so that I can retrain*
Être *to be*	
Être + en chômage *to be out of work*	**Tu es en chômage!** *You are out of work!*
Être + licencié *to be dismissed*	**J'ai été licencié il y deux mois** *I was dismissed two months ago*
Être + en grève *to be on strike*	**Vous étiez en grève** *You were on strike*
Aller mal *to go wrong*	**tout allait mal** *everything was going wrong/badly*
Entendre *to hear*	**j'en ai entendu parler** *I have heard (talk) of it*
Espérer *to hope*	**tu espères trouver du travail?** *are you hoping to find work?*
Lire *to read*	**Je lis tous les journaux** *I read all the newspapers*
Recevoir *to receive*	**je n'ai pas reçu une seule réponse** *I haven't received a single answer*

Embaucher *to employ*	**on embauche chez Luminex** *Luminex are taking on more workers*
Débaucher *to lay off* *(workers)*	**ils débauchent après Noël** *they lay off workers after Christmas*
Gagner *to earn*	**les ouvriers gagnent à peine le SMIC** *the workers barely earn the basic wage*
Devoir *to ought to*	**Les syndicats devraient faire quelque chose** *The unions ought to do something*
Faire *to do*	**Que veux-tu qu'ils fassent?** *What do you want (expect) them to do?*
Falloir *to be necessary*	**il va falloir que** *I shall have to (I'm going to have to)*

PRATIQUE 12.1   Vrai ou faux.

1 Julien Martel a été licencié.
2 Julien est ouvrier spécialisé.
3 Julien travaillait à Luminex.
4 Les ouvriers de chez Luminex gagnent beaucoup d'argent.
5 Julien lit les journaux tous les jours.
6 Julien a plus de cinquante ans.

PRATIQUE 12.2   Répondez très brièvement en français.

1 Comment s'appelle l'ami de Julien?
2 Est-ce qu'il savait que Julien était en chômage?
3 Est-ce qu'il est facile de trouver du travail?
4 Qu'est-ce que Julien achète tous les jours?
5 Pourquoi?
6 Yvon va passer ses vacances à Paris?
7 Quel âge a Julien?
8 Quand est-ce qu'on embauche chez Luminex?

Expressions of time

Quand?	**Quand** arrive-t-il? *When is he arriving?*
Jusqu'à quand?	Tu restes **jusqu'à quand**? *Until when are you staying?*
Depuis quand?	**Depuis quand** est-elle en Grèce? *Since when has she been in Greece?*

Depuis combien de temps?	**Depuis combien de temps** habitez-vous à Paris? *How long have you been living in Paris?*
Il y a combien de temps?	**Il y a combien de temps** qu'elle est partie? *How long is it since she left?*
Pendant combien de temps?	**Pendant combien de temps** serez-vous absent? *How long will you be away?*
Dans combien de temps?	**Dans combien de jours** partez-vous? *How many days before you leave?*
En combien de temps?	**En combien de temps** court-il le mille mètres? *How long does it take him to run the thousand metres?*
Pour combien de temps?	**Pour combien de temps** la boutique sera-t-elle fermée? *For how long will the shop be closed?*
C'est pour quand/C'est à quand? (*colloquial*)	**C'est à quand** le mariage? *When is the wedding for?*

PRATIQUE 12.3 Find the appropriate answer for each question. (In most cases, the expression is the same in both question and answer.)

1 Quand pars-tu en vacances?
    (a) Pendant trois semaines.

2 Jusqu'à quand restez-vous à St-Tropez?
    (b) En trois heures.

3 Depuis quand travaille-t-il à Paris?
    (c) Pour un mois.

4 Depuis combien de temps apprenez-vous le français?
    (d) Jusqu'à la fin du mois.

5 Il y a combien de temps qu'il est mort?
    (e) C'est pour l'année prochaine.

6 Pendant combien de temps sera-t-il à l'hôpital?
    (f) Le mois prochain.

7 Pour combien de temps voulez-vous louer la caravane?
    (g) Il y a trois ans.

8 En combien de temps pouvez-vous faire le voyage?
    (h) Depuis le mois de mars.

9 C'est pour quand le mariage?
    (i) Depuis six mois.

Note that in the questions the word **temps** can be replaced by **jours, heures, minutes, secondes, mois, semaines**, etc.

PRATIQUE **12.4**　Reread the dialogue on pp. 203–4 and find more examples of expressions used to place events in time.

Un peu de lecture

Il y a quatre ans Marie-Claire travaillait à Rennes dans une usine de chaussures. Elle travaillait dans cette usine depuis l'âge de seize ans. Quand elle a quitté l'usine, elle a travaillé pendant six mois comme vendeuse dans un magasin. Elle s'est intéressée à l'informatique. Elle a étudié seule, travaillant quelquefois jusqu'à deux heures du matin. En trois ans elle a réussi à tous ses examens.

Il y a une semaine, on lui a offert un contrat de deux ans dans une grande firme parisienne. Mais d'abord, dans deux jours, elle va partir en Corse pour trois semaines de repos bien gagné.

Vocabulaire utile

Une usine *factory*	**l'informatique** *computing, pro-*
des chaussures *shoes*	*gramming, information*
quelquefois *sometimes*	*technology*

PRATIQUE **12.5**　Répondez en anglais. Read the passage above carefully and answer the following questions in English.

1　When was Marie-Claire working in a shoe factory?
2　Since when had she been working there?
3　What did she do when she left the factory? How long for?
4　How long did it take her to pass all her computing examinations?
5　How late did she work at times?
6　When was she offered a two-year contract?
7　What is she going to do in two days time?
8　How long will she stay there?

2 The unions

Information: Et à propos des syndicats

There are two main trade unions in France: **la CGT (Conféderation Générale du Travail)** and **la CFDT (Confédération Française Démocratique du Travail)**. **La CGT** is affiliated to **le PC (Parti Communiste)** and **la CFDT** is affiliated to **le PS (Parti Socialiste)**. These two main unions have branches in all sectors of industry, commerce and administration.

Although French workers are generally very politically aware and active, only about a quarter of the work-force belongs to a union.

Voici deux articles très courts publiés dans le journal *Le Monde* dans sa rubrique 'Faits et Chiffres'. (*Here are two very short articles published in* Le Monde *under the title* 'Faits et Chiffres' - *Facts and Figures.*)

• *Une centaine de cadres cégétistes* se sont rassemblés, mardi 24 février, à Paris, à l'occasion d'une journée-témoignage de l'encadrement. M. René Le Guen, secrétaire général de l'Union générale des ingénieurs, cadres et techniciens C.G.T., a demandé l' «*interdiction de licencier les cadres de plus de cinquante ans*», invitant le ministre du travail à négocier cette proposition avec l'ensemble des organisations syndicales.

• *La C.F.D.T. réclame réouverture rapide de négociations salariales dans la fonction publique:* la C.F.D.T. vient d'adresser une lettre à M. Jacques Dominati, secrétaire d'Etat chargé de la fonction publique, pour lui demander d' «*ouvrir sans tarder*» des négociations en vue de conclure un nouvel accord salarial dans la fonction publique.

Cégétiste (adj. from CGT) *member of the CGT*
une journée-témoignage *day of testimony*
l'encadrement *body of the management*

la fonction publique *civil service*
sans tarder *without delay*
réclamer *to demand*

PRATIQUE 12.6   Répondez en anglais.

1 **(a)**   How many **cégétiste** members of management met in Paris?
   (b)   Who is M. René le Guen?
   (c)   What did he propose?
   (d)   To whom did he put his proposition?
   (e)   Who should also negotiate this particular proposition?

2 **(a)**   What does **la CFDT** demand?
   (b)   Who was M. Jacques Dominati at the time of the events mentioned in the article?
   (c)   What did he receive from **la CFDT**?
   (d)   What would be the purpose of the negotiations?

3   An interview

Importante **Société Aéronautique**
banlieue de Paris
recherche pour son service études
et mise au point de systèmes embarqués:

1 ingénieur

Diplômé grandes écoles (quelques années d'expérience) ayant une solide formation en électronique et des connaissances en informatique.

Sa mission consistera à diriger une équipe de techniciens, chargés de conduire, au sol, les essais d'intégration et la mise au point d'équipements de bord.

Il travaillera en collaboration avec les bureaux d'études, les fabricants d'équipements et les équipes d'essais en vol.

Ce poste implique le goût des responsabilités, des contacts et du travail en équipe.

Envoyer curriculum vitae à no 78350 TROUBADOUR PUBLICITE, 4, place Joubert 75220 PARIS Cedex 05, qui transmettra.

Vocabulaire: L'Annonce

banlieue de Paris *Paris suburbs*	**la mise au point** *perfecting (of an invention)*
Diplômé des grandes écoles *with a high level degree (see p. 217)*	**les bureaux d'études** *design offices*
des connaissances *knowledge*	**les fabricants** *manufacturers*
une équipe *team*	**un essai** *trial, test*
au sol *on the ground*	**essais en vol** *test flights*

Verbes

Infinitives	*Examples from the text*
Avoir *to have*	**Diplômé ayant une solide formation** *Graduate having a sound grounding*
Impliquer *to require*	**Ce poste implique le goût des responsabilités** *This post requires a taste for responsibility*
Transmettre *to pass on*	**Envoyer curriculum vitae à TROUBADOUR PUBLICITÉ qui transmettra** *Send c.v. to TP who will pass it on*

Dialogue

François Levavasseur a répondu à l'annonce dans le journal et il a déjà eu une entrevue avec quelques membres du conseil d'administration de la compagnie AVIEX. Aujourd'hui il a une deuxième entrevue avec le président directeur général (PDG), le directeur et le sous-directeur de la compagnie.

L'annonce à laquelle il a répondu est en face.

PDG	Entrez, je vous en prie. Asseyez-vous là.
François	Merci.
PDG	Nous vous avons déjà dit qu'en tant que candidat nous vous trouvons sympathique, euh . . . vous avez une excellente formation universitaire, et les recommendations que nous avons reçues concernant vos qualités de travail ne pourraient être meilleures.
François	Vous êtes trop aimable.
PDG	Euh . . . Néanmoins, il nous reste un doute à votre égard

	. . . Est-ce que vous voyez à quoi je fais allusion?
François	Oui, je pense que vous avez peur que je ne sache pas établir des contacts harmonieux avec les équipes de techniciens, les fabriquants et le personnel des bureaux d'études . . .
Sous-directeur	Oui, vous êtes sur la bonne voie . . .
Directeur	Oui . . . mais je ne dirais pas que nous avons peur' . . . je dirais plutôt que nous doutons que quelqu'un de votre âge ait l'expérience nécessaire pour savoir imposer ses idées à des techniciens qui travaillent depuis des années avec des habitudes profondément enracinées.
Sous-directeur	En un mot, nous doutons que vous ayez les qualités nécessaires pour mener à bien des affaires et des négociations délicates.
François	Messieurs, si vous me permettez de parler . . . Je ne crois pas qu'il soit impossible de changer les habitudes des gens.
Directeur	Impossible, non! Mais sans créer de conflits, c'est plus difficile!
PDG	Oui, oui, en effect c'est dommage que vous n'ayez pas dix ans de plus.
	Contactez-nous dans cinq ans . . . Je pense que vous avez un brillant futur, jeune homme . . .
François	Malheureusement, je ne peux pas attendre cinq ans, il faut que je sois sûr de mon futur avant la fin du mois.
PDG	Eh bien, permettez-moi de vous donner un conseil: il ne faut jamais être trop pressé!

Vocabulaire: L'Entrevue

une entrevue *interview*	**enraciné (racine)** *deep-rooted*
en tant que candidat *as a candidate*	*(root)*
Néanmoins *Nevertheless*	**Messieurs** *Gentlemen*
un doute *doubt*	**des conflits** *conflicts*
à votre égard *with regard to you*	**en effet** *indeed*
la bonne voie *the right direction*	**c'est dommage** *it's a pity*
plutôt *rather*	**jeune homme** *young man*
des habitudes *habits*	**Malheureusement** *Unfortunately*
	la fin du mois *end of the month*
	pressé *in a hurry*

Verbes

Infinitives	*Examples from the text*
S'asseoir *to sit down*	**Asseyez-vous là** *Sit down over there*
Pouvoir *to be able (I can)*	**Les recommendations . . . ne pourraient être meilleures*** *The recommendations . . . couldn't be better*
Faire allusion à *to refer to*	**Vous voyez à quoi je fais allusion?** *Can you see what I am referring to?*
Mener *to lead, to carry out*	**pour mener à bien** *to carry out successfully*
Permettre *to allow*	**si vous me permettez de parler** *if you will allow me to speak*
	Permettez-moi de vous donner un conseil *let me give you a piece of advice*
Créer *to create*	**Sans créer de conflits** *without creating conflicts*

* Note in 'les recommendations ne pourraient être meilleures' the omission of **pas**, the second part of the negative structure. This is quite common with the verb **pouvoir**. The omission of **ne** is regarded as slovenly and incorrect, but in everyday conversation most French people do omit it: **J'aime pas la soupe** or **Je vais pas au cinéma** are more common than their 'correct' counterparts.

Verbs in the subjunctive mood

Savoir *to know*	**vous** *avez peur que* **je ne** *sache* **pas** *you are afraid that I won't know*
Avoir *to have*	**nous** *doutons que* **quelqu'un de votre âge** *ait* **l'expérience** *we doubt that someone of your age has the experience*
	nous *doutons que* **vous** *ayez* **les qualités nécessaires** *we doubt that you have the necessary qualities*
	c'est dommage que **vous n'***ayez* **pas dix ans de plus** *it is a pity you're not ten years older*

Être *to be*	Je *ne crois pas qu'*il *soit* impossible de . . . *I don't think that it is impossible to . . .* *il faut que* je *sois* sûr de mon futur *I must be sure of my future*

Note that there is no subjunctive after the following expressions:

Penser que *to think that* Dire que *to say that*	Je pense que vous avez peur . . . *I think that you are afraid . . .* Nous vous avons déjà dit que . . . nous vous trouvons sympathique *We have already told you that we find you personable*

For more details on the use of subjunctive, see 'Un peu de grammaire' on p. 219.

PRATIQUE 12.7 Réfléchissez et choisissez.

1 La société aéronautique est située

   a au centre de Paris.
   b en province.
   c dans la banlieue parisienne.
   d à Toulouse.

2 La société veut

   a plusieurs ingénieurs.
   b un ingénieur.
   c un pilote d'essais.
   d une bonne équipe de techniciens.

3 Il faut envoyer un curriculum vitae

   a directement à la société.
   b à un grande école.
   c au directeur.
   d à l'agence de publicité.

4 La mission de l'ingénieur sera

   a de créer une équipe de techniciens.
   b de contacter des fabricants.
   c de mener à bien la mise au point d'équipement de bord.
   d de former des techniciens.

5 Le PDG dit que François est

    a un candidat sympathique.
    b un candidat trop âgé.
    c un brillant candidat.
    d un ingénieur sans futur.

6 Les membres du conseil d'administration pensent que François

    a est trop jeune.
    b n'a pas de formation universitaire assez solide.
    c a des habitudes trop enracinées.
    d a des idées trop révolutionnaires.

Offres d'emploi

Look at the advertisements and see whether you can tell what kind of jobs they refer to and what some of the job requirements are.

IMPORTANTE BANQUE

Recherche

ADMINISTRATEUR

(Diplôme universitaire ou I.U.T)

Pour développer son service administratif et contact avec l'étranger.

*Très bonne expérience des relations publiques indispensable.
*Très bonne connaissance de l'anglais.
*Le candidat doit être âgé de 30 ans minimum.

Participation, place stable
Lieu de travail: Paris 5e.
Addresser C.V. manuscrit, photo et prétentions en précisant la référence 592 à:

BEAUMONT PUBLICITE
B.P. 315 75230 Paris Cedex 07.

ROISSY

FILIALE D'UN PUISSANT GROUPE AMÉRICAIN RECHERCHE

CADRE COMMERCIAL
Diplômé grandes écoles

Ce poste conviendrait à un candidat de 27 ans minimum, ayant cinq ans d'expérience dans l'exportation de produits industriels.
Une parfaite connaissance de l'anglais est indispensable.

Le candidat sera notamment chargé:

— d'un service de dix personnes qu'il dirigera et coordonnera,
— des problèmes douaniers et de transports.

Envoyer curriculum vitae et prétentions
à MEDIEX P.A.
B.P.428   Paris 75030

Renseignements complémentaires

Les grandes écoles. France has a very elitist system for creating highly-qualified specialists in a number of areas. **Les grandes écoles** are colleges aspiring to the highest possible standard, and students are recruited by way of fiercely competitive exams (around thirty students are accepted per school per year for the whole of France). These schools produce the French elite in such fields as engineering, politics, etc.

Les universités are comparatively easier to get into, but the failure rate is high. (une licence *a bachelor's degree*, une maîtrise *a master's degree*)

Les IUT (Instituts universitaires de technologie) are similar to English polytechnics.

DECS = Diplôme d'enseignement commercial supérieur.
(niveau *level*)

Vocabulaire

rédacteur/rédactrice *editor* (*m and f*)	**à l'étranger** *abroad*
Cadre *managerial staff*	**lieu de travail** *place of work*
le treizième mois (13ᵉ mois) *thirteenth month**	**une filiale** *subsidiary*
des déplacements *moves, travelling (for work)*	**puissant** *powerful, important*
	chargé de *in charge of*
	douanier *customs (adj.)*
	la douane *customs offices*

*More and more firms are offering their employees a thirteenth month bonus every year.

PRATIQUE 12.8 Say which advert(s) fit(s) the following comments made by would-be applicants.

1 Il n'y a que deux offres d'emplois s'adressant aux femmes!
2 C'est dommage que je ne parle pas allemand!
3 C'est une chance que je parle très bien l'anglais!
4 Je n'ai pas de diplôme d'enseignement commercial supérieur.
5 Il faut que je fasse faire des photos!
6 Ils veulent une lettre manuscrite; c'est dommage que j'écrive si mal!
7 C'est dommage qu'ils exigent cinq ans d'expérience!
8 Cela m'intéresserait, mais il faudrait que je sois libre tour de suite.
9 Ça a l'air intéressant, j'aurais peut-être l'occasion d'aller à l'étranger.
10 Je n'ai que vingt-cinq ans! Je suis trop jeune!
11 Ma connaissance du matériel utilisé en médecine n'est pas très bonne.
12 Référence cinq cent quatre-vingt-douze, voilà!
13 Je voudrais travailler dans une banque située au centre de Paris.
14 Je ne veux pas travailler pour une firme américaine!
15 Il faut que je prépare un curriculum vitae.

4 Un peu de grammaire

Le subjonctif

The subjunctive is used when the circumstances surrounding an event imply doubt or uncertainty. It also expresses regrets, wishes, disappointment, pleasure, annoyance, etc. It is used strictly after certain verbs + **que** and certain adverbial expressions + **que**.

Note, however, that there are numerous verbs + **que** which are not followed by the subjunctive. It is always a question of meaning.

Examples:

Il est certain qu'elle **viendra** nous voir à Paris. *It is certain that she will come and see us in Paris.*
(No doubt about it: Future tense.)

Il n'est pas du tout certain qu'elle **vienne** nous voir à Paris. *It is not at all certain that she will come and see us in Paris.*
(Grave doubts: Subjunctive.)

The subjunctive is used after:

Il faut que	Il faut que je parte demain matin. *I have to leave tomorrow morning.*
Il est possible que	Il est possible que tu ailles à Paris? *Is it possible for you to go to Paris?*
C'est dommage que	C'est dommage que tu ne puisses pas venir. *It's a pity that you can't come.*
Il y a une chance que	Il y a une chance qu'il réussisse. *There is a chance that he will be successful.*
Vouloir que	Je veux que vous travailliez. *I want you to work.*
Regretter que	Je regrette qu'il soit malade. *I'm sorry that he's ill.*
Douter que	Je doute que vous soyez sincère. *I doubt that you are sincere.*
Ne pas croire que	Je ne crois pas que tu dises la vérité. *I don't think that you are telling the truth.*
Attendre que	J'attend qu'elle m'écrive. *I am waiting for her to write to me.*
Avoir peur que . . . ne	J'ai peur qu'il ne vienne pas. *I am afraid that he won't come.*

Pour que	Je prie pour qu'il s'en aille. *I pray for him to go.*
Jusqu'à ce que	Il reste ici jusqu'à ce qu'il trouve du travail. *He is staying here until he finds some work.*
Avant que	Ils mangent avant que nous arrivions. *They are eating before we arrive.*
Sans que	Elle entre sans qu'on l'entende. *She comes in without anyone hearing her.*

and many others.

For most verbs, the third person plural of the present indicative provides the stem for the subjunctive:

donner	ils donnent	je donne
finir	ils finissent	je finisse
attendre	ils attendent	j'attende

Verbs ending in **-er** take a form which is very similar to the present indicative except for **nous** and **vous**, where the endings are similar to those of the imperfect tense.

The endings are: **-e, -es, -e, -ions, -iez, -ent**. All verbs in the present subjunctive follow the same pattern.

il faut que je mange	il faut que je finisse
que tu manges	que tu finisses
qu'il/elle mange	qu'il/elle finisse
que nous mangions	que nous finissions
que vous mangiez	que vous finissiez
qu'ils/elles mangent	qu'ils/elles finissent

Avoir and **être** form an irregular subjunctive.

avoir	être
que j'aie	que je sois
que tu aies	que tu sois
qu'il/elle ait	qu'il/elle soit
que nous ayons	que nous soyons
que vous ayez	que vous soyez
qu'ils/elles aient	qu'ils/elles soient

PRATIQUE **12.9** Read the following sentences carefully and say whether they are in the present indicative or the present subjunctive.

1 Je sais qu'elle chante bien.
2 Il est possible qu'elle chante bien.
3 Je doute qu'elle chante bien.
4 Je pense que tu manges trop.
5 Je doute que tu manges trop.
6 Il a peur que vous preniez sa place.
7 Il croit qu'elles prennent sa place.
8 Je doute qu'il puisse sortir ce soir.
9 Il ne sait pas que je passe mes vacances ici.
10 Il dit qu'il cherche du travail.
11 Nous attendons qu'ils finissent de manger.
12 Il faut qu'ils fassent la vaisselle.
13 Ils veulent que vous leur disiez 'bonjour'.
14 Il croient que vous leur dites la vérité.
15 Je vois que vous avez raison.

13   Les magasins et le « shopping »

1   Taking the *métro*

Dialogue

Monsieur et Madame Delage habitent Porte de Vincennes, à Paris. Ils ont deux enfants, Marielle (14 ans) et Didier (10 ans). Karen Smith, la correspondante anglaise de Marielle, vient d'arriver chez eux.

Mme Delage	Karen . . . Demain nous allons dans les grands magasins pour faire du shopping pour la rentrée. Est-ce que ça t'intéresserait de venir avec nous?
Karen	Oh oui, j'adore faire du shopping.
Marielle	Pas moi! Avant la rentrée le métro et les magasins sont pleins de monde, et j'ai horreur de rester debout dans le métro.
M. Delage	Si on prend le RER ça va beaucoup plus vite.
Mme Delage	Oui, on peut prendre le RER de National à Auber. C'est rapide et en descendant à Auber on peut faire les courses aux Galeries Lafayettes.
M. Delage	Montre la carte du métro à Karen.
Karen	Qu'est-ce que c'est le RER?
Didier	C'est une ligne de métro ultra-rapide. C'est formidable, tu verras.
Karen	Oui, mais, qu'est-ce que ça veut dire RER?
Marielle	Ça veut dire 'Réseau Express Régional', parce que ça va jusqu'en banlieue. Tu sais ce que ça signifie?
Karen	Je comprends Express Régional, mais je ne comprends pas l'autre mot. Comment ça se prononce?
Didier	Ça se prononce 'rézo' et ça s'épelle r, e accent aigu, s,e,a,u et ça veut dire . . . Au fait, qu'est-ce que ça veut dire? C'est difficile à expliquer.
Marielle	Mais non, ce n'est pas difficile: réseau, ça veut

	simplement dire l'ensemble des lignes de métro ou d'autobus.
Didier	Oui, c'est ça . . . et euh . . . Karen, tu sais ce que ça veut dire RATP?
Karen	Non.
Didier	Ça veut dire 'Régie Autonome des Transports Parisiens' et ça comprend le métro, c'est-à-dire le Métropolitain, les autobus et le RER . . . Tu sais ce que ça veut dire SNCF?
Mme Delage	Didier, cela suffit! . . . Karen a voyagé toute la journée et elle doit être très fatiguée.

Vocabulaire

Mots nouveaux et expressions idiomatiques

la correspondante *pen-friend*	**rapide** *quick*
chez eux *at their home*	**formidable** *terrific*
plein de *full of*	**réseau** *network*
le métro *short for 'Métropolitain'*	**Métropolitain** *Paris underground*

Verbes

Infinitives	Examples from the text
Venir de *to have just*	**Elle vient d'arriver** *She has just arrived*
Intéresser *to interest*	**Cela t'intéresserait de venir avec nous?** *Would you be interested in coming with us?*
Rester debout *to be standing*	**j'ai horreur de rester debout dans le métro** *I don't like standing on the underground*
Descendre *to get off*	**en descendant à Auber** . . . *getting off (the train) at Auber* . . .
Voir *to see*	**tu verras** *you'll see*
Comprendre *to understand*	**je ne comprends pas l'autre mot** *I don't understand the other word*
Comprendre *to include*	**ça comprend le métro, les autobus** . . . *that includes the tube, the buses* . . . .

Verbs asking for and giving explanations

Être *to be*	**Qu'est ce que c'est, le RER?** *What is the RER?*
Vouloir dire *to mean*	**qu'est-ce que ça veut dire?** *what does it mean?*
Signifier *to mean*	**Tu sais ce que ça signifie?** *Do you know what it means?*
C'est-à-dire *that is to say*	**le métro, c'est-à-dire le Métropolitain** *the metro, that is to say the Metropolitan*
Prononcer *to pronounce*	**Comment ça se prononce?** *How do you pronounce it?*
Epeler *to spell*	**Comment ça s'épelle?** *How do you spell it?*

PRATIQUE 13.1 Vrai ou faux.

1 Karen et Didier sont les enfants de M. et Mme Delage.
2 Porte de Vincennes est un quartier de Londres.
3 Le RER est beaucoup plus rapide que le métro.
4 C'est Marielle qui explique à Karen ce que signifie le mot 'réseau'.
5 Le mot 'réseau' s'épelle avec un accent aigu sur le deuxième 'e'.
6 Karen ne sait pas ce qu'est la RATP.

PRATIQUE 13.2 Répondez très brièvement en français.

1 Quel est le nom de la jeune Anglaise?
2 Quel est son prénom?
3 Quel grand magasin se trouve près de la station de métro Auber?
4 Est-ce que Marielle aime être debout dans le métro?
5 Quel est le mot que Karen ne comprend pas?
6 Qui pense que Karen est fatiguée?

2 How to get there

Asking where, when or how

As usual there are several ways of asking questions. Here are three different ways of asking where bus tickets can be purchased.

1	Formal:	Où achète-t-on les billets d'autobus, s'il vous plaît?
2	Slightly less formal:	Les billets d'autobus, où est-ce que cela s'achète, s'il vous plaît?
3	Far less formal:	Les billets d'autobus, ça s'achète où, s'il vous plaît?

Note that **ça** is always less formal than **cela**. The deletion of **est-ce que** and the position of interrogative pronouns or adverbs at the end of the sentence is also a mark of informality.

Note the use of the reflexive pronoun in examples 2 and 3.

Où est-ce que cela s'achète? *Where can you buy it? (Lit. Where does it buy itself?)*

Other examples:

Comment ça s'appelle? *What is it called?*
Comment ça s'écrit/s'épelle? *How do you spell it?*
Quand est-ce que ça se boit? *When do you drink it?*
Avec quoi ça se mange? *What do you eat it with?*
Comment est-ce que cela se dit? *How do you say it?*

Study the following replies or volunteered information:

Cela ne se dit pas. *You can't say that.*
Cela ne se fait pas. *You can't do that/It is not the done thing.*
Cela se mange avec une cuillère. *You eat it with a spoon.*
Cela s'écoute sans bruit. *You must listen to it quietly.*
Cela se voit. *It shows.*

PRATIQUE 13.3 Link the middle column to the left-hand column in order to form meaningful questions. Find the appropriate response for each question.

	Questions			Responses	
1	Le mot 'banlieue',	(a)	où est-ce que ça s'achète?	(i)	Avec du bifteck.
2	En France les frites,	(b)	cela s'apprend vite?	(ii)	Ça dépend des camps.
3	L'apéritif,	(c)	ça se mesure comment?	(iii)	Non, il faut du temps.
4	Un billet de métro,	(d)	comment ça s'écrit?	(iv)	Bonjour.

5	Le français,	(e)	cela se sert après le dessert?	(v)	Non, il y a beaucoup de gens en chômage en ce moment.
6	Du travail,	(f)	ça se mange avec quoi?	(vi)	Avant les repas.
7	Le fromage,	(g)	cela se retient à l'avance?	(vii)	Dans une station de métro.
8	La température,	(h)	quand est-ce que cela se boit?	(viii)	Avec un 'e' à la fin.
9	Les emplacements dans les campings,	(i)	ça se dit comment en français?	(ix)	En degrés centigrade en France.
10	'Good morning',	(j)	cela se trouve facilement?	(x)	Non, en France cela se sert avant le dessert.

Information: Les transports à Paris et en région parisienne

La RATP (Régie Autonome des Transports Parisiens) offers several services.

Le métro: A fairly efficient and cheap way of travelling across Paris. The **métro** has a standard fare which covers any distance on any single journey. It can be very crowded and uncomfortable **aux heures de pointes** (in the rush hour).

L'autobus: Not the fastest method of public transport, but a good way to get to know Paris. Fares are not standard. Bus tickets are the same as for the underground, but several tickets may be required for each bus ride, according to the length of the journey.

Le RER: The most recent addition to Parisian transport, it is the fastest means of travelling through Paris (there are very few stops). The **RER** has three lines. The first line (A) crosses Paris from east to west and serves eastern and western suburbs. The second line (B) goes from the heart of Paris to the southern suburbs and the third line, which is run by the **SNCF**, (**Société Nationale des Chemins de Fer Français**), follows the left bank of the Seine. The fare for the

RER is the same as the **métro** in the urban district and varies according to the length of journey in suburban areas.

Both the **métro** and the **RER** travel below ground in most of the urban district and above ground in suburban areas.

Les transports parisiens

Voici tout ce qu'il faut savoir sur les transports parisiens. (*Here is all you need to know about Paris transport.*)

BILLETS A PLEIN TARIF

Vendus à l'unité ou en carnet de 10, ils sont valables pour un seul voyage.

BILLETS A TARIF RÉDUIT

Ils sont réservés à certaines catégories de voyageurs:
— Enfants âgés de plus de 4 ans et de moins de 10 ans.

— Membres de familles nombreuses titulaires de la carte d'identité *familles nombreuses* de couleur bleue délivrée par la SNCF.

— Aveugles civils titulaires de la carte d'invalidité *Cécité – étoile verte* délivrée par les préfectures de département.

— Mutilés de guerre titulaires des cartes d'invalidité de l'office national des anciens combattants et victimes de guerre ou de la carte de priorité de la préfecture de police.

— Groupes d'au moins *10 jeunes de moins de 16 ans* accompagnés d'un responsable majeur (uniquement dans le METRO et sur le RER, en 2ᵉ classe). Une demande de transport établie sur un imprimé disponible dans toutes les stations doit être remise à la station de départ.

CARTES HEBDOMADAIRES

Elles sont valables chacune pour 12 voyages à raison de 2 par jour pendant une période maximale de 7 jours consécutifs pouvant débuter n'importe quel jour de la semaine. En AUTOBUS ou sur le RER, les 12 voyages doivent être effectués sur un même itinéraire.

CARTE ORANGE

Abonnement mensuel ou annuel, il permet à son titulaire d'effectuer un nombre illimité de voyages, dans les zones qu'il a choisies, sur tous les réseaux de transport de la région parisienne: AUTOBUS – METRO – RER – TRAINS SNCF DE BANLIEUE – AUTOCARS APTR.

BILLET «PARIS-SESAME» ou BILLET DE TOURISME

Abonnement de courte durée -2, 4 ou 7 jours – il permet à son titulaire de faire autant de voyages qu'il le désire, **en 1ʳᵉ classe**, sur l'ensemble des réseaux de la RATP : AUTOBUS – METRO – RER (Ligne A, Ligne B au sud de Gare du Nord) – FUNICULAIRE DE MONTMARTRE.

Il est plus économique d'acheter des billets en carnet qu'à l'unité.

METRO et section urbaine du RER:

tarification urbaine indépendante du parcours effectué; (sauf prolongement en banlieue de la ligne 8 au-delà de CHARENTON-ECOLES et de la ligne 13 au-delà de CARREFOUR-PLEYEL)

AUTOBUS:

tarification par sections (sauf lignes à tarification spéciale et services spéciaux).

Il est conseillé d'utiliser des billets de carnet "METRO-AUTOBUS" 2e classe. Dans les autobus, seuls sont vendus des billets au détail. Les cartes hebdomadaires sont spécifiques au réseau AUTOBUS. En cas d'emprunt successif de plusieurs lignes, chaque trajet partiel doit être acquitté séparément.

Sur le réseau AUTOBUS, la carte orange et le billet «Paris-Sésame» doivent être présentés et NON compostés.

POINTS DE VENTE: BILLET DE TOURISME

Le billet «Paris-Sésame»

peut être acheté dans de nombreux points de vente:

— dans 70 stations de métro ou gares du RER (lignes A et B),

— six gares SNCF de la région parisienne et les bureaux SNCF à Roissy-Charles de Gaulle et à Orly.

— bureaux touristiques de la RATP (53 bis quai des Grands-Augustins et place de la Madeleine),

— certaines banques et agences de voyage à Paris, en province et à l'étranger.

La liste des points de vente à Paris et en Ile-de-France est affichée dans toutes les stations de métro.

Vocabulaire

plein tarif *full fare*	**à raison de** *at the rate of*
vendus *sold*	**n'importe quel jour** *any day*
en carnet de 10 *in books of 10*	**abonnement** *subscription*
tarif réduit *reduced rates*	**mensuel** *monthly*
titulaires de cartes *cardholders*	**courte durée** *short-term*
mutilé de guerre *war invalid*	**le parcours** ⎫ *journey/course* **le trajet** ⎭
aveugle civil *blind civilian*	**au-delà** *beyond*
une demande *application*	**emprunt de plusieurs lignes** *use of several lines*
un imprimé *leaflet*	**emprunter** *to borrow*
disponible *available*	**doit être acquitté** *must be paid for*
doit être remise *must be handed in*	
cartes hebdomadaires *weekly cards*	**non compostés** *not stamped*
chacune *each*	**points de vente** *points of sale*
	affichée *displayed*

Roissy-Charles de Gaulle and Orly are the two main airports in Paris

PRATIQUE **13.4** Répondez en anglais. Read the infromation section on Paris transport and answer the following questions.

1 What is the advantage of buying a book of tickets rather than buying a single ticket?
2 Is it possible to buy a book of **métro-autobus** tickets on the bus?
3 What advice is given to bus users regarding the purchase of tickets?
4 How many **métro** stations sell tourist tickets?
5 How can you tell which stations sell tourist tickets?
6 If you buy a tourist ticket, what does it entitle you to do?
7 If you buy a weekly card, how many journeys can you make?

PRATIQUE **13.5** Complétez les phrases. Complete the following statements with the help of the information on Paris transport.

1 Il y a un bureau touristique de la RATP, place de la . . . . . .
2 Les billets de tourismes peuvent même s'acheter à l' . . . . . .
3 Le billet de tourisme est un abonnement de . . . . . .
4 Le funiculaire de . . . . . . est inclu dans les moyens de transports que l'on peut utiliser quand on achète un . . . . . .
5 Il est moins économique d'acheter des billets à l'unité que des . . . . . .
6 Les aveugles ont droit à un tarif . . . . .
7 Sur la ligne . . . . . . , au-delà de Charenton-Écoles, il faut payer un supplément.

3 At the department store

Dialogue

Nous retrouvons les personnages de la conversation précédente. Ils viennent d'arriver aux Galeries Lafayette.

Didier Dis Maman, je peux monter à la terrasse? C'est au septième étage et il y a une vue magnifique sur Paris.

Mme Delage Non, pas maintenant Didier! Tu as besoin d'un blouson et d'une paire de chaussures, et j'aimerais mieux les choisir avec toi. Après cela, tu iras où tu voudras.

Didier   Bon, d'accord.
Marielle   Maman, moi je veux une jupe et un imperméable; ce
                n'est pas au même rayon que pour Didier.

Galeries

Sous-sol	Basement
● vaisselle - faïence - porcelaine - cristal verrerie	● china and earthenware - crystal and glassware
● orfèvrerie	● silverware
● ustensiles de cuisine	● kitchen utensils
● vannerie	● wicker-work
● électroménager	● electric home appliances

Rez-de-chaussée	Street floor
● informations service - bureau de détaxe hôtesses interprètes -	● customer information desk - tax free counter hostesses interpreters -
● souvenirs de Paris - poupées	● souvenir shop and dolls
● bijouterie fantaisie - joaillerie	● costume jewelry - jewelry
● maroquinerie et bagages	● leather accessories and luggage
● carterie - papeterie - jeux (boutique Post-scriptum)	● cards and paper shop - games (boutique Post-scriptum)
● disques -cassettes - livres	● records - cassettes - books
● parfums	● perfumes and fragrances

1er étage	1st floor
● banque - change (magasin hommes)	● bank - change (men's store)
● mode féminine (boutique des créateurs)	● designer boutiques
● Club 30	● Club 30
● Chaussures	● shoes
● Club 20 Ans	● Club 20 Ans for teenagers

M. Delage   Avant de décider, attendez un instant. Il y a un
                  tableau avec des renseignements là-bas; on peut voir
                  où se trouvent les rayons que nous voulons.

(Ils regardent le tableau de renseignements du magasin.)

Lafayette

2ᵉ étage	**2nd floor**
• vêtements enfants	• children's clothes
• layette	• baby wear
• lingerie	• lingerie
• salon de coiffure et beauté	• beauty parlor and hairdresser
• jouets	• toys
3ᵉ étage	**3rd floor**
• fourrure	• furs
• prêt-à-porter féminin	• women's ready to wear
4ᵉ étage	**4th floor**
• mobilier	• furniture
• luminaires	• light fixtures
• tapis - tapis d'orient	• carpets - oriental carpets
5ᵉ étage	**5th floor**
• linge de maison services de table - draps - couvertures	• household linen table cloths sheets and blankets
6ᵉ étage	**6th floor**
• restaurants : Grill Lafayette Le Relais des Galeries	• restaurants : Grill Lafayette Le Relais des Galeries
• radio - TV - Hi Fi	• radio - TV - stereo
• sport	• sporting goods
• articles de pêche	• fishing equipment
7ᵉ étage	**7th floor**
• terrasse	• terrace
• bar - salon de thé ouvert en été	• bar - tea room open in summer
Magasin décoration bricolage	**Do it yourself shop**

M. Delage	Voilà, «Vêtements enfants», c'est au deuxième étage! On peut aller voir ce qu'il y a de bien pour vous deux.
Marielle	Pour nous deux! Pour Didier peut-être, mais moi j'ai quatorze ans, je ne suis plus une enfant!
Mme Delage	Eh bien regarde, Marielle, il y a plusieurs boutiques de mode féminine au premier étage. Montons d'abord au premier étage!

(Au premier étage.)

Marielle	Regarde Karen, ce pull noir est formidable.
Karen	La couleur est très jolie. Il te va bien.
Marielle	Oui, mais il est trop grand. Je vais demander à la vendeuse s'il y a une autre taille . . . Euh, pardon, mademoiselle, vous avez ce pull en quarante?
Vendeuse	Oui, je crois qu'il y en a un . . . Attendez un instant, je vais voir. En voilà un!
Marielle	Merci bien. Je vais l'essayer . . .
Mme Delage	Oh, je n'aime pas du tout ce pull! La couleur ne te va pas . . . Regarde celui-ci, le rouge, il t'irait mieux . . . Ah oui, le rouge est très flatteur, et puis le noir fait trop vieux.
Marielle	Moi, je trouve que le noir me va très bien . . . D'ailleurs c'est moi qui le porterai, ce pullover . . .
M. Delage	Marielle . . . As-tu vu le prix de ton pullover?
Marielle	Euh, non! Quoi?! 250 F! Tant pis, c'est trop cher! C'est toujours la même chose quand quelque chose me va bien!

Vocabulaire

Mots nouveaux et expressions idiomatiques

un blouson *bomber jacket*	**ce qu'il y a** *what there is*
une paire de chaussures *pair of shoes*	**Je *ne* suis *plus* une enfant** *I am no longer a child*
une jupe *skirt*	**une taille** *size*
un imperméable *raincoat*	**flatteur** *flattering*
un rayon *department (in a store)*	**le prix** *price*
	tant pis *too bad*
un tableau *board*	**trop cher** *too expensive*
là-bas *over there*	**avant de décider** *before deciding*

Verbes

Infinitives	*Examples from the text*
Monter *to go up*	**je peux monter à la terrasse?** *May I go up to the terrace?*
Avoir besoin *to need*	**Tu as besoin d'un blouson** *You need a jacket*
Aller (bien) *to fit, to suit*	**Le pull te va bien** *The jumper suits you* **La couleur ne te va pas** *The colour doesn't suit you*
Faire vieux *to make s.one look old*	**le noir fait trop vieux** *black makes you look too old*
Porter *to wear*	**c'est moi qui porterai ce pull** *I shall be the one to wear this jumper*
Voir *to see*	**As-tu vu le prix?** *Have you seen the price?*

PRATIQUE 13.6 Réfléchissez et choisissez.

1 En ce moment les Delage se trouvent

   a dans une boucherie.
   b dans une boulangerie.
   c dans une petite boutique.
   d au centre de Paris.

2 La terrasse est située

   a au dernier étage.
   b au sixième étage.
   c au sous-sol.
   d au cinquième étage.

3 Pour acheter des chaussures il faut aller

   a au premier étage.
   b au deuxième étage.
   c au troisième étage.
   d au quatrième étage.

4 Marielle est

    a plus jeune que Didier.
    b aussi jeune que Didier.
    c plus vieille que Didier.
    d moins vieille que Didier.

5 Pour savoir où tout se trouve dans le magasin on peut

    a aller au sous-sol.
    b regarder dans le journal.
    c demander à une vendeuse.
    d regarder le tableau de renseignements.

6 Marielle choisit

    a un pull rouge.
    b un pull noir.
    c un imperméable rouge.
    d une jupe noire.

7 Karen pense que

    a le pull noir va bien à Mme Delage.
    b le pull rouge va bien à Marielle.
    c le pull noir va bien à Marielle.
    d le pull noir ne va pas à Marielle.

8 Au sous-sol du magasin, il y a surtout

    a des vêtements.
    b des produits de maquillage.
    c du linge de maison.
    d des produits pour la cuisine.

4   All about clothes

Information: Les vêtements

une blouse *blouse*	une chemise *shirt*
un blouson *bomber jacket*	un collant *pair of tights*
un chapeau *hat*	une écharpe *scarf*
des chausettes *socks*	un imperméable *raincoat*
des chaussures *shoes*	un jean *jeans*

une jupe *skirt*	un soutien-gorge *bra*
un maillot de bain *swimsuit*	un survêtement *track-suit*
un manteau *coat*	un tee-shirt *T-shirt*
un pullover *pullover*	une veste/un veston *jacket*
une robe *dress*	un pantalon *pair of trousers*
un slip *underpants*	

Quelle taille faites-vous? *What is your size?*

In a shop the assistant might ask you:

Vous faites du combien? ⎫
Quelle taille faites-vous? ⎬ *He/she is asking what size you*
Quelle est votre taille? ⎭ *take.*

Quelle est votre pointure? ⎫ *He/she is asking you what size*
Quelle pointure faites- ⎬ *shoes you take.*
vous? ⎭

Sizes come in three broad categories:

une petite taille *a small size*
une taille moyenne *a medium size*
une grande taille *a large size*

Measurements are different from those used in England.

TAILLES POUR PULLOVERS (pour femmes), **BLOUSES, ROBES**, basés sur le tour de hanches et de poitrine (*based on hip and chest measurements*)							
FRANCE	36	38	40	42	44	46	48
GRANDE-BRETAGNE	8	10	12	14	16	18	20

Tour du cou (pour chemises d'hommes) (*neck measurements*)							
FRANCE	36	37	38	39	40	41	42	43
GRANDE-BRETAGNE	14	14½	15	15½	16	16½	17	17½

LES POINTURES (*shoe sizes*)										
FRANCE	35	36	37	38	39	40	41	42	43	44
GRANDE-BRETAGNE	2	3	4	5	6	7	8	9	10	11

Advising and commenting on clothes

Quelle élégance!

What elegance!/How smart!

Le pantalon te va très bien. — *The trousers suit you nicely.*

Le noir leur va à merveille. — *Black suits them beautifully.*

Le gris fait très chic. — *Grey looks very smart.*

Cela fait très français. — *It looks very French.*

Ces chaussures font très sport. — *These shoes look very sporty.*

Ce chapeau est très seyant. — *This hat is very becoming.*

Ce style est assez flatteur. — *This style is rather flattering.*

Cette robe m'amincit. — *This dress makes me look slimmer.*

Ce jean n'est pas mal du tout. — *These jeans aren't at all bad.*

Rien n'est parfait!

Nothing is perfect!

C'est beaucoup trop long! — *It is far too long!*

C'est trop court! — *It is too short!*

C'est trop voyant! — *It is too showy!*

C'est trop petit! — *It is too small!*

C'est trop large! — *It is too wide!*

Honnêtement dis-moi ce que tu en penses

Give me your honest opinion

Les rayures te grossissent. — *Stripes make you look bigger.*

Le rouge ne te va pas. — *Red doesn't suit you.*

Ce style fait un peu vieux. — *This style makes you look old.*

C'est plutôt démodé. — *It is rather old-fashioned.*

Essaye la taille au-dessus. — *Try the next size up.*

Si j'étais toi, je prendrais le pull noir. — *If I were you I would have the black pullover.*

C'est toi que ça regarde! — *It's up to you.*

C'est toi qui la porteras, cette robe! — *You will be the one to wear it!*

MODE

Rayon «loisirs»

Tee-shirts et blousons

Le sport est devenu plus qu'un engouement, une mode; c'est aujourd'hui une façon de se comporter, de se déplacer et donc de s'habiller. Voici donc, avant la belle saison, une revue de ces tenues de grand loisir, en commençant aujourd'hui par le haut du corps: combinaisons, survêtements, blousons, tee-shirts . . .

C'est donc le triomphe de l'unisexe, du grand confort, des vêtements de loisir dans lesquels il fait bon vivre et . . . à des prix abordables. Coupes amples, matières d'entretien facile, très colorées. On les trouve partout, dans les catalogues de vente par correspondance, les hypermarchés et les grands magasins. Mais dans la masse de modèles de blousons, d'imperméables transparents, de tee-shirts et de polos, comment déterminer le meilleur rapport qualité-prix? «50 millons de consommateurs» vient de tester sept tee-shirts de coton blanc, fabriqués en France, vendus entre 17 F et 54 F par *Carrefour, Euromarché, Prisunic*, et par les marques *Jil, Athéna, Eminence* et *Hom*. Le plus résistant n'est pas le plus cher, tant s'en faut. Voilà pour le blanc. Les catalogues de vente par correspondance proposent des modèles pour hommes entre 20 F et 25 F, en blanc, bleu, amande ou tabac. *Quelle* fait une propsition à 39 F les deux tee-shirts.

devenir *to become*	**il fait bon vivre** *it is good to be alive*
un engouement *craze*	**des prix abordables** *accessible*
se déplacer *to move, to travel*	*prices*
s'habiller *to dress*	**la vente par correspondance** *mail-*
la belle saison *summer*	*order sale*
une revue *review*	**le meilleur rapport qualité-prix** *best*
des tenues/des vêtements de	*value for money*
loisir *leisure-wear*	**des consommateurs** *consumers*
le haut du corps *top part of*	**tant s'en faut** *far from it*
the body	

Carrefour and **Euromarché** are hypermarkets. **Jil, Athéna, Eminence** and **Hom** are trademarks.

PRATIQUE **13.7** Find the most suitable response for each of the questions.

(In order to do this exercise it might be advisable to revise the short section on demonstrative pronouns, pp. 151–2.)

1	Est-ce que cette robe me va?	**(a)**	Oui, mais je préfère celui que tu portes en ce moment.
2	Comment trouves-tu ces chaussures?	**(b)**	Oui, il fait très sport.
3	Regarde ce pull, il n'est pas mal du tout!	**(c)**	Non, elle est trop courte.
4	Quelle robe préfères-tu?	**(d)**	C'est toi que ça regarde, toutes les couleurs te vont bien.
5	C'est trop petit, c'est du quarante!	**(e)**	Celles qui sont à droite font plutôt sport.
6	Ce pantalon est trop court!	**(f)**	Ah non, au contraire, il te grossit!
7	Tu crois que je devrais prendre le bleu ou le rouge?	**(g)**	Je préfère celle de droite.
8	Tu crois que ce manteau m'amincit?	**(h)**	Oh tu sais ... la mode ... maintenant tout est permis!
9	Ce style est démodé?	**(i)**	Regarde, en voilà un qui est plus long.
10	Tu aimes ce blouson?	**(j)**	Eh bien, essaye la taille au-dessus!

PRATIQUE **13.8** Relisez l'article et répondez en anglais.

1 What kind of clothes are said to be popular at the moment?
2 Why are they popular?
3 Where can they be purchased? (Name three places.)
4 What is the main problem for customers?
5 What do you think «**50 millions de consommateurs**» is?
6 What was the purpose of testing T-shirts?
7 What sort of T-shirts were tested?
8 How many different brands of T-shirts were tested?
9 If you bought a T-shirt from a mail-order catalogue, what kind of price would you expect to pay?
10 Give the name of one mail-order business mentioned in the article.

11 At what time of year approximately was this article written?
12 How can you tell?

5 Un peu de grammaire

Relative pronouns *qui* and *que*

Qui (*who, which, that*) functions as the subject of a subordinate clause.

Examples:

> C'est ma mère **qui** tricotera mon cardigan. *It is my mother who will knit my cardigan.*
> C'est moi **qui** achèterai cette robe. *It is I who will buy this dress.*
> C'est un article **qui** a été publié dans *Le Monde*. *It's an article which has been published in* Le Monde.

Qui, being the subject, is always followed directly by the verb.

Que, qu' before a vowel (*which, that, whom*) functions as the object of a subordinate clause:

> Ce sont les chaussures **que** tu as acheté**es** à Prisunic. *Those are the shoes that you bought at Prisunic.*
> Tiens! Voilà la montre **que** Marie a perdue! *Look! Here is the watch that Marie has lost.*
> La personne **que** je vais remplacer va prendre sa retraite à la fin du mois. *The person (whom) I am going to replace is retiring at the end of the month.*

Que, being the object, is always followed by the subject (**je, tu**, etc.).
Note the agreement of the past participle in the perfect tense when a direct object precedes the verb (see p. 128). In two of the examples using **que**, the direct objects **chaussures** and **montre** precede the verb in the perfect tense, and therefore the past participle agrees in number and gender.

Further examples:

> Tu as acheté la robe qui était en solde à Prisunic? *Did you buy the dress which was in the sale at Prisunic?*
> C'est la robe que tu as achetée en solde à Prisunic? *Is this the dress that you bought in the sale at Prisunic?*

Note also:

> La robe rouge . . . c'est **celle qui** est la plus chère. *The red dress . . . it is the one which is the most expensive.*
>
> La robe rouge . . . c'est **celle que** je préfère. *The red dress . . . it is the one that I like the best.*

See p. 151 for **celui/celle**.

See p. 151 for **celui/celle**.

PRATIQUE 13.9   Fill in the gaps with **qui, que** or **qu'**.

1 C'est celui . . . . . . je préfère.
2 C'est celle . . . . . . était en solde.
3 Ce sont les chaussures . . . . . . elle a achetées à Prisunic.
4 C'est moi . . . . . . paie le café.
5 C'est elle . . . . . . dépense le plus d'argent.
6 C'est toi . . . . . . cela regarde!
7 Le pull . . . . . . est en solde et de bonne qualité.
8 Tous les T-shirts . . . . . . on vend ici sont trop chers.

14   La bonne cuisine

1   Plans to eat out

Dialogue

Jean-Claude	J'ai un ami américain qui arrive à Paris la semaine prochaine. Il va falloir que je lui fasse visiter tout ce qu'il y a à voir à Paris.
Hélène	Emmène-le voir les monuments, les musées, les expositions . . . Emmène-le à Beaubourg!
Jean-Claude	Oui, bien sûr, mais je crois que c'est surtout la bonne cuisine qui l'intéresse.
Hélène	Alors emmène-le à La Tour d'Argent.*
Jean-Claude	Dis donc, tu me prends pour un millionnaire!
Hélène	Toi non, mais ton ami américain a sans doute beaucoup d'argent!
Jean-Claude	Oh ça m'étonnerait beaucoup, étant donné qu'il est étudiant et qu'il est obligé de travailler tous les soirs dans une station-service pour se faire de l'argent de poche!
Hélène	Dans ce cas, je connais un bon petit restaurant dans le Quartier Latin où on mange très bien pour presque rien.
Jean-Claude	C'est exactement ce qu'il me faut.
Hélène	Donne-moi un coup de fil au début de la semaine prochaine et je te donnerai tous les détails que tu voudras.
Jean-Claude	C'est formidable. Au fait, si le cœur t'en dit, viens avec nous.
Hélène	D'accord, j'accepte avec plaisir.
Jean-Claude	C'est parfait. A la semaine prochaine alors!

La Tour d'Argent is one of the most expensive restaurants in Paris.

Vocabulaire

Mots nouveaux et expressions idiomatiques

un ami américain *an American friend*
tout ce qu'il y a à voir *all there is to see*
les musées *museums*
la bonne cuisine *good food*
la cuisine *cooking, cookery*
beaucoup d'argent *a lot of money*
il est étudiant *he is a student**
de l'argent de poche *pocket money*
Le Quartier Latin *Latin Quarter (student area of Paris)*

pour presque rien *for next to nothing*
C'est ce qu'il me faut *It's what I need*
un coup de fil *telephone call (colloqu.)*
au début *at the beginning*
si le cœur t'en dit! *if you feel like it! (Lit. if the heart tells you)*
avec plaisir *with pleasure*
à la semaine prochaine *see you next week*
à demain *see you tomorrow*

Verbes

Infinitives	*Examples from the text*
Falloir *to be necessary*	**Il va falloir que je . . .** *I'll have to . . .*
Faire visiter *to get s. one to visit s. thing*	**Il va falloir que je lui fasse visiter Paris** *I'll have to get him to visit Paris*
Emmener *to take (s.one somewhere)*	**Emmène-le voir les monuments** *Take him to see the monuments*
Croire *to think, to believe*	**je crois qu'il aime surtout la bonne cuisine** *I think he mainly likes good food*
Prendre *to take*	**tu me prends pour un millionnaire?** *Do you take me for a millionaire?*
Donner *to give*	**étant donné que . . .** *given that . . .*
	Donne-moi un coup de fil *Give me a ring*
Étonner *to surprise*	**ça m'étonnerait beaucoup** *I would be very surprised*
Vouloir *to want*	**je te donnerai tous les détails que tu voudras** *I shall give you all the details you want*
Venir *to come*	**viens avec nous** *come with us*

PRATIQUE **14.1** Vrai ou faux.

1 L'ami américain de Jean-Claude est un gourmet.
2 L'ami américain de Jean-Claude est très riche.
3 La Tour d'Argent est un petit restaurant pas cher.
4 Hélène téléphonera à Jean-Claude la semaine prochaine.
5 Hélène refuse d'accompagner Jean-Claude et son ami au restaurant.
6 Jean-Claude ne connaît pas le petit restaurant dont parle Hélène.

PRATIQUE **14.2** Répondez en français.

1 Quelle est la nationalité de l'ami de Jean-Claude?
2 Quand est-ce qu'il arrive à Paris?
3 Quelle est sa principale occupation?
4 Où travaille-t-il tous les soirs?
5 Pourquoi travaille-t-il?
6 Est-ce que Jean-Claude est riche?
7 A qui Jean-Claude téléphonera-t-il au début de la semaine prochaine?
8 Qui accompagnera Jean-Claude et son ami américain au restaurant du Quartier Latin?

Advice, orders and suggestions

Examples of the imperative followed by an object:

> Mange **ta soupe**!
> Prenez **le train de midi**.   (*direct objects*)

> Envoie une carte **à ta mère**!
> Écris une lettre **au président**.   (*indirect objects*)

When the object is a pronoun, this follows the verb in the imperative, and is attached to it by a hyphen.
 Examples from the dialogue:

> Emmène-**le** voir les monuments. *Take him to see the monuments.*
> Donne-**moi** un coup de fil. *Give me a ring.*

The following examples demonstrate the use of the imperative with a pronoun.

Direct objects

Emmène-**moi** voir les monuments. *Take me to see the monuments.*

Emmène-**la** voir les monuments. *Take her to see the monuments.*

Emmène-**nous** au cinéma. *Take us to the cinema.*

Emmène-**les** dîner dans un grand restaurant. *Take them to a well-known restaurant for dinner.*

The plural or formal singular form would be: **Emmenez-moi, emmenez-la**, etc.

Indirect objects

Donne-**lui** un coup de fil. *Give him/her a ring.*

Donne-**nous** un coup de main. *Give us a hand.*

Donne-**leur** de l'argent. *Give them some money.*

The plural or formal singular form would be: **Donnez-lui, donnez-nous,** etc.

Here are some further useful examples. These verbs take a direct object, like **emmener**:

Aide-moi! *Help me!*

Mange-le *Eat it*

Attends-la *Wait for her*

Laissez-nous tranquille! *Leave us alone!*

Réveillez-les! *Wake them up!*

These verbs take an indirect object, like **donner**:

Écris-moi bientôt. *Write soon.*

Envoie-lui une carte. *Send him/her a card.*

Montrez-nous vos papiers. *Show us your papers.*

Prêtez-leur de l'argent. *Lend them some money.*

The imperative of reflexive verbs has a similar form, with the pronouns **toi** or **vous** attached to the verb by a hyphen.

Lève-toi *Get up!*

Tais-toi! *Be quiet!*

Repose-toi! *Have a rest!*

Assieds-toi! *Sit down!*

Couchez-vous! *Go to bed!*

Habillez-vous! *Get dressed!*

Réveillez-vous! *Wake up!*

Dépêchez-vous! *Hurry up!*

The negative of the imperative (don't do it!) is as follows:

Ne le faites pas! *Don't do it!*

Ne m'écris pas! *Don't write to me!*

Ne vous levez pas! *Don't stand up!*

Ne te couche pas! *Don't go to bed!*

PRATIQUE **14.3** Read the cues in the left-hand column and choose the most appropriate response from the right-hand column.

1	Je suis fatigué, Maman.	(a)	Oui, attends-moi à la gare vers sept heures.
2	Ma sœur s'ennuie.	(b)	Mange-la, elle est très bonne.
3	Les chiens ont faim.		
		(c)	Alors dépêche-toi!
4	Mes amis veulent dîner dans un bon restaurant.	(d)	Repose-toi.
5	Taxi, taxi!	(e)	Emmène-la au cinéma.
6	Pardon, monsieur, avez-vous de la monnaie?	(f)	Donnez-moi un paquet de café, s'il vous plaît.
7	Je suis en retard.	(g)	Donne-lui un coup de fil.
8	Vous désirez, monsieur?	(h)	Prêtez-moi votre stylo, s'il vous plaît.
9	Signez ici, madame.	(i)	Mais oui madame, donnez-moi votre billet de 50 F et je vous donnerai cinq pièces de 10 F.
10	Cela fait plus d'un an qu'on n'a pas vu Jeanne et Pierre.	(j)	Donne-leur à manger.
11	Je n'ai pas de nouvelles de Sylvie.	(k)	Montrez-moi votre permis de conduire, monsieur.
12	Il est pâle et fatigué. Que dois-je faire, Docteur?	(l)	Emmenez-les à la Tour d'Argent.
13	Mais monsieur l'agent, je n'avais pas vu le feu rouge!	(m)	Envoyez-le à la mer.
14	Tu rentres par le train?	(n)	Emmenez-moi à la Tour Eiffel, s'il vous plaît.
15	Je n'aime pas la soupe.	(o)	Écris-leur un petit mot et invite-les à dîner.

PRATIQUE **14.4** Devise responses for the following cues.

1 Michel veut sortir.   (a)

2 Je voudrais dormir.   (b)

3 Janine a faim.   (c)

4 Nous sommes en retard.   (d)

5 Je n'aime pas le poisson.   (e)

DINERS

■ RIVE DROITE

LA GENTILHOMMIERE 296-54-69 10, rue Chabanais, 2e. Sq Louvois
Tard le soir, ds cadre rust. Sp. SAVOYARDES. Rac. Fondue. Foie gras aux cèpes. Conf et magret de canard mitonnés par la pat. Env. 100 F

COPENHAGUE 359-20-41 142, Champs-Elysées, 8e. F/dim.
De midi à 22 h. 30. Spécialités danoises et scandinaves: hors d'œuvre danois, festival de saumon, mignons de rennes, canard salé.

RELAIS BELLMAN F/s soir-dim. 37, rue François-Jer, 8e. 723-54-42
Jusq 22 h. Cadre élégant, confort, salle climatisée. Cuisine française trad Sole aux courgettes COTE DE BOEUF. Soufflé glacé chocolat.

PUB SAINT-LAZARE 292-15-27 10, rue de Rome, 8e.
Jusqu'à 2 h. du matin- Ses savoureuses grillades, toute sa carte et sa tarte tatin, service permanent à partir de midi.

AUB DE RIQUEWIHR 770-62-39 12, rue Fg. Montmartre, 9e T ls jrs
De 12 h. à 2 h du matin Ambiance musicale Ses spécialités alsaciennes Ses vins d'Alsace et SA CARTE DES DESSERTS

LA MENARA 742-06-92 8, bd de la Madeleine, 9e F. dim.
Restaurant marocain au cadre royal. Une cuisine authentiquement marocaine, aussi originale que raffinée. Déj: d'aff. Diners spect.

■ RIVE GAUCHE

AU VIEUX PARIS 354-79-22 2, Place du Panthéon, 5e. F/dim.
J. 22 h. 30 Spéc du Sud-Ouest: Saucisson d'oie farci. Foie gras de canard, confits. piperade, chipirons à la basq Sa cave P.M.R. 80 F.

LES MINISTERES O/dim. 261-22-37 30, rue du Bac. Me Bac. Parking.
REPAS ECONOMIQUES DANS UN CADRE ELEGANT. Fruits de mer. Marée du jour. Grillades. Plats du Chef.

CH FRANÇOISE 551-87-20/705-49-03 Aérogare des Invalides, 7e F/lundi
Son menu à 80 F et carte Foie gras frais maison. Pot-au-feu de Turbot. Grands crus de Bordeaux en carafe: 42 F. Ouv. le dimanche.

LAPEROUSE 326-90-14 ET 68-04 51, q. Grands-Augustins, 6e F/dim.
J. 23 h. Grande Carte. Menu d'affaires, 100 F. Menu dégustation: 190 F. Salons de 2 à 50 couverts. Cadre ancien de réputation mondiale.

SOUPERS APRÈS MINUIT

WEPLER

14, place Clichy, 14
522–53–24
SON BANC D'HUITRES
Foie gras frais – Poissons

CHEZ HANSI

3, pl. 18-Juin-1940
Face Tour Mont-
parnasse. Jusq. 3 h. mat, 548–
96–42, Choucroute – Fruits de mer.

LA CLOSERIE DES LILAS

71, boulevard du Montparnasse
326–70–50 – 354–21–08
Au piano: Yvan Mayer

LE PETIT ZINC

rue de Buci, 6ᵉ
354–79–34
Huîtres – Poissons. Vins de pays

LA CHOPE D'ALSACE

824–89–16
SON BANC D'HUITRES
Ses choucroutes. Jarrets. Grillades

LE CONGRÉS

Pte Maillot 12 h à
2 h mat 574–17–24
80, av. Grande-Armée POISSONS
BANC D'HUITRES toute l'année
Spéc de viandes de bœuf grillées.

LE MUNICHE

25, r, de Buci, 6ᵉ
633–62–09
Choucroute – Spécialités

AU PETIT RICHE

770–86–50/68–68
F./dim. J. 1 h
DECOR AUTHENTIQUE 1880
25, rue Le Peletier (9ᵉ)
Vin de Loire – Cuis. Bourg. – Gril

AUBERGE DAB

J. 2 h. matin
500–32–22
161. av. Malakoff Tous les jours.
FRUITS DE MER – POISSONS
CHOUCROUTES – ROTISSERIE

LA TOUR D'ARGENT

6, place de la Bastille, 344–32–19
Cadre élégant et confort. T. l. jrs
De 12 h. à 1 h. 15 mat. Grill. Poiss.

2   Restaurant guide

Êtes-vous gourmet?

La plupart des grands quotidiens* publient une liste des spectacles et une liste des bons restaurants de Paris et de la région parisienne. Ici, vous pouvez consulter une liste de restaurants publiée par le journal *Le Monde*.

   * See p. 251.

Comment comprendre votre guide des restaurants

Heures d'ouvertures et de fermetures	*Opening and closing hours*
F/dim.: Fermé dimanche	*Closed on Sunday*
F/s. soir-dim.: Fermé samedi soir et dimanche.	*Closed on Saturday night and Sunday*
T/les jrs.: Tous les jours	*Every day*
O/dim.: Ouvert dimanche	*Open on Sunday*
Jusq. 3h. mat.: Jusqu'à 3 heures du matin	*Until 3 o'clock in the morning*
J. 3h.: „ „ „	
Prix – Autres détails	*Prices and other details*
P.M.R. 80 F: Prix moyen des repas	*Average price of a meal*
Env. 100 F: Environ 100 francs	*About 100 francs*
Déj. d'aff.: Déjeuner d'affaires	*Business lunch*
Dîners. spect.: Dîners spectacles	*After theatre or cinema dinners*
La pat.: la patronne (le patron)	*The landlady (landlord)*
2e, 4e, 6e, etc.: deuxième arrondissement, etc.	*Paris is divided into 20 administrative divisions numbered 1 to 20*
Aub.: auberge	*Inn*
Cadre rust.: cadre rustique	*Rural decor*

Abréviations ayant trait à la cuisine	*Abbreviations related to the food*
Sp.: Spécialité	*Speciality*
Rac.: Raclette	*A form of fondue, but the cheese is scraped from the dish with a wooden scraper*
Conf.: Confit	*Conserve*
Grill.: Grillades	*Grills*
Poiss.: Poisson	*Fish*

Vocabulaire utile des spécialités

foie gras { de canard / d'oie	*fattened liver { of duck / of goose*
fondue savoyarde	*cheese fondue from Savoie*
cèpes (bolets)	*large brown mushrooms*
cuisine marocaine	*Moroccan cookery*
saumon	*salmon*
fruits de mer	*sea food*
grands crus	*good vintage wines*
choucroute	*sauerkraut*
côte de bœuf	*rib of beef*
saucisson	*dry sausage*
farci	*stuffed*
huîtres	*oysters*

Autres informations utiles

dégustation	*tasting*
déguster	*to taste*
menu dégustation	*connoisseur's menu*
dégustation d'huîtres	*oyster-tasting*
dégustation de vins	*wine-tasting (In areas where wine is produced – not in Paris – these tastings are generally free.)*
dégustation gratuite	*Free tasting*
Rive Gauche	*the Left Bank of the Seine, traditionally the more arty, Bohemian part of Paris, frequented by students*

Rive Droite	the Right Bank, traditionally more bourgeois, with the exception of Beaubourg
Beaubourg – Centre Georges-Pompidou	a large futuristic-looking building built on the site of the old covered market, 'Les Halles' (the Parisian equivalent of Covent Garden)

PRATIQUE 14.5 Que conseiller à des amis qui vous demandent de leur indiquer un bon restaurant? (*Your friends want to know where to go for a meal. What can you recommend?*) Using *Le Monde*'s guide on pages 246–7 indicate the name(s) of the restaurants which would suit your friends.

1 C'est le dimanche. Des amis qui n'ont pas beaucoup d'argent veulent déguster des fruits de mer. Quel restaurant leur conseillez-vous?

2 Il est une heure du matin. Vos amis arrivent de Bretagne, à la gare Montparnasse. Ils ont très faim. Où peuvent-ils manger à une heure aussi tardive?

3 Un de vos amis a gagné le million à la Loterie Nationale. Où lui demandez-vous de vous emmener?

4 Anne-Marie adore la cuisine marocaine. Où peut-elle goûter de la cuisine marocaine authentique?

5 Jeanne et Pierre n'ont pas beaucoup d'argent à dépenser mais ils veulent aller au restaurant pour fêter leur anniversaire de mariage. Où peuvent-ils manger pour moins de cent francs par personne?

6 Léla adore les fondues savoyardes. Quel restaurant lui conseillez-vous?

7 Où peut-on manger des huîtres fraîches n'importe quel jour de l'année? (Name two restaurants.)

8 Maurice veut goûter du saumon. Où lui conseillez-vous d'aller?

9 Où peut-on manger en écoutant de la musique? (Name two restaurants.)

10 Le Président Directeur Général de POMAC est en voyage d'affaires à Paris. Où peut-il emmener ses clients pour un déjeuner d'affaires?

Interlude: Les grands quotidiens

Un grand quotidien *main daily newspaper*

French papers   **English approximate equivalents**
Le Monde   *Guardian/The Times*
Le Figaro   *Daily Telegraph*
France-Soir   *Standard*
L'Humanité   *Morning Star*
Libération (supporting the socialist party)
Ouest-France (distributed in the West of France, has the largest circulation.)

PRATIQUE 14.6 Lisez et complétez le texte suivant.

Un déjeuner en toute simplicité

En été, ou même parfois au . . . . . . , il est agréable de s'installer à la
. . . . . . d'un café parisien et de mordre à belles dents dans un . . . . . .
au jambon . . . . . . dans un croque-monsieur. On se repose en regardant les passants ou bien on discute avec des . . . . . . en buvant une
menthe à l'eau ou un citron pressé.

. . . . . . , je . . . . . . les quais de la Seine: rien de tel qu'une baguette,
un . . . . . . et un camembert qu'on . . . . . . en regardant . . . . . . les
bateaux mouches et les péniches. Rien de tel pour accompagner cet
excellent . . . . . . qu'un bon verre de vin . . . . . .

> *ou – rouge – déjeuner – amis – personnellement – printemps*
> *– sandwich – préfère – passer – déguste – saucisson –*
> *terrasse*

---

parfois *sometimes*
mordre à belles dents *to take a hearty bite (Lit. to bite with nice teeth)*
du jambon *ham*
un croque-monsieur *toasted sandwich (typical café food)*
en buvant *while drinking*
une menthe à l'eau *green mint and water drink*

un citron pressé *fresh lemon with water and sugar*
les quais de la Seine *banks of the Seine*
Rien de tel *Nothing like*
les bateaux-mouches *Parisian pleasure boats*
une péniche *a barge*

3 At the restaurant

Dialogue

Jean-Claude Gaspard et son ami américain Tom Ripley ont retrouvé Hélène Sauvageot Au Vieux Paris, un petit restaurant du Quartier Latin.

Tom	C'est très excitant d'être dans un restaurant parisien!
Jean-Claude	Oui . . . ça excite surtout l'appétit! Je meurs de faim!
Hélène	Moi aussi . . . Garçon!
Garçon	Mademoiselle, messieurs . . . Vous désirez commander?
Hélène	Euh . . . oui, nous avons choisi . . . alors comme entrée . . . nous prenons du saucisson d'oie farci.
Garçon	Alors . . . trois saucissons d'oie farci . . . C'est une des spécialités de la maison. Vous verrez, c'est délicieux!
Hélène	Mmmm, excellent! Ensuite nous prenons euh . . . une sole meunière.
Garçon	Oui, une . . . sole . . . meunière.
Hélène	Un steak au poivre.
Garçon	Un steak . . . au . . . poivre. Comment voulez-vous le steak?
Hélène	C'est pour toi, Tom. Comment aimes-tu le steak? Bien cuit?
Tom	Ah non, pas très cuit!
Garçon	Alors, saignant, monsieur?
Tom	Oui, c'est cela.
Hélène	Euh . . . pour moi . . . une escalope de veau aux champignons, s'il vous plaît.
Garçon	Une . . . escalope . . . de . . . veau, oui, et avec cela?
Hélène	Pour le dessert . . . euh . . . de la crème au chocolat pour moi . . . pour toi aussi, Jean-Claude?
Jean-Claude	Non, euh . . . une glace à la vanille, si vous en avez.
Garçon	Très bien, monsieur.
Hélène	Et toi, Tom? Qu'est-ce que tu prends?
Tom	Oh pour moi, du fromage seulement.
Garçon	Bien, monsieur . . . Et qu'est-ce que vous buvez, messieurs-dame?

Jean-Claude	C'est toi qui a la carte des vins, Hélène! Passe-la-moi s'il te plaît.
Hélène	Tiens, la voilà. Tom et moi avons décidé de goûter le Beaujolais.
Jean-Claude	Oui, mais avec ma sole j'aimerais mieux un vin blanc assez sec, du Muscadet peut-être.
Hélène	Alors on peut prendre deux bouteilles, une de Beaujolais et une de Muscadet.

(Un peu plus tard.)

Jean-Claude	Mmmm, il est délicieux ce saucisson! J'en reprends un peu. Tu en veux Tom?
Tom	Oui, mais sers-toi d'abord.

(Deux heures plus tard.)

Garçon	Messieurs-dame, vous reprenez du café?
Hélène	Non merci, pas pour moi.
Jean-Claude	Non, pas pour moi non plus!
Hélène	On pourrait avoir l'addition, s'il vous plaît?
Garçon	Mais certainement!

(Cinq minutes plus tard.)

Hélène	Bon! 250 F service compris, plus le pourboire . . . divisé par trois . . . cela fait . . .
Tom	Mais . . . Hélène . . . C'est moi qui paie l'addition aujourd'hui.
Hélène	Ah non, Tom! C'est très gentil de ta part mais j'aimerai mieux qu'on partage . . . sinon, je ne sortirais plus avec toi! . . . Au fait, n'oublie pas que demain après-midi nous allons au centre Georges-Pompidou!
Tom	Mais . . . Jean-Claude . . . je veux payer l'addition . . .
Jean-Claude	Voyons Tom, n'insiste pas! . . . Hélène a raison: il vaut mieux partager.
Tom	Alors je n'insiste pas!
Hélène	Alors . . . à demain à Beaubourg . . . à quatre heures?
Tom	Oui . . . euh . . . où est-ce qu'on se rencontre?
Hélène	Euh . . . à la sortie du métro . . . à Rambuteau?
Tom	Bon d'accord. A demain, Hélène.

Vocabulaire

Mots nouveaux et expressions idiomatiques

une entrée *starter, first course*
une sole meunière *sole dipped in flour and cooked in butter (Lit. a miller's sole)*
Bien cuit *Well cooked*
très peu cuit, saignant *rare*
à point, moyennement cuit *done to a turn, medium*
Une escalope de veau *veal escalope*
des champignons *mushrooms*

une glace *ice-cream*
non plus *neither*
l'addition *bill*
service compris *service included*
service non-compris *service not included*
le pourboire *tip*
divisé par trois *divided by three*
c'est très gentil de ta part *it's very kind of you*
Sinon *Otherwise, or else*

Beaujolais is a red wine produced on the eastern side of the Massif Central. **Muscadet** is a dry white wine from the Loire estuary.

Verbes

Infinitives	Examples from the text
Exciter *to excite*	**C'est excitant** *It's exciting* **ça excite surtout l'appétit!** *it mainly whets one's appetite!*
Mourir *to die*	**Je meurs de faim!** *I'm starving!* (*Lit. I am dying of hunger*)
Commander *to order*	**Vous désirez commander?** *Do you wish to order?*
Voir *to see*	**Vous verrez, c'est délicieux!** *You'll see, it's delicious!*
Aimer *to like*	**Comment aimes-tu le steak?** *How do you like your steak?*
Prendre *to take*	**Qu'est-ce que tu prends?** *What are you having?*
Boire *to drink*	**Que buvez-vous?** *What are you drinking?*
Passer *to pass*	**Tu as la carte des vins. Passe-la-moi, s'il te plaît** *You have the wine list. Pass it to me, please*

Goûter *to taste*	**Nous avons décidé de goûter le Beaujolais** *We have decided to taste the Beaujolais*
Se servir *to help onself*	**sers-toi d'abord!** *Help yourself first!*
Reprendre *to take some more*	**vous reprenez du café?** *are you having more coffee?*
Oublier *to forget*	**n'oublie pas!** *don't forget!*
Valoir mieux *to be better*	**il vaut mieux partager** *it's better to share*
Se rencontrer *to meet*	**où est-ce qu'on se rencontre?** *where are we meeting?*

PRATIQUE **14.7** Réfléchissez et choisissez.

1 Tom Ripley est

    a Français.
    b Anglais.
    c Américain.
    d Australien.

2 Au Vieux Paris est

    a un vieux restaurant.
    b un vieux quartier.
    c un vieux garçon.
    d un ancien monument.

3 Comme entrée, les trois amis prennent

    a une sole meunière.
    b un steak au poivre.
    c du confit d'oie.
    d du saucisson d'oie farci.

4 Tom Ripley aime le steak

    a saignant.
    b moyennement cuit.
    c très cuit.
    d à point.

5 Avec son escalope, Hélène commande

    a de la crème au chocolat.
    b des champignons.
    c de la salade.
    d une glace.

6 Comme boisson, ils commandent

    a trois bouteilles de vin.
    b une bouteille de vin.
    c une bouteille de vin blanc et une de rouge.
    d deux bouteilles de vin rouge.

7 C'est le garçon qui

    a apporte l'addition.
    b paie l'addition.
    c partage l'addition.
    d oublie l'addition.

PRATIQUE 14.8 Find the correct response for each of the cues. A cue followed by (+) requires a positive answer, a cue followed by (−) requires a negative answer. (Don't forget that if the person in the left-hand column addresses the other formally – using **vous** – the response will also be formal.)

1 Vous aimez les champignons. Reprenez-en! (−)	**(a)** Non, non, je vous en prie. Servez-vous d'abord!
2 Reprenez du pâté! (+)	**(b)** Oui, passe-le-moi, s'il te plaît. J'aime surtout le Brie.
3 Tu veux le plateau de fromage? (+)	**(c)** Non, n'insistez pas. Il est très bon, mais j'ai déjà trop mangé.
4 Tu veux les fruits? (+)	**(d)** Non, je vous remercie, ils sont délicieux, mais j'en ai repris deux fois déjà.
5 Tu reprends du poisson? (−)	**(e)** Oui, volontiers, mais après vous!
6 Servez-vous! (−)	**(f)** Oui, passe-les-moi s'il te plaît.
7 Il reste du gâteau, finissez-le! (−)	**(g)** Non, merci, pas pour moi, mais vas-y, sers-toi!

Interlude: Beaubourg/Centre Georges-Pompidou

This extract from *Le Monde* demonstrates the types of exhibition that can be seen in the Pompidou Centre.

The Centre itself is divided into four parts:

1 La Musée National d'Art Moderne (a museum of modern art).
2 La Bibliothèque Publique d'Information (BPI) (an information library).
3 Le Centre de Création Industrielle (CCI) (a design centre).
4 L'Institut de Recherches et de Coordination Acoustiques et Musicales (IRCAM) (a music research centre where musicians are working on a new musical alphabet).

EXPOSITIONS

Centre Georges-Pompidou

Entrée principale rue Saint-Martin (277-12-33). Informations téléphoniques 277-11-12.

Sauf mardi, de 12 h. à 22 h.; sam. et dim., de 10 h. à 22 h. Entrée libre le dimanche.

Animation gratuite, sauf mardi et dimanche à 16 h. et à 19 h.; le samedi à 11 h.; entrée du musée (troisième étage); lundi et jeudi, 17 h., galeries contemporaines (rez-de-chaussée).

PARIS-PARIS. — Grande Galerie, 5ᵉ étage. Jusqu'au 2 novembre.

IDENTITE ITALIENNE. L'art en Italie de 1959 à aujourd'hui. — Jusqu'au 7 septembre.

UN QUART DE SIECLE AU FEMININ. Photographies. — (5ᵉ niveau), jusqu'au 2 novembre.

RODCHENKO. Photographies. — Jusqu'au 6 septembre.

JARDINS DE LA MEDITERRANEE. Carrefour des régions Jusqu'au 13 septembre.

AUTOPORTRAITS PHOTOGRA-PHIQUES (1898–1981). — Salle animation et salle contemporaine. Jusqu'au 4 octobre.

WALTER DE MARIA: Sculptures. Forum. Jusqu'au 4 octobre.

C.C.I.

PAYSAGES. Evolution du paysage français depuis ces trente dernières années. — Jusqu'au 5 octobre.

DES COMMUNES AFFICHENT. Jusqu'au 31 août.

B. P. I.

LA JEUNESSE A VINGT ANS. Photos. — Jusqu'au 5 octobre.

Animation gratuite: The Centre has **animateurs** whose job is to present, explain and demonstrate how it functions. The service they provide is free **(gratuit)**.

Un peu de lecture

La jeunesse a vingt ans: here is a critic's review of one of the exhibitions listed in *Le Monde*.

Au Centre Georges-Pompidou

La Bibliothèque publique d'information du Centre Georges-Pompidou a eu l'idée de figer quelques instants, quelques visages de la jeunesse actuelle, en contre-point des objets, des images déjà passées, et mises en boîte, plastifiées, de la jeunesse des vingt dernières années. Pour cela, on a passé commande à dix photographes (Hélène Bamberger, Bernard Descamps, Martine Franck, Bernard Guery, Yves Jeanmougin, François Le Diascorn, Guy Le Querrec, Michel Malofiss, Pierre Mercier, Marie-Paule Nègre) qui se sont très honorablement acquittés de leur travail, rapidement (un mois de prises de vue), chacun à sa hauteur, mais dans un résultat uni.

Que voit-on ? Des jeunes, comme ceux qu'on croise dans la rue, et derrière les façades des lycées, des boîtes de nuit, des ateliers, La jeunesse qui bouge, qui travaille, qui s'ennuie, qui s'embrasse, qui fait la moue, qui danse, qui attend dans un couloir de l'Agence pour l'emploi. Rien qu'on ne sache déjà, qu'on n'ait connu soi-même, ou qu'on n'ait pressenti: en vingt ans les choses n'auraient pas beaucoup bougé. — H.G.

* Centre Georges-Pompidou B.P.I. Jusqu'au 5 octobre.

Vocabulaire

figer *to fix, keep s.thing still*	**croiser quelqu'un dans la rue** *to pass s.one in the street*
un visage *face*	**les lycées** *schools*
la jeunesse *youth*	**les boîtes de nuit** *night clubs*
la jeunesse actuelle *today's youth*	**les ateliers** *workshops*
passer commande *to commission*	**bouger** *to move*
la prise de vue *filming, shooting*	**s'ennuyer** *to get bored*
les jeunes *young people*	**Rien qu'on ne sache déjà** *Nothing that one does not already know*
chacun à sa hauteur *each according to his/her talent*	

PRATIQUE **14.9**   Répondez en anglais.

1 What did the BPI have in mind when commissioning ten photographers to photograph today's youth?
2 How long did it take the photographers to complete their task?

3 What did the photographers show the youth of today doing?
4 What conclusion does the article draw from this survey?
5 When does the exhibition finish?

4 Un peu de grammaire

Relative pronouns *ce qui* and *ce que*

Ce qui (*what, that, Lit. 'that which'*) functions as the subject and **ce que** (**ce qu'** before a vowel) as the object of the following verb. **Ce qui** is always followed directly by the verb. **Ce que** is followed by the subject plus a verb.

Compare these examples:

Il aime tout **ce qui** se mange. *He likes everything that can be eaten.*
Racontez-moi **ce qui** est arrivé. *Tell me what has happened.*
Je sais **ce qu'**il aime manger. *I know what he likes to eat.*
Dites-moi **ce que** vous en pensez. *Tell me what you think of it.*

Note also:

Qu'est-ce qui se passe? *What's happening?*
Qu'est-ce que vous faites? *What are you doing?*

Personal pronouns and their functions

subject	emphatic	direct object	direct or indirect object	indirect object
je	moi		me	
tu	toi		te	
il	lui	le		lui
elle	elle	la		lui
on	soi		se	
nous	nous		nous	
vous	vous		vous	
ils	eux	les		leur
elles	elles	les		leur

Emphatic pronouns

These pronouns are often placed after prepositions. Examples:

> Je suis allée au restaurant avec Hélène et Tom: Je suis allée au restaurant avec eux. *I went to the restaurant with them.*
> **Eux** replaces Hélène et Tom.

> Elle est sortie sans Jean-Claude: Elle est sortie sans lui. *She went out without him.*

They are also used after **après** (*after*), **avant** (*before*), **chez** (*at the house of*), **pour** (*for*), etc.

Direct object pronouns

Direct object pronouns replace an object which follows directly after the verb (i.e. with no preposition in between). Examples:

> Je vois Claudette dans le jardin: Je **la** vois dans le jardin. *I can see her in the garden.*
> J'entends les enfants: Je **les** entends. *I can hear them.*

Indirect object pronouns

When the pronoun replaces a noun which is separated from the verb, for example by the preposition **à**, then it is an indirect object pronoun. Examples:

> J'écris à Hélène et Tom: Je **leur** écris. *I am writing to them.*
> Je téléphonerai à Hélène demain. Je **lui** téléphonerai demain. *I shall telephone her tomorrow.*

In the case of **nous** and **vous**, the direct and indirect object pronouns are the same.

> Direct: Je vous vois. *I see you.*
> Indirect: Je vous parle. *I speak to you.*

Two pronouns

When a verb takes both a direct and an indirect object pronoun, the order of pronouns is as follows: **me, te, se, nous** and **vous** are placed before **le, la** and **les**. Examples:

> Je te donne le livre: Je **te le** donne. *I give it to you.*
> Il nous envoie les lettres: Il **nous les** envoie. *He sends them to us.*

However, indirect objects **lui** and **leur** are always placed after direct objects **le, la** and **les**.

Je donne les fleurs à Claudette: Je **les lui** donne. *I give them to her.*

Elle envoie le télégramme à sa mère: Elle **le lui** envoie. *She sends it to her.*

J'ai envoyé les lettres à mon père: Je **les lui** ai envoyées. *I sent them to him.*

Il a envoyé la lettre à ses parents: Il **la leur** a envoyée. *He sent it to them.*

Note that in the perfect tense the past participle agrees with the preceding direct object (see p. 128).

Order of pronouns in the imperative

In the imperative, the direct object pronouns **le, la, les** are always placed first, much as in English. Examples:

Garçon, apportez-nous l'addition s'il vous plaît!: Apportez-**la-nous**! *Bring it to us!*

Donne-moi tes cigarettes!: Donne-**les-moi**! *Give them to me!*

Dites-moi que vous m'aimez!: Dites-**le-moi**! *Tell me! (Lit. Tell it to me!)*

Appendix: Some Useful Verbs

Choice of verbs

This section covers only a few of the verbs used in the units. They are chosen from amongst the most common irregular verbs and the most useful regular verbs. All regular verbs can be used as patterns for other regular verbs, and some irregular verbs also provide a pattern for other irregular verbs. For example, once you know all the forms of the verb **mettre**, you also know all the forms of the verb **permettre**; once you know **prendre** you also know **comprendre** and **apprendre**, etc.

Each verb is introduced in the infinitive, and past and present participles are given.

The infinitive is the base or stem form of the verb which does not change, and can be translated by 'to . . .' in English, for example:

Il va souvent au café pour rencontrer des amis.
He often goes to the café to meet friends.

In a sentence using the past tense, **rencontrer** remains the same:

Il allait souvent au café pour rencontrer des amis.
He often went to the café to meet friends.

The past participle is used after **avoir** or **être** in a compound tense (such as the perfect tense). It agrees with the subject of the verb when used with **être**. When the auxiliary is **avoir**, the past participle agrees with the direct object, if the direct object is placed before the verb. Examples:

Elles **sont allées** à Paris. *They went to Paris.*
J'**ai envoyé** la lettre à Michel. *I sent the letter to Michel.*
C'est la lettre que j'**ai envoyée** à Michel. *It's the letter I sent to Michel.*
or Je l'**ai envoyée** à Michel. *I sent it to Michel.*

Past participles can also be used as adjectives, and agree with the noun they modify in the same way as adjectives. Examples:

Le français parlé est plus facile que le français écrit. *Spoken French is easier than written French.*
La langue parlée est plus facile que la langue écrite. *The spoken language is easier than the written language.*

The present participle is the equivalent of the English '-ing' (e.g. parlant *talking, speaking*). It is mostly used in French following the preposition **en**:

Ne parle pas en mangeant. *Don't talk while you are eating.*
Il a appris la nouvelle en parlant à sa mère. *He heard the news by talking to his mother.*

Present participles can also be used as adjectives:

L'horloge parlante *The speaking clock*
Une situation embarrassante *An embarrassing situation*

The infinitive, the past participle and the present participle *do not indicate a tense.*

The tenses

The only tenses listed in the verb table are the tenses mentioned in the units. They are the tenses most used in spoken and everyday written French, as exemplified in the newspaper articles included in the units. These tenses are:

Le présent indicatif (*present indicative*)
Le passé composé (*perfect tense*)
Le futur (*future tense*)
L'imparfait (*imperfect*)
Le conditionnel (*conditional*)
Le subjonctif présent (*present subjunctive*)
L'impératif (*imperative*)

Trente verbes utiles (Thirty useful verbs)

1. *Four regular verbs (with subject pronouns: je, tu, il, elle, on, nous, vous, ils, elles)*

PRÉSENT de l'indicatif *Present indicative*	PASSÉ COMPOSÉ *Perfect*	IMPARFAIT *Imperfect*	CONDITIONNEL *Conditional*	FUTUR *Future*	Présent du SUBJONCTIF *Present subjunctive*	IMPÉRATIF *Imperative*
je parle tu parles il/elle parle nous parlons vous parlez ils/elles parlent	j'ai parlé tu as parlé il a parlé nous avons parlé vous avez parlé ils ont parlé	je parlais tu parlais il parlait nous parlions vous parliez ils parlaient	je parlerais tu parlerais il parlerait nous parlerions vous parleriez ils parleraient	je parlerai tu parleras il parlera nous parlerons vous parlerez ils parleront	(que) je parle tu parles il parle nous parlions vous parliez ils parlent	parle parlons parlez

Parler *to speak, to talk Past participle: parlé Present participle: parlant*

Remplir *to fill Past participle: rempli Present participle: remplissant*

PRÉSENT de l'indicatif *Present indicative*	PASSÉ COMPOSÉ *Perfect*	IMPARFAIT *Imperfect*	CONDITIONNEL *Conditional*	FUTUR *Future*	Présent du SUBJONCTIF *Present subjunctive*	IMPÉRATIF *Imperative*
je remplis tu remplis il/elle remplit nous remplissons vous remplissez ils/elles remplissent	j'ai rempli tu as rempli il a rempli nous avons rempli vous avez rempli ils ont rempli	je remplissais tu remplissais il remplissait nous remplissions vous remplissiez ils remplissaient	je remplirais tu remplirais il remplirait nous remplirions vous rempliriez ils rempliraient	je remplirai tu rempliras il remplira nous remplirons vous remplirez ils rempliront	(que) je remplisse tu remplisses il remplisse nous remplissions vous remplissiez ils remplissent	remplis remplissons remplissez

Vendre *to sell* *Past participle:* vendu *Present participle:* vendant

je vends	j'ai vendu	je vendais	je vendrais	je vendrai	(que) je vende	
tu vends	tu as vendu	tu vendais	tu vendrais	tu vendras	tu vendes	vends
il/elle vend	il a vendu	il vendait	il vendrait	il vendra	il vende	
nous vendons	nous avons vendu	nous vendions	nous vendrions	nous vendrons	nous vendions	vendons
vous vendez	vous avez vendu	vous vendiez	vous vendriez	vous vendrez	vous vendiez	vendez
ils/elles vendent	ils ont vendu	ils vendaient	ils vendraient	ils vendront	ils vendent	

Se lever *to get up* *Past participle:* levé *Present participle:* levant
Note that there is an accent on the first **e** of **lever** when the following syllable sounds /ə/ (neutral sound), e.g. je me lève, je me lèverai

je me lève	je me suis levé(e)	je me levais	je me lèverais	je me lèverai	(que) je me lève	
tu te lèves	tu t'es levé(e)	tu te levais	tu te lèverais	tu te lèveras	tu te lèves	lève-toi
il/elle se lève	il(elle) s'est levé(e)	il se levait	il se lèverait	il se lèvera	il se lève	
nous nous levons	nous nous sommes levés(es)	nous nous levions	nous nous lèverions	nous nous lèverons	nous nous levions	levons-nous
vous vous levez	vous vous êtes levé(s)(es)(e)	vous vous leviez	vous vous lèveriez	vous vous lèverez	vous vous leviez	levez-vous
ils/elles se lèvent	ils se sont levés	ils se levaient	ils se lèveraient	ils se lèveront	ils se lèvent	
	elles se sont levées					

2. *Twenty-six irregular verbs*

PRÉSENT de l'indicatif *Present indicative*	PASSÉ COMPOSÉ *Perfect*	IMPARFAIT *Imperfect*	CONDITIONNEL *Conditional*	FUTUR *Future*	Présent du SUBJONCTIF *Present subjunctive*	IMPÉRATIF *Imperative*

Aller *to go* Past participle: allé *Present participle*: allant

PRÉSENT de l'indicatif	PASSÉ COMPOSÉ	IMPARFAIT	CONDITIONNEL	FUTUR	Présent du SUBJONCTIF	IMPÉRATIF
je vais	suis allé(e)	allais	irais	irai	aille	
tu vas	es allé(e)	allais	irais	iras	ailles	va
il/elle va	est allé(e)	allait	irait	ira	aille	
nous allons	sommes allés(e)	allions	irions	irons	allions	allons
vous allez	êtes allé(e)(s) (es)	alliez	iriez	irez	alliez	allez
ils/elles vont	sont allés(es)	allaient	iraient	iront	aillent	

S'asseoir *to sit* assis — asseyant

PRÉSENT de l'indicatif	PASSÉ COMPOSÉ	IMPARFAIT	CONDITIONNEL	FUTUR	Présent du SUBJONCTIF	IMPÉRATIF
je m'assieds	me suis assis(e)	m'asseyais	m'assiérais	m'assiérai	m'asseye	
tu t'assieds	t'es assis(e)	t'asseyais	t'assiérais	t'assiéras	t'asseyes	assieds-toi
il/elle s'assied	s'est assis(e)	s'asseyait	s'assiérait	s'assiéra	s'asseye	
nous nous asseyons	nous sommes assis(es)	nous asseyions	nous assiérions	nous assiérons	nous asseyions	asseyons-nous
vous vous asseyez	vous êtes assis (e) (es)	vous asseyiez	vous assiériez	vous assiérez	vous asseyiez	asseyez-vous
ils/elles s'asseyent	se sont assis(es)	s'asseyaient	s'assiéraient	s'assiéront	s'asseyent	

Avoir *to have*: eu — ayant

j'ai	ai eu	avais	aurais	aurai	aie	
tu as	as eu	avais	aurais	auras	aies	aie
il/elle a	a eu	avait	aurait	aura	ait	
nous avons	avons eu	avions	aurions	aurons	ayons	ayons
vous avez	avez eu	aviez	auriez	aurez	ayez	ayez
ils/elles ont	ont eu	avaient	auraient	auront	aient	

Boire *to drink*: bu — buvant

je bois	ai bu	buvais	boirais	boirai	boive	
tu bois	as bu	buvais	boirais	boiras	boives	bois
il/elle boit	a bu	buvait	boirait	boira	boive	
nous buvons	avons bu	buvions	boirions	boirons	buvions	buvons
vous buvez	avez bu	buviez	boiriez	boirez	buviez	buvez
ils/elles boivent	ont bu	buvaient	boiraient	boiront	boivent	

Commencer *to begin*: commencé — commençant (ç is necessary to keep the sound /s/ before **a**, **o** or **u**)

je commence	ai commencé	commençais	commencerais	commencerai	commence	
tu commences	as commencé	commençais	commencerais	commenceras	commences	commence
il/elle commence	a commencé	commençait	commencerait	commencera	commence	
nous commençons	avons commencé	commencions	commencerions	commencerons	commencions	commençons
vous commencez	avez commencé	commenciez	commenceriez	commencerez	commenciez	commencez
ils/elles commencent	ont commencé	commençaient	commenceraient	commenceront	commencent	

Present indicative	Perfect	Imperfect	Conditional	Future	Present subjunctive	Imperative

Conduire *to drive*: conduit — conduisant

Present indicative	Perfect	Imperfect	Conditional	Future	Present subjunctive	Imperative
je conduis	ai conduit	conduisais	conduirais	conduirai	conduise	
tu conduis	as conduit	conduisais	conduirais	conduiras	conduises	conduis
il/elle conduit	a conduit	conduisait	conduirait	conduira	conduise	
nous conduisons	avons conduit	conduisions	consurions	conduirons	conduisions	conduisons
vous conduisez	avez conduit	conduisiez	conduiriez	conduirez	conduisiez	conduisez
ils/elles conduisent	ont conduit	conduisaient	conduiraient	conduiront	conduisent	

Connaître *to know*: connu — connaissant

Present indicative	Perfect	Imperfect	Conditional	Future	Present subjunctive	Imperative
je connais	ai connu	connaissais	connaîtrais	connaîtrai	connaisse	
tu connais	as connu	connaissais	connaîtrais	connaîtras	connaisses	connais
il/elle connaît	a connu	connaissait	connaîtrait	connaîtra	connaisse	
nous connaissons	avons connu	connaissions	connaîtrions	connaîtrons	connaissions	connaissons
vous connaissez	avez connu	connaissiez	connaîtriez	connaîtrez	connaissiez	connaissez
ils/elles connaissent	ont connu	connaissaient	connaîtraient	connaîtront	connaissent	

Croire *to believe*: cru — croyant

Present indicative	Perfect	Imperfect	Conditional	Future	Present subjunctive	Imperative
je crois	ai cru	croyais	croirais	croirai	croie	
tu crois	as cru	croyais	croirais	croiras	croies	crois
il/elle croit	a cru	croyait	croirait	croira	croie	
nous croyons	avons cru	croyions	croirions	croirons	croyions	croyons
vous croyez	avez cru	croyiez	croiriez	croirez	croyiez	croyez
ils/elles croient	ont cru	croyaient	croiraient	croiront	croient	

Devoir *to have to (I must)*: dû — devant

je dois	ai dû	devais	devrais	devrai	doive	
tu dois	as dû	devais	devrais	devras	doives	
il/elle doit	a dû	devait	devrait	devra	doive	dois
nous devons	avons dû	devions	devrions	devrons	devions	devons
vous devez	avez dû	deviez	devriez	devrez	deviez	devez
ils/elles doivent	ont dû	devaient	devraient	devront	doivent	

Dire *to say*: dit — disant

je dis	ai dit	disais	dirais	dirai	dise	
tu dis	as dit	disais	dirais	diras	dises	dis
il/elle dit	a dit	disait	dirait	dira	dise	
nous disons	avons dit	disions	dirions	dirons	disions	disons
vous dites	avez dit	disiez	diriez	direz	disiez	dites
ils/elles disent	ont dit	disaient	diraient	diront	disent	

Entendre *to hear*: entendu — entendant

j'entends	ai entendu	entendais	entendrais	entendrai	entende	
tu entends	as entendu	entendais	entendrais	entendras	entendes	entends
il/elle entend	a entendu	entendait	entendrait	entendra	entende	
nous entendons	avons entendu	entendions	entendrions	entendrons	entendions	entendons
vous entendez	avez entendu	entendiez	entendriez	entendrez	entendiez	entendez
ils/elles entendent	ont entendu	entendaient	entendraient	entendront	entendent	

Present indicative	Perfect	Imperfect	Conditional	Future	Present subjunctive	Imperative

Envoyer *to send*: envoyé — envoyant

Present indicative	Perfect	Imperfect	Conditional	Future	Present subjunctive	Imperative
j'envoie	ai envoyé	envoyais	enverrais	enverrai	envoie	
tu envoies	as envoyé	envoyais	enverrais	enverras	envoies	envoie
il/elle envoie	a envoyé	envoyait	enverrait	enverra	envoie	
nous envoyons	avons envoyé	envoyions	enverrions	enverrons	envoyions	envoyons
vous envoyez	avez envoyé	envoyiez	enverriez	enverrez	envoyiez	envoyez
ils/elles envoient	ont envoyé	envoyaient	enverraient	enverront	envoient	

Être *to be*: été — étant

Present indicative	Perfect	Imperfect	Conditional	Future	Present subjunctive	Imperative
je suis	ai été	étais	serais	serai	sois	
tu es	as été	étais	serais	seras	sois	sois
il/elle est	a été	était	serait	sera	soit	
nous sommes	avons été	étions	serions	serons	soyons	soyons
vous êtes	avez été	étiez	seriez	serez	soyez	soyez
ils/elles sont	ont été	étaient	seraient	seront	soient	

Faire *to do, to make*: fait — faisant

Present indicative	Perfect	Imperfect	Conditional	Future	Present subjunctive	Imperative
je fais	ai fait	faisais	ferais	ferai	fasse	
tu fais	as fait	faisais	ferais	feras	fasses	fais
il/elle fait	a fait	faisait	ferait	fera	fasse	
nous faisons	avons fait	faisions	ferions	ferons	fassions	faisons
vous faites	avez fait	faisiez	feriez	ferez	fassiez	faites
ils/elles font	ont fait	faisaient	feraient	feront	fassent	

Falloir *to be necessary (impersonal only)* *Past participle:* fallu *No present participle*

					(qu')il faille	
il faut	il a fallu	il fallait	il faudrait	il faudra		

Manger *to eat*: mangé — mangeant (**e** is added after the **g** in order to keep the sound /ʒ/ before **a**, **o** and **u**)

je mange	ai mangé	mangeais	mangerais	mangerai	mange	
tu manges	as mangé	mangeais	mangerais	mangeras	manges	mange
il/elle mange	a mangé	mangeait	mangerait	mangera	mange	
nous mangeons	avons mangé	mangions	mangerions	mangerons	mangions	mangeons
vous mangez	avez mangé	mangiez	mangeriez	mangerez	mangiez	mangez
ils/elles mangent	ont mangé	mangeaient	mangeraient	mangeront	mangent	

Mettre *to put*: mis — mettant

je mets	ai mis	mettais	mettrais	mettrai	mette	
tu mets	as mis	mettais	mettrais	mettras	mettes	mets
il/elle met	a mis	mettait	mettrait	mettra	mette	
nous mettons	avons mis	mettions	mettrions	mettrons	mettions	mettons
vous mettez	avez mis	mettiez	mettriez	mettrez	mettiez	mettez
ils/elles mettent	ont mis	mettaient	mettraient	mettront	mettent	

Present indicative	Perfect	Imperfect	Conditional	Future	Present subjunctive	Imperative

Ouvrir *to open*: ouvert — ouvrant

Present indicative	Perfect	Imperfect	Conditional	Future	Present subjunctive	Imperative
j'ouvre	ai ouvert	ouvrais	ouvrirais	ouvrirai	ouvre	
tu ouvres	as ouvert	ouvrais	ouvrirais	ouvriras	ouvres	ouvre
il/elle ouvre	a ouvert	ouvrait	ouvrirait	ouvrira	ouvre	
nous ouvrons	avons ouvert	ouvrions	ouvririons	ouvrirons	ouvrions	ouvrons
vous ouvrez	avez ouvert	ouvriez	ouvririez	ouvrirez	ouvriez	ouvrez
ils/elles ouvrent	ont ouvert	ouvraient	ouvriraient	ouvriront	ouvrent	

Pleuvoir *to rain (impersonal only)*: plu — pleuvant

Present indicative	Perfect	Imperfect	Conditional	Future	Present subjunctive	Imperative
il pleut	il a plu	il pleuvait	il pleuvrait	il pleuvra	(qu')il pleuve	

Pouvoir *to be able to (I can)*: pu — pouvant

Present indicative	Perfect	Imperfect	Conditional	Future	Present subjunctive	Imperative
je peux	ai pu	pouvais	pourrais	pourrai	puisse	
tu peux	as pu	pouvais	pourrais	pourras	puisses	
il/elle peut	a pu	pouvait	pourrait	pourra	puisse	
nous pouvons	avons pu	pouvions	pourrions	pourrons	puissions	
vous pouvez	avez pu	pouviez	pourriez	pourrez	puissiez	
ils/elles peuvent	ont pu	pouvaient	pourraient	pourront	puissent	

Prendre *to take*: pris — prenant

je prends	ai pris	prenais	prendrais	prendrai	prenne	prends
tu prends	as pris	prenais	prendrais	prendras	prennes	
il/elle prend	a pris	prenait	prendrait	prendra	prenne	
nous prenons	avons pris	prenions	prendrions	prendrons	prenions	prenons
vous prenez	avez pris	preniez	prendriez	prendrez	preniez	prenez
ils/elles prennent	ont pris	prenaient	prendraient	prendront	prennent	

Savoir *to know*: su — sachant

je sais	ai su	savais	saurais	saurai	sache	sache
tu sais	as su	savais	saurais	sauras	saches	
il/elle sait	a su	savait	saurait	saura	sache	
nous savons	avons su	savions	saurions	saurons	sachions	sachons
vous savez	avez su	saviez	sauriez	saurez	sachiez	sachez
ils/elles savent	ont su	savaient	sauraient	sauront	sachent	

Sortir *to go out*: sorti — sortant

je sors	suis sorti(e)	sortais	sortirais	sortirai	sorte	sors
tu sors	es sorti(e)	sortais	sortirais	sortiras	sortes	
il/elle sort	est sorti(e)	sortait	sortirait	sortira	sorte	
nous sortons	sommes sortis(es)	sortions	sortirions	sortirons	sortions	sortons
vous sortez	êtes sorti(e)(s) (es)	sortiez	sortiriez	sortirez	sortiez	sortez
ils/elles sortent	sont sortis(es)	sortaient	sortiraient	sortiront	sortent	

Present indicative	Perfect	Imperfect	Conditional	Future	Present subjunctive	Imperative

Venir *to come*: venu — venant

Present indicative	Perfect	Imperfect	Conditional	Future	Present subjunctive	Imperative
je viens	suis venu(e)	venais	viendrais	viendrai	vienne	
tu viens	es venu(e)	venais	viendrais	viendras	viennes	viens
il/elle vient	est venu(e)	venait	viendrait	viendra	vienne	
nous venons	sommes venus(es)	venions	viendrions	viendrons	venions	venons
vous venez	êtes venu(e)(s) (es)	veniez	viendriez	viendrez	veniez	venez
ils/elles viennent	sont venus(es)	venaient	viendraient	viendront	viennent	

Voir *to see*: vu — voyant

Present indicative	Perfect	Imperfect	Conditional	Future	Present subjunctive	Imperative
je vois	ai vu	voyais	verrais	verrai	voie	
tu vois	as vu	voyais	verrais	verras	voies	voie
il/elle voit	a vu	voyait	verrait	verra	voie	
nous voyons	avons vu	voyions	verrions	verrons	voyions	voyons
vous voyez	avez vu	voyiez	verriez	verrez	voyiez	voyez
ils/elles voient	ont vu	voyaient	verraient	verront	voient	

Vouloir *to want*: voulu — voulant

Present indicative	Perfect	Imperfect	Conditional	Future	Present subjunctive	Imperative
je veux	ai voulu	voulais	voudrais	voudrai	veuille	
tu veux	as voulu	voulais	voudrais	voudras	veuilles	veuille
il/elle veut	a voulu	voulait	voudrait	voudra	veuille	
nous voulons	avons voulu	voulions	voudrions	voudrons	voulions	veuillons
vous voulez	avez voulu	vouliez	voudriez	voudrez	vouliez	veuillez
ils/elles veulent	ont voulu	voulaient	voudraient	voudront	veuillent	

Key to the Exercises

PRATIQUE 1.1

1 Non, je ne suis pas Français. (Je suis Belge.)
2 Oui, je suis Français.
3 Si, je parle français.
4 Oui, je comprends l'espagnol.
5 Non, je ne suis pas Anglaise. (Je suis Écossaise.)
6 Non, je ne suis pas Anglaise. (Je suis Française.)
7 Si, je suis Chinoise.
8 Oui, je parle français.
9 Oui, je comprends l'anglais.
10 Non, je ne suis pas Espagnol. (Je suis Français.)

PRATIQUE 1.2

(HD: Hélène Dupont, KD: Karen Davies)
The order of lines is as follows:
HD 5, KD 7, HD 4, KD 1, HD 3, KD 6, HD 2.

PRATIQUE 1.3

(a) 25 = vingt-cinq
(b) 64 = soixante-quatre
(c) 38 = trente-huit
(d) 29 = vingt-neuf
(e) 59 = cinquante-neuf
(f) 42 = quarante-deux
(g) 53 = cinquante-trois
(h) 47 = quarante-sept
(i) 36 = trente-six
(j) 62 = soixante-deux

PRATIQUE 1.4

B. Fleury: Je me présente, Fleury Brigitte. J'ai vingt ans. Je suis Belge. Je suis étudiante. J'habite Bruxelles.

A. Legrand: Je me présente, Legrand Alain. J'ai trente-huit ans. Je suis employé des postes. J'habite Paris.

B. Riley: Je me présente, Riley Bruce. J'ai cinquante-et-un ans. Je suis Australien. Je suis dentiste. J'habite Sidney.

G. Jones: Je me présente, Jones Gareth. J'ai vingt-cinq ans. Je suis Gallois. Je suis joueur de rugby. J'habite Swansea.

Y. Petit: Je me présente, Petit Yvonne. J'ai quarante-trois ans. Je suis Française. Je suis professeur de français. J'habite Marseille.

PRATIQUE 1.5

1 The name ('L'hôtel des Anglais') suggests that this particular hotel is frequently used by English tourists. (This is not an unusual name for a hotel especially in the area near 'la gare du Nord' in Paris, the station for trains arriving from Boulogne or Calais. 'Café des Anglais' is also quite common. Nice has a famous sea-front

avenue called 'Promenade des Anglais' because of its popularity with English tourists at the turn of the century.
2 The tourist is English.
3 She reserved a room by telephoning from London.
4 The number was 58.
5 On the 6th floor. (**étage** '*floor*')
6 Her room is on the first floor.
7 From London.
8 There are two Mrs Smiths at the hotel.
9 Her room number is 12.
10 It's a small room. (**petit** *small*)

PRATIQUE 2.2

1 Vrai, 2 faux, 3 faux, 4 vrai, 5 vrai, 6 faux.

PRATIQUE 2.3

1 (*e*), 2 (*d*), 3 (*a*), 4 (*b*), 5 (*c*).

PRATIQUE 2.4

1	139	2	396	3	77
4	66	5	259	6	88
7	494	8	106		

PRATIQUE 2.5

1 The camper is looking for the bakery.
2 It is 500 metres from the campsite.
3 Near the camp-site, before the traffic lights.
4 To the hypermarket.
5 Approximately one kilometre from the station, just before the hypermarket.

PRATIQUE 2.6

1 — Le musée, s'il vous plaît?
  — Allez jusqu'au feu rouge et puis tournez à gauche.
2 — La banque, s'il vous plaît?
  — Allez jusqu'au syndicat d'initiative et puis tournez à gauche.
3 — Le port, s'il vous plaît?
  — Allez jusqu'à l'école et puis tournez à droite.
4 — La boucherie, s'il vous plaît?
  — Allez jusqu'à la poste et puis tournez à gauche.
5 — L'hôpital, s'il vous plaît?
  — Allez jusqu'à la gare et puis tournez à droite.
6 — Le restaurant, s'il vous plaît?
  — Allez jusqu'au cinéma et puis tournez à droite.

PRATIQUE 2.7

1 The Town Hall.
2 The Town Hall.
3 On the left, near the cinema.
4 On the right.
5 The chemist's and the tobacconist's.

PRATIQUE 2.8

1 C'est le cinéma.
2 C'est le musée.
3 C'est le syndicat d'initiative.
4 C'est le bureau de tabac.
5 C'est le supermarché.
6 C'est la boucherie.

PRATIQUE 2.9

1 Rue de la Mairie/de la poste
2 Place du Général de Gaulle/du cinéma
3 Avenue des États-Unis/des Alliés
4 Rue du cinéma/du Général de Gaulle
5 Boulevard des États-Unis/des Alliés
6 Place de la Mairie/de la poste

PRATIQUE 3.1

1 Vrai, 2 faux, 3 faux, 4 faux,
5 vrai, 6 faux, 7 faux, 8 faux.

PRATIQUE 3.2

1 La gare Montparnasse.
2 At one o'clock at the latest.
3 7.11 a.m.
4 12.55.
5 A business lunch at the station hotel.
6 At the station hotel.
7 By train (he asks for a return ticket).
8 Because the train leaves Paris early enough for him to get to Quimper for his appointment.

PRATIQUE 3.3

1 (*d*), 2 (*e*), 3 (*f*), 4 (*h*),
5 (*i*), 6 (*j*), 7 (*c*), 8 (*a*),
9 (*g*), 10 (*b*).

PRATIQUE 3.4

1 (*c*), 2 (*e*), 3 (*f*), 4 (*a*), 5 (*b*),
6 (*d*).

PRATIQUE 3.5

Voyageur Il faut combien de temps pour aller de Paris à Rennes?

Employé Il faut environ trois ou quatre heures.

Voyageur Je voudrais être à Rennes vers dix heures demain soir. A quelle heure est-ce que je dois partir?

Employé Il y a un train qui part de Paris à dix-neuf heures six et qui arrive à vingt-deux heures huit.

PRATIQUE 3.6

1 Pour le Pays Basque, il faut prendre le train à la gare d'Austerlitz.
2 Pour la Bretagne, il faut prendre le train à la gare Montparnasse.
3 Pour la Côte d'Azur, il faut prendre le train à la gare de Lyon.
4 Pour la Belgique, il faut prendre le train à la gare du Nord.
5 Pour la Normandie, il faut prendre le train à la gare St-Lazare.
6 Pour les Pyrénées, il faut prendre le train à la gare d'Austerlitz.
7 Pour la Suisse, il faut prendre le train à la gare de Lyon.
8 Pour le Val de Loire, il faut prendre le train à la gare d'Austerlitz.

PRATIQUE 3.7

1 (*b*), 2 (*a*), 3 (*d*), 4 (*b*), 5 (*d*).

PRATIQUE 3.8

1 For London–Paris, use the right-hand column.
2 For more information on London–Paris, look at page 6 (note *F*).
3 Note *E* mentions that before 25 October, departures from London are one hour later, therefore you need to leave at 10.00 a.m.
4 Note *G* (b) indicates that there is a train to Calais–Maritime. The only train available leaves Paris at 12.10 (the crossed knife and fork sign indicates a restaurant car).
5 This particular service is cancelled on Christmas day.

6 The wavy vertical line indicates that this particular train does not run every day, therefore you would need to check whether or not it is running before planning your journey.
7 The TEE is always accompanied by the sign (**B**), which means that it runs every day except on Saturdays, Sundays and public holidays.

PRATIQUE 4.1

1 It is Pierre's turn.
2 She thought it was Omar's turn.
3 She has to do the shopping.
4 Two (Hélène and Bernard).
5 Pierre.
6 In order to write the shopping list.

PRATIQUE 4.2

1 Faux, 2 vrai, 3 vrai, 4 faux,
5 vrai, 6 faux, 7 vrai, 8 vrai,
9 faux, 10 vrai.

PRATIQUE 4.3

1 **André**   Ça c'est mon couteau!
  Sylvie   Non, ce n'est pas ton couteau, c'est le mien!
2 **André**   Ça c'est ma serviette!
  Sylvie   Non, ce n'est pas ta serviette, c'est la mienne!
3 **André**   Ça c'est mon verre!
  Sylvie   Non, ce n'est pas ton verre, c'est le mien!
4 **André**   Ça ce sont mes assiettes!
  Sylvie   Non, ce ne sont pas tes assiettes, ce sont les miennes!

5 **André**   Ça c'est ma cuillère!
  Sylvie   Non, ce n'est pas ta cuillère, c'est la mienne!

PRATIQUE 4.4

1 (*b*), 2 (*a*), 3 (*d*), 4 (*a*), 5 (*a*),
6 (*d*), 7 (*a*), 8 (*d*).

PRATIQUE 4.5

1 (*e*) (iii),   2 (*j*) (iv),   3 (*g*) (i),
4 (*b*) (vi),   5 (*c*) (ix),   6 (*h*) (v),
7 (*d*) (vii),   8 (*i*) (ii),   9 (*a*) (x),
10 (*f*) (viii).

PRATIQUE 4.6

1 Four litres (2 litres for 4 persons).
2 It takes less than 10 minutes to prepare.
3 Cleaning the mussels.
4 Two spoonfuls (deux cuillères).
5 Five minutes.
6 Adding extra salt (the mussels are already salted since they are full of sea water).

PRATIQUE 4.7

1 recette, moins
2 sel, beaucoup, poivre
3 besoin, oignon
4 délicieux, chaud.

PRATIQUE 5.1

1 Faux, 2 vrai, 3 vrai, 4 vrai,
5 faux, 6 faux, 7 faux, 8 vrai.

PRATIQUE 5.2

1 (Elles s'appellent) Anne-Marie et Sophie.
2 (Elle est) Anglaise.
3 L'amie anglaise d'Anne-Marie.
4 Dans le journal local.

5 Tous les jours de 9h à midi et demi, sauf le dimanche.

PRATIQUE 5.3

1 (*h*), 2 (*d*), 3 (*b*), 4 (*a*), 5 (*c*), 6 (*i*), 7 (*f*), 8 (*e*).

PRATIQUE 5.4

1 **Mme Legrand** Non, je ne vois rien.
2 **M. Legrand** Tu cherches quelque chose?
3 **Mme Legrand** Non, je n'attends personne.
4 **M. Legrand** Tu entends quelqu'un?
5 **Mme Legrand** Non, je ne trouve rien.

PRATIQUE 5.5

1 Thursday 28 August.
2 Monday 1 October.
3 Saturday 5 January.
4 Tuesday 10 April.
5 Friday 13 July.
6 Wednesday 2 February.

PRATIQUE 5.6

1 (*b*), 2 (*c*), 3 (*c*), 4 (*a*), 5 (*d*), 6 (*c*), 7 (*b*), 8 (*d*).

PRATIQUE 5.7

1 Chez elle,	6 chez eux,
2 chez elles,	7 chez vous,
3 chez toi,	8 chez eux,
4 chez moi,	9 chez lui,
5 chez nous,	10 chez soi.

PRATIQUE 5.8

1 Ad. D28
2 Ad. D20
3 The bathroom.

4 Ad. D15 would do, but the price is 100 francs too high.
5 He is a teacher.
6 The person's address can be obtained from the newspaper office.
7 There is a view of a garden.
8 Ad. D20.

PRATIQUE 5.9

1 appartement, trois,
2 ville, téléphoner, repas,
3 louer, maison,
4 pour, soir.

PRATIQUE 5.10

> CHERCHE A LOUER
> (APPARTEMENT MEUBLÉ)
> REZ-DE-CHAUSSÉE
> CENTRE VILLE
> UNE CHAMBRE, CUISINE,
> SALLE DE BAIN, W.C.
> CHAUFFAGE CENTRAL
> PRENDRE ADRESSE AU
> JOURNAL

PRATIQUE 6.1

1 Faux, 2 vrai, 3 faux,
4 vrai, 5 faux, 6 vrai.

PRATIQUE 6.2

1 Elle s'appelle Florence.
2 Dans le journal.
3 Elles pourraient aller au théâtre.
4 Ce soir.

PRATIQUE 6.3

1 Florence is keen to go out.
2 Because they can't find any interesting film.
3 She criticises it.
4 In the entertainments page of the newspaper.

PRATIQUE 6.4

1 (*f*), 2 (*c*), 3 (*g*), 4 (*e*),
5 (*a*), 6 (*i*), 7 (*h*), 8 (*d*),
9 (*b*), 10 (*j*).

PRATIQUE 6.5

1 (*j*), 2 (*h*), 3 (*k*), 4 (*f*),
5 (*l*), 6 (*i*), 7 (*a*), 8 (*c*),
9 (*e*), 10 (*b*), 11 (*g*), 12 (*d*).

Grammatically other solutions also
apply: 2 (*f*), 1 (*c*), (*g*), 4 (*l*), 7 (*k*),
8 (*j*), 9 (*l*), (*h*), (*f*), (*b*).

PRATIQUE 6.6

1 (*b*), 2 (*b*), 3 (*d*), 4 (*c*),
5 (*a*), 6 (*c*), 7 (*c*), 8 (*b*).

PRATIQUE 6.7

1 (*g*), 2 (*d*), 3 (*a*), 4 (*b*),
5 (*f*), 6 (*h*), 7 (*c*), 8 (*e*).

PRATIQUE 6.8

Monsieur Dupont
Vous invite cordialement à déjeuner
avec lui en toute simplicité, dimanche 3 avril vers midi et demi. 21
Quai St-Cast 35 000 Rennes
(Mme Dupont would write: Vous
invite à déjeuner avec elle.)

PRATIQUE 6.9

1 (*d*), 2 (*n*), 3 (*j*), 4 (*i*),
5 (*t*), 6 (*f*), 7 (*q*), 8 (*k*),
9 (*p*), 10 (*b*), 11 (*l*), 12 (*c*),
13 (*o*), 14 (*s*), 15 (*a*), 16 (*e*),
17 (*r*), 18 (*h*), 19 (*m*), 20 (*g*).

PRATIQUE 6.10

1 *Death in Venice* or *Who's Afraid
of Virginia Woolf*, both in
English.

2 No, because it is an English film
shown in English (VO).

3 *Les Sept Samouraïs* would cause
a learner of French serious dif-
ficulties because it is a Japanese
film shown with French sub-
titles.

4 Montparnasse is one of the
main-line stations (for the West).

PRATIQUE 6.11

1 *Le Parrain*, américain, mafia,
2 science-fiction,
3 dessin animé, écrites,
4 rôle, chef,
5 sept, classique, japonais
6 l'histoire, femme, Richard
  Burton

PRATIQUE 6.12

1 cet, grand, 2 toutes, 3 ces,
4 ce, 5 tous, 6 tout,
7 tous, vieux, 8 cet, sérieux,
9 toutes, élégantes, 10 cet, cher,
11 cette, sportive, 12 toutes.

PRATIQUE 7.1

1 Faux, 2 vrai, 3 faux, 4 vrai,
5 faux, 6 vrai.

PRATIQUE 7.2

1 (Elle s'appelle) Mme Bergeron.
2 Parce que le réservoir d'essence
  de sa voiture est presque vide.
3 (Elle lui a donné) un pourboire.
4 Oui, (l'essence coûte très cher).
5 Parce qu'ils ne sont pas d'accord.
6 Ils seraient obligés de payer dav-
  antage les pompistes.

PRATIQUE 7.3

1 (*c*), 2 (*h*), 3 (*a*), 4 (*g*),
5 (*f*), 6 (*d*), 7 (*b*), 8 (*e*),
9 (*l*), 10 (*k*), 11 (*i*), 12 (*j*).

PRATIQUE 7.4

1 (*g*), 2 (*a*), 3 (*e*), 4 (*f*),
5 (*b*), 6 (*d*), 7 (*h*), 8 (*c*).

PRATIQUE 7.5

1 (*c*), 2 (*a*), 3 (*c*), 4 (*c*),
5 (*b*), 6 (*d*), 7 (*d*), 8 (*a*),
9 (*d*).

PRATIQUE 7.6

The missing words in order are: voiture, quand, aussi, rien, panne, batterie, matin, radiateur, route, pneu, échappement, pas, bonne, chaussures.

PRATIQUE 7.7

Josephine **est née** à Marseille. Elle **est venue** à Paris à l'âge de vingt ans. Elle **est allée** à la Tour Eiffel, elle **est arrivée** à la tour, elle y **est entrée**, elle **est montée** au troisième étage, elle **est restée** là-haut dix minutes et puis elle **est descendue**. Elle **est sortie**, elle **est partie**, elle **est allée** au bord de la Seine, malheureusement elle **est tombée** dans la Seine et elle **est morte**.

PRATIQUE 8.1

1 Vrai, 2 faux, 3 faux, 4 vrai,
5 faux, 6 faux.

PRATIQUE 8.2

1 Elle s'appelle Fabienne.
2 Les CRS roulaient derrière lui.
3 Il a arrêté sa voiture sur le bord de la route *or* Il l'a arrêtée sur le bord de la route. (Note the **e** at the end of **arrêtée** when the direct object is placed before the verb.)

4 Il n'a pas trouvé son permis de conduire.
5 Il doit les accompagner au poste de police.
   (Note the position of the pronoun.)
6 Il leur a montré sa carte grise.

PRATIQUE 8.3

1 Non, je faisais du soixante, Monsieur le juge.
2 Non, je ralentissais dans les virages, Monsieur le juge.
3 Non, je conduisais avec prudence, Monsieur le juge.

PRATIQUE 8.4

1 (*d*), 2 (*f*), 3 (*h*), 4 (*a*),
5 (*c*), 6 (*b*), 7 (*e*), 8 (*g*).

PRATIQUE 8.5

1 Fourteen.
2 No
3 Sixteen:
4 Yes
5 No
6 Yes
7 An identity card (or passport for foreigners).
8 A plate indicating your name and address.
9 A registration plate.
10 On a cycle lane.
11 Their insurance card and logbook.
12 Light colours with white reflecting elements and orange fluorescent elements.

PRATIQUE 8.6

1 (*c*), 2 (*a*), 3 (*b*), 4 (*a*),
5 (*c*), 6 (*c*), 7 (*a*).

PRATIQUE 8.7

1 Sleep on the beach and try and get a better tan than their neighbours.
2 L'Aveyron.
3 Weaving (**tissage**), pottery, drama and photography.
4 Craftsmen.
5 The ten half days for each course.
6 To get a better knowledge of the car, its functioning, driving, maintenance and repairs.
7 Montbazens.
8 Repair (after a breakdown).
Une panne *a breakdown*,
Dépanner *to repair a breakdown*

PRATIQUE 9.1

1 Vrai, 2 vrai, 3 vrai, 4 faux, 5 faux, 6 vrai.

PRATIQUE 9.2

1 André Letort a regardé la télé *or* André Letort l'a regardée.
2 Le président était à la télé.
3 Parce (qu'il pense) qu'il faut être au courant de ce qui se passe.
4 Non, ce sont toujours les mêmes.
5 Ceux qui ont un bon programme pour les travailleurs.
6 Ils voudraient cinq semaines de congés payés.

PRATIQUE 9.3

1 (*c*), 2 (*d*), 3 (*a*), 4 (*b*).

PRATIQUE 9.4

1 a; 2 d; 3 c; 4 b; 5 a; 6 d; 7 a; 8 a; 9 c; 10 a.

PRATIQUE 9.5

In the correct order: programme, deux, politiques, avril, porte-parole, sortant, gauche, des, impôts, travail.

PRATIQUE 9.6

1 They celebrated the 500 signatures which ensured Lalonde's candidacy.
2 They were sent directly to the **Conseil**.
3 Ecologists from Paris.
4 Les verts (*the greens*).
5 The facts mentioned in the article were at the time still unofficial. The use of the conditional tense in the title and throughout the article indicates this. (Examples: Les maires **auraient envoyé** leur signatures, Le total des parrainages obtenus **dépasserait** les 500 nécessaires.)

PRATIQUE 9.7

1 (*c*), 2 (*d*), 3 (*a*), 4 (*e*), 5 (*b*).

PRATIQUE 9.8

p. 150: Qu'est-ce qui **se passe**? (se passer *to happen*) This is an example of an impersonal form with **il**. Il **se passe** quelque chose *Something is happening.*

p. 153: Les Français **se passionnent** *French people get themselves passionately involved.*

p. 156: Le présentateur **s'appelle** *The presenter's name is . . . (Lit. The presenter calls himself).*

p. 157: Ils **se sont rendus** hier *Yesterday they went to . . .* (**Se rendre** literally implies 'to take oneself somewhere'.)

PRATIQUE 9.9

1 (*d*), 2 (*e*), 3 (*a*), 4 (*g*), 5 (*b*),
6 (*c*), 7 (*h*), 8 (*i*), 9 (*j*), 10 (*f*).

PRATIQUE 10.1

1 Faux, 2 faux, 3 vrai, 4 vrai,
5 vrai.

PRATIQUE 10.2

1 Au guichet du téléphone.
2 Le vingt-six.
3 A Sainte-Marie-du-Lac.
4 Comment ça va?
5 Non, c'est un village.

PRATIQUE 10.3

1 (*d*), 2 (*h*), 3 (*j*), 4 (*a*),
5 (*b*), 6 (*g*), 7 (*c*), 8 (*e*),
9 (*f*), 10 (*i*).

PRATIQUE 10.4

3 (*a*), 8 (*b*), 7 (*c*), 2 (*d*),
4 (*e*), 8 (*f*), 1 (*g*),
6 (*h*), 5 (*i*), 8 (*j*).

PRATIQUE 10.5

Missing words in the correct order:
dans, couleurs, pages, renseignements, comment, votre, aussi, aux,
vous, qui, au, numéros, administratifs, blanches, trouverez, alphabétique, abonnés, commerciales, du,
département.

PRATIQUE 10.6

> REGRETTE NE SERAI PAS
> GARE REIMS REUNION
> IMPORTANTE 7H30 PRENDS
> TAXI ANNIE

PRATIQUE 10.7

1 (*c*), 2 (*h*), 3 (*e*), 4 (*g*),
5 (*b*), 6 (*j*), 7 (*i*), 8 (*a*),
9 (*d*), 10 (*f*).

PRATIQUE 10.8

1 Faux, 2 vrai, 3 faux, 4 vrai,
5 faux, 6 faux.

PRATIQUE 10.9

1 (*c*), 2 (*a*), 3 (*b*), 4 (*e*),
5 (*f*), 6 (*d*).

PRATIQUE 10.10

1 (*a*) 2 (*b*), 3 (*a*), 4 (*d*),
5 (*b*), 6 (*d*).

PRATIQUE 10.11

1 Je téléphonerai.
2 Il rentrera.
3 Nous irons en Espagne.
4 Ils seront chez vous.
5 Nous reviendrons demain.
6 J'écrirai bientôt.

PRATIQUE 11.1

1 Vrai, 2 vrai, 3 vrai, 4 faux,
5 faux.

PRATIQUE 11.2

1 Non, au mois d'août.
2 C'est surtout mieux pour les
enfants.
3 Le Mistral et la Tramontane.
4 André n'aime pas les îles.
5 Non, ils veulent camper/faire du
camping
6 En Bretagne.

PRATIQUE 11.3

1 (*g*), 2 (*d*), 3 (*i*), 4 (*b*),
5 (*a*), 6 (*c*), 7 (*j*), 8 (*f*),
9 (*h*), 10 (*e*).

PRATIQUE 11.4

1 Tunis, 2 froid, 3 aussi,
4 Rome, 5 plus,
6 Copenhagen/Limoges,
7 aussi, 8 chaud.

PRATIQUE 11.5

For good or reasonable weather,
pick out: 2, 8, 9, and 10.

PRATIQUE 11.6

1 The Paris area, the Atlantic coast,
the northern and eastern area, but
the strongest winds are likely to
be in the south: 'Le mistral' and
'la tramontane' are extremely
strong winds.
2 In the afternoon.
3 Windy, cloudy and showery.
4 The northern and eastern areas
will have lower temperatures locally. The south will be colder.
5 In the north and east of France.
6 The weather could become
clearer.
7 Tomorrow (Tuesday).
8 In the south of France.

PRATIQUE 11.7

1 Une masse d'air froide et
pluvieuse **circulera** *A cold and
rainy mass of air will circulate.*
(circuler *to circulate*)
2 Le vent . . . **apportera** *The wind
will bring.* (apporter *to bring*)
3 Les températures . . . **seront** . . .
plus basses *The temperatures will
be lower.* (être *to be*).
4 Le ciel **se couvrira** . . . *The sky
will cloud over.* (couvrir *to cover*)
5 La masse d'air froid **gagnera**
. . . le sud *The mass of cold air
will reach the south.* (gagner *to
reach*)

6 Le temps **deviendra** plus variable
*The weather will become more
variable.* (devenir *to become*)

PRATIQUE 11.8

1 (*c*), 2 (*g*), 3 (*h*), 4 (*i*),
5 (*j*), 6 (*e*), 7 (*a*), 8 (*b*),
9 (*f*), 10 (*d*).

PRATIQUE 11.9

The letter to Mme Dubreuil can be
identical to the first letter; only a few
details must be changed.

Paris, le 26 avril 198–.
Madame Dubreuil
Le Cormoran
Route de la Poterie
Ars-en-Ré 17590

Chère Madame,
　　Je vous écris . . .

　En vous remerciant à l'avance,
je vous prie d'agréer, Madame,
l'expression de mes sentiments
distingués.

PRATIQUE 11.10

1 The child's surname and first
name, date of birth, address, vac-
cination certificate, the name of
the person responsible for the
child, social security number of
that person, profession and place
of work and telephone number.
2 No, 125 F has to be paid on top of
the registration fees.
3 Twice a week.
4 A medical certificate and 50 metre
swimming certificate.
5 Twice a week.

PRATIQUE 11.11

The missing words in the correct order are: Français, vacances, août, camping, ne, sportifs, différent, mer, voile, volleyball, passent, grandes, qui, alpinisme, populaire, mois, de, hiver.

PRATIQUE 12.1

1 Vrai, 2 faux, 3 faux, 4 faux,
5 vrai, 6 vrai.

PRATIQUE 12.2

1 Yvon Leboux.
2 Non, il ne (le) savait pas.
3 Non, c'est difficile.
4 Des journaux.
5 Parce qu'il lit les annonces pour trouver du travail.
6 Non, il va sur la côte.
7 Il a plus de cinquante ans.
8 A la rentrée.

PRATIQUE 12.3

1 (*f*), 2 (*d*), 3 (*h*), 4 (*i*),
5 (*g*), 6 (*a*), 7 (*c*), 8 (*b*),
9 (*e*).

PRATIQUE 12.4

1 Cela fait deux mois que (*It is two months that . . .*).
2 A quand le départ? (*When is the departure? When are you going?*).
3 J'ai été licencié il y a deux mois aujourd'hui (*I was dismissed two months ago today*).
4 Depuils la fin mai (*Since the end of May*).
5 Il y avait au moins deux ans que tout allait mal (*Everything had been going wrong for at least two years*).
6 On part dans une semaine (*We are going away in a week's time*).

PRATIQUE 12.5

1 Four years ago.
2 Since she was sixteen.
3 She worked in a shop for six months.
4 Three years.
5 Until 2 o'clock in the morning.
6 A week ago.
7 Go to Corsica.
8 Three weeks.

PRATIQUE 12.6

1
(*a*) Approximately one hundred.
(*b*) He is the General Secretary of the union of engineers, management and technicians in the CGT.
(*c*) He proposed that dismissal of management members over fifty should be stopped.
(*d*) To the Minister of Employment.
(*e*) All other unions.
2
(*a*) Prompt reopening of negotiations regarding civil servants' salaries.
(*b*) He was the Secretary of State for the civil service.
(*c*) A letter.
(*d*) A new salary agreement for the civil service.

PRATIQUE 12.7

1 (*c*), 2 (*b*), 3 (*d*), 4 (*b*),
5 (*a*), 6 (*a*).

PRATIQUE 12.8

1 1,2; 2 1; 3 1,2,3; 4 4;
5 1,3,4; 6 3; 7 2; 8 4; 9 1;
10 2,3,4; 11 1; 12 3;
13 3; 14 2; 15 1,2,3,4.

PRATIQUE 12.9

1 PI, 2 PS, 3 PS, 4 PI, 5 PS, 6 PS, 7 PI, 8 PS, 9 PI, 10 PI, 11 PS, 12 PS, 13 PS, 14 PI, 15 PI.

PRATIQUE 13.1

1 Faux, 2 faux, 3 vrai, 4 faux, 5 faux, 6 vrai.

PRATIQUE 13.2

1 Smith.
2 Karen.
3 Les Galeries Lafayette.
4 Non, elle a horreur de ça.
5 Le mot 'réseau.'
6 Mme Delage.

PRATIQUE 13.3

1 (d) (viii), 2 (f) (i), 3 (h) (vi), 4 (a) (vii), 5 (b) (iii), 6 (j) (v), 7 (e) (x), 8 (c) (ix), 9 (g) (ii), 10 (i) (iv).

PRATIQUE 13.4

1 Tickets are cheaper when they are bought in a book of ten.
2 No, on buses you can only buy the number of tickets required for a journey.
3 To use second class 'métro-autobus' tickets from a book of ten.
4 Around sixty.
5 A list is displayed in all under-ground stations.
6 You are entitled to travel on the bus, the métro, RER lines A and B, and the Montmartre funicular.
7 Twelve (two per working day).

PRATIQUE 13.5

1 Madeleine, 2 l'étranger, 3 courte durée, 4 Montmartre; billet de tourisme, 5 billets en carnet, 6 réduit, 7 8.

PRATIQUE 13.6

1 (d), 2 (a), 3 (a), 4 (c), 5 (d), 6 (b), 7 (c), 8 (d).

PRATIQUE 13.7

1 (c), 2 (e), 3 (a), 4 (g), 5 (j), 6 (i), 7 (d), 8 (f), 9 (h), 10 (b).

PRATIQUE 13.8

1 Sports clothes.
2 Because they are comfortable, not too expensive, easy to clean and colourful.
3 Hypermarkets, department stores, mail-order catalogues.
4 Finding out the best value for money.
5 A consumer-information maga-zine and a consumer association.
6 To find out which one was the best value for money, which one was the most hard-wearing.
7 White T-shirts.
8 Seven.
9 Between 20 F and 25 F.
10 *Quelle.*
11 In the spring, before the summer season.
12 The article says, 'Voici donc, avant la belle saison, une revue . . .' (*Here it is, before the 'good season', a review . . .*)

PRATIQUE 13.9

1 que, 2 qui, 3 qu', 4 qui, 5 qui, 6 que, 7 qui, 8 qu'.

PRATIQUE 14.1

1 Vrai, 2 faux, 3 faux, 4 faux, 5 faux, 6 vrai.

PRATIQUE 14.2

1 Il est Américain.
2 La semaine prochaine.
3 Il est étudiant.
4 Dans une station-service.
5 Pour se faire de l'argent de poche.
6 Non, il n'a pas beaucoup d'argent.
7 A Hélène.
8 Hélène.

PRATIQUE 14.3

1 (*d*), 2 (*e*), 3 (*j*), 4 (*l*), 5 (*n*), 6 (*i*), 7 (*c*), 8 (*f*), 9 (*h*), 10 (*o*), 11 (*g*), 12 (*m*), 13 (*k*), 14 (*a*), 15 (*b*).

PRATIQUE 14.4

1 Emmène-le au cinéma.
2 Repose-toi (*have a rest*), couche-toi (*go to bed*).
3 Donne-lui à manger.
4 Alors dépêchons-nous!
5 Mange-le, il est bon.

PRATIQUE 14.5

1 Les Ministères *or* Auberge Dab.
2 Chez Hansi.
3 La Tour d'Argent.
4 La Ménara.
5 Au Vieux Paris.

6 La Gentilhommière.
7 La Chope d'Alsace/Le Congrès.
8 Copenhague.
9 La Closerie des Lilas/Auberge de Riquewihr.
10 Les Ministères.

PRATIQUE 14.6

Missing words in the correct order: printemps, terrasse, sandwich, ou, amis, personnellement, préfère, saucisson, déguste, passer, déjeuner, rouge.

PRATIQUE 14.7

1 (*c*), 2 (*a*), 3 (*d*), 4 (*a*), 5 (*b*), 6 (*c*), 7 (*a*).

PRATIQUE 14.8

1 (*d*), 2 (*e*), 3 (*b*), 4 (*f*), 5 (*g*), 6 (*a*), 7 (*c*).

PRATIQUE 14.9

1 To capture impressions of today's youth in order to compare it with the youth of the past twenty years.
2 A month.
3 Moving around, working, dancing, kissing, getting bored, waiting in the corridors of employment agencies.
4 Nothing appears to have changed very much.
5 5 October.

French–English Vocabulary

The vocabulary list includes most of the words used in the units. However new words appearing in the newspaper articles and advertisements are only included where necessary for the general comprehension of the text, or where relevant to the subject matter of the unit. Meanings of words are mainly in accordance with the context in which they appear. The feminine of adjectives is given where irregular.

Abbreviations

f feminine
m masculine
pl. plural

qu. ch. quelque chose
s.o. someone
s.th. something

à *at, to*
à la *at the, to the*
abonné, e (m, f) *subscriber*
abonnement (m) *subscription*
s'abonner à *to subscribe to*
d'abord *at first*
abri (m) *shelter*
abriter *to shelter*
absolument *absolutely*
accélérateur (m) *accelerator*
accélérer *to accelerate*
accompagner *to accompany*
 (s.o.)
accomplir *to accomplish*
accord (m) *agreement*; d' — *OK*
accueil (m) *welcome*
accuser *to accuse*
achat (m) *purchase*
acheter *to buy*
acteur (m) *actor*
actrice (f) *actress*
admettre *to admit*
administration (f) *adminis-*
 tration

aérogare (f) *air terminal*
aéroglisseur (m) *hovercraft*
aéronautique (f) *aeronautics*
affaire (f) *business*
affreux *frightful*
afin de *in order to*
âge (m) *age*
agence (f) *agency*
agent (m) *policeman*
agir *to act*
s'agir de *to be a matter of*
agneau (m) *lamb*
agréable *pleasant*
aider *to help*
ail (m) *garlic*
ailleurs *elsewhere*
aimable *pleasant*
aimer *to like, to love*
aîné *elder, eldest*
ainsi *thus, so*
air (m) *appearance*
ajouter *to add*
alcool (m) *alcohol*
aliment (m) *food*

alimentation (f) *grocer's shop, feeding*
allemand *German*
aller *to go*
aller et venir *to come and go*
aller bien *to be all right*
allons-y *let's go*
s'en aller *to go away*
alors *then, well then*
alpinisme (m) *mountaineering*
ambiance (f) *atmosphere*
amener *to bring*
américain *American*
ameublement *furniture*
ami, e (m, f) *friend*
amical *friendly*
amour (m) *love*
amusant *amusing*
s'amuser *to enjoy oneself*
an (m) *year*
anglais, e *English*
animateur (m), animatrice (f) *leisure organiser*
année (f) *year*
anniversaire (m) *birthday*
annonce (f) *advertisement*
annuaire (m) *telephone directory*
annuel, -elle *annual, yearly*
août (m) *August*
apercevoir *to catch sight of*
s'apercevoir de *to notice*
apéritif (m) *aperitive, drink*
apparaître *to become evident, to appear*
appareil (photo) (m) *camera*
appartement (m) *flat*
appartenir *to belong*
appel (m) *a call*
appeler *to call*
s'appeler *to be called, named*
appellation contrôlée (f) *guaranteed vintage*
appétissant *appetizing*
appétit (m) *appetite*
apporter *to bring*
apprendre *to learn*

approcher *to bring s.th. near*
s'approcher *to come near, to approach*
appuyer sur *to press*
après *after*
après-demain *the day after tomorrow*
après-midi (m) *afternoon*
arbre (m) *tree*
argent (m) *silver, money*
arrêter *to stop (s.th. or s.o.)*
s'arrêter *to stop, to come to a standstill*
arrière-grand-mère (f) *great-grandmother*
arrivée (f) *arrival*
arriver *to arrive*
arrondissement (m) *town administrative area*
ascenseur (m) *lift*
aspirateur (m) *vacuum cleaner*
s'asseoir *to sit down*
assez *enough*
assiette (f) *plate*
assis *seated*
attendre *to wait for (s.th. or s.o.)*
attention! *look out!*
attraper *to catch*
attrayant *attractive*
au *at the, to the*
auberge (f) *inn*
au-dessous *below, underneath*
au-dessus *above*
augmenter *to increase, to rise*
aujourd'hui *today*
aussi *also*
autant *as much*
auto (f) *car*
autobus (m) *bus*
autocar (m) *coach*
auto-école (f) *school of motoring*
automne (m) *autumn*
autorail (m) *rail-car*
autoroute (f) *motorway*
autour *round, about*

autre *other*
autrefois *in the past*
autrement *otherwise*
aux *at the, to the*
avance (f) *advance;* à l' — *in advance*
s'avancer *to move forward*
avant *before*
avant-hier *the day before yesterday*
avec *with*
averse (f) *shower, downpour*
aveugle *blind*
avion (m) *plane*
avis (m) *opinion*
avocat, e (m, f) *barrister*
avoir *to have*
avril *April*

baguette (f) *French stick (long, thin loaf)*
se baigner *to take a bath*
bain (m) *bath*
baiser (m) *kiss*
balcon (m) *balcony*
balnéaire: station — *seaside resort*
banlieue (f) *suburbs*
banque (f) *bank*
bas, basse *low*
se baser sur qu. ch. *to take s.th. as a basis*
bateau (m) *boat*
bateau-mouche *river boat for tourists in Paris*
beau, belle *beautiful, good looking*
beaucoup *much, a great deal*
beaux-parents (m pl.) *parents-in-law*
bébé (m) *baby*
belle-fille (f) *daughter-in-law*
belle-mère (f) *mother-in-law*
belle-sœur (f) *sister-in-law*
besoin (m) *need*
beurre (m) *butter*

bibliothèque (f) *library*
bicyclette (f) *bicycle*
bien *well*
bientôt *soon*
bienvenu *welcome*
bifteck (m) *steak*
billet (m) *ticket*
billet simple *single ticket*
billet aller-et-retour *return ticket*
bizarre *peculiar, odd*
blanc, blanche *white*
blessé, e (m, f) *wounded person*
blesser *to hurt*
bleu *blue*
blouse (f) *blouse*
blouson (m) *bomber jacket*
bœuf (m) *ox, beef*
boire *to drink*
boisson (f) *drink*
boîte (f) *box*
bon, bonne *good, right*
bonheur (m) *happiness*
bonjour *good day*
bonsoir *good evening*
bord (m) *side*
botte (f) *boot*
Bottin *French telephone directory*
bouche (f) *mouth*
bouchon (m) *cork*
bouger *to move*
bouillant *boiling*
boulangerie (f) *baker's shop*
bout (m) *end*
bouteille (f) *bottle*
boutique (f) *shop*
bras (m) *arm*
bref, brève *brief*
Bretagne *Brittany*
bricoler *to do it yourself*
bricolage (m) *doing odd jobs*
brillant *shining*
briller *to shine*
se bronzer *to tan*
brosse (f) *brush*
brouillard (m) *fog*

bruit (m) *noise*
brume (f) *mist*
brun *brown*
brusquement *abruptly*
Bruxelles *Brussels*
bruyant *noisy*
bureau (m) *office*
but (m) *aim, goal*

ça (cela) *that*
ça va *it's all right*
cabine téléphonique (f) *phone box*
cabinet de toilette (m) *washroom*
les cabinets (m pl.) *toilets*
se cacher *to hide*
café (m) *coffee, café*
caisse (f)   *cash-desk*
calendrier (m) *calendar*
se calmer *to calm down*
camion (m) *lorry*
camionnette (f) *van*
camp (m) *camp-site*
campagne (f) *country-side,
   campaign*
camping (m) *camping*
canard (m) *duck*
candidat, e (m, f) *candidate*
capitale (f) *capital (town)*
car (m) *coach*
carotte (f) *carrot*
carrefour (m) *crossroads*
carrosserie (f) *body of a car*
carte (f) *map*
carte de visite (f) *visiting card*
carte d'identité (f) *identity card*
cas (m) *case, instance*
casque (m) *helmet*
cassé *broken*
casser *to break*
casserole (f) *saucepan*
cause (f) *cause, reason*
à cause de *owing to, because of*
cave (f) *cellar*
ce *it, that*
ce, cet, cette, ces *this, these*
ceinture de sécurité (f) *safety belt*

cela *that*
célébrer *to celebrate*
célibataire (m) *bachelor*
celui, celle *the one*
celles, ceux *those*
cendrier (m) *ashtray*
cent *hundred*
centaine (f) *a hundred or so*
centième *hundredth*
centre (m) *centre*
cèpe (m) *mushroom (boletus)*
cependant *nevertheless*
cerise (f) *cherry*
certain *certain, sure*
cesser *to stop*
c'est-à-dire *that is to say*
chacun, e *each one*
chaise (f) *chair*
chaleur (f) *heat*
chambre (f) *bedroom*
champ (m) *field*
champignon (m) *mushroom*
chance (f) *chance, likelihood, luck*
changer *to change*
chanson (f) *song*
chanteur, -euse (m, f) *singer*
chapeau (m) *hat*
chaque *each*
charcuterie (f) *pork butcher's shop*
chargé de *responsible for*
chat (m) *cat*
château (m) *castle*
chaud *hot*
chauffage central (m) *central heating*
chauve *bald*
chef (m) *chief, head*
chemin (m) *way, path*
chèque (m) *cheque*
cher, chère *dear*
chercher *to look for*
chéri, e *darling*
cheval (m), chevaux (m
   pl.) *horse(s)*
cheveux (m) *hair*
chez *at the house of*
chic *smart*

chien (m) *dog*
chiffre (m) *figure, number*
chimique *chemical*
chinois *Chinese*
choisir *to choose*
choix (m) *choice, selection*
chose (f) *thing*
chou (m) *cabbage*
chou-fleur (m) *cauliflower*
ci-dessous *below*
ci-dessus *above, above-mentioned*
ciel (m) *sky*
ci-joint *herewith*
cinéma (m) *cinema*
cinéaste (m, f) *film director*
cinq *five*
cinquantaine (f) *about fifty*
cinquante *fifty*
circuler *to circulate, to move about*
ciseaux (m, pl.) *scissors*
citoyen, ne (m, f) *citizen*
citron (m) *lemon*
citron pressé (m) *lemon juice*
classe (f) *class*; seconde — *second class*
classer *classify*
clé (f) *key*
client, e (m, f) *customer*
clignotant (m) *indicator*
climat (m) *climate*
cochon (m) *pig*
cœur (m) *heart*
se coiffer *to do one's hair*
coin (m) *corner*
col (m) *collar*
colis (m) *parcel*
collant (m) *pair of tights*
colle (f) *glue*
colloque (m) *conference, debate*
colonie de vacances (f) *children's holiday camp*
combien *how much, how many*
combiné (m) *(telephone) receiver*
commander *to order (a meal)*
comme *as, like*

commencer *to start*
comment *how*
commerçant, e (m, f) *shopkeeper*
commode *convenient*
communication (f) *call*
compagnie (f) *company, firm*
composé *compound*
comprendre *to understand*
compris *included*; service — *service included*
comptable (m, f) *accountant*
compter *to count*
concierge (m, f) *caretaker*
concours (m) *competition*
condition (f) *condition*
conditionnel (m) *conditional*
conducteur, -trice (m, f) *driver*
conduire *to drive*
confiance (f) *trust*
confiture (f) *jam*
confort (m) *comfort*
confus *confused*
congé (m) *holiday*; —s payés *annual paid holidays*
connaissance (f) *acquaintance, knowledge*
connaître *to know (s.th. or s.o.)*
conseil (m) *advice*
conseiller *to advise*
conserve (f) *preserve*; boîte de — *a tin*
consigne (f) *left-luggage office*
contacter *to contact*
contenir *to contain*
content *happy*
continuer *to carry on*
contraire *contrary*
contrat (m) *contract*
contre *against*
contrôleur, -euse (m, f) *ticket-collector*
convenir *to suit, to fit*
conversation (f) *conversation*
corps (m) *body*
correspondance (f) *correspondence, connection*

corridor (m) *corridor*
corriger *to correct*
Corse (f) *Corsica*
côte (f) *coast*
côté (m) *side*
à côté *next to*
cou (m) *neck*
couchage (m): sac de — *sleeping-bag*
se coucher *to go to bed*
couleur (f) *colour*
couloir (m) *corridor*
coup (m) *blow*
couper *to cut*
cour (f) *yard*
courant (m) *current*
courant *running*
courir *to run*
courrier (m) *mail*
cours (m) *course;* — de recyclage *retraining course*
courses (f pl.) *shopping*
court *short*
cousin, e (m, f) *cousin*
coût (m) *cost*
coûter *to cost*
couvert (m) *place setting (at table)*
créer *to create*
crème au chocolat *chocolate cream*
crise (f) *crisis*
croire *to believe, to think*
croissant (m) *crescent-shaped roll*
cru (m): grand — *great wine*
cruel, elle *cruel*
cuillère (f) *spoon*
cuir (m) *leather*
cuire *to cook*
cuisine (f) *cooking, kitchen*

dactylo (m, f) *typist*
dame (f) *lady*
dans *in*
date (f) *date*
de *of, from*

débarquer *to disembark*
débat (m) *debate*
déboucher *to uncork*
debout *standing*
début (m) *beginning*
décédé *dead*
décembre *December*
déçu *disappointed*
décider *to decide*
décrocher *to pick up (the phone)*
dedans *in*
défaire *to undo*
déguster *to taste, to appreciate*
dégustation (f) *tasting*
dehors *outside*
déjà *already*
déjeuner (m) *lunch;* petit — *breakfast*
délégué, e (m, f) *delegate*
demain *tomorrow*
demande (f) *request*
demander *to ask*
démarrer *to start (a car)*
déménager *to move house*
demi *half*
démocratique *democratic*
démodé *old-fashioned*
dent (f) *tooth*
dentifrice (m) *toothpaste*
dépanner *to do an emergency repair*
dépannage (m) *emergency repair*
départ (m) *departure*
département (m) *department*
dépasser *to overtake*
se dépêcher *to hurry up*
dépendre *to depend*
dépenser *to spend*
déplacer *to move*
déplacement (m) *journey*
depuis *since*
député (m, f) *member of parliament*
déranger *to disturb*
dernier, -ière *last*
derrière *behind*
des *some*

dès que *as soon as*
désagréable *unpleasant*
descendre *to go down, to get off*
désirer *to wish*
désolé *sorry*
désormais *from now on*
dessert (m) *dessert*
dessin (m) *drawing*
dessiner *to draw*
dessous *under*
dessus *above*
destinataire (m, f) *addressee*
détour (m) *deviation*
deux *two*
deuxième *second*
devant *in front of*
devenir *to become*
déviation (f) *diversion*
deviner *to guess*
devoir (m) *duty*
devoir *to have to (I should, ought)*
dictionnaire (m) *dictionary*
difficile *difficult*
dimanche (m) *Sunday*
diminuer *to diminish*
dîner (m) *dinner*
dîner *to have dinner*
diplôme (m) *diploma*
dire *to say, to tell*
direct *direct*
directeur, -trice (m, f) *director, head of firm*
direction (f) *direction*
se diriger *to go towards*
discours (m) *speech*
discuter *to discuss*
disparaître *to disappear*
dispute (f) *quarrel, dispute*
se disputer *to quarrel*
disque (m) *record, disc*
distingué *distinguished*
se distraire *to amuse oneself*
distribuer *to distribute*
divers *varied*
dix *ten*

dizaine (f) *ten or so*
docteur (m, f) *doctor*
doigt (m) *finger*
dommage: c'est — *it's a pity*
donc *therefore*
donner *to give*
dormir *to sleep*
dos (m) *back*
dossier (m) *file*
douane (f) *customs*
douanier (m) *customs officer*
doucement *gently*
douche (f) *shower*
douter *to doubt*
doux, douce *soft*
douzaine (f) *dozen*
douze *twelve*
drame (m) *drama*
drapeau (m) *flag*
droit (m) *right*
droit *right*; à —e *on the right*; tout — *straight on*
drôle *funny*
dû, due *due*
duel (m) *duel*
dur *hard, tough*
durant *during*
durer *to last*

eau (f) *water*
échanger *to exchange*
échantillon (m) *sample*
échelle (f) *ladder*
éclair (m) *lightning*
éclaircie (f) *clear sky, fine interval*
s'éclaircir *to become clear*
éclairé *lit*
école (f) *school*
économie (f) *economy, savings*
économiser *to economise*
écossais *Scot, Scottish*
écouter *to listen to*
écran (m) *screen*
écrire *to write*
effet: en — *as a matter of fact, indeed*

efficace *effective*

également *equally*

église (f) *church*

électeur, -trice (m, f) *voter*

électricien (m) *electrician*

élégance (f) *elegance*

élire *to elect*

elle *she, her*

elles *they, them*

elle-même *herself*

s'éloigner *to move off*

élu *elected*

embarquer *to embark*

embarrassant *embarrassing, cumbersome*

embouteillage (m) *traffic jam*

embrasser *to kiss*

emménager *to move in (a house)*

emmener *to take (s.o.) out, away*

empêcher *to prevent*

emploi (m) *employment*

employé, e (m, f) *employee*

employeur *employer*

emporter *to take (s.th.) away*

emprunt (m) *loan*

emprunter *to borrow*

en *in, to*

enchanté *delighted*

encore *again*

endormi *asleep*

s'endormir *to fall asleep*

endroit (m) *place, spot*

enfant (m, f) *child*

enfin *at last*

enfoncé *smashed*

ennui (m) *worry, boredom*

s'ennuyer *to get bored*

énorme *enormous*

enregistrer *to register, to record*

enseignement (m) *teaching*

enseignant, e (m, f) *teacher*

ensemble *together*

ensoleillé *sunny*

ensuite *then, next*

entendre *to hear*

s'entendre *to agree*

enterrement (m) *funeral*

entier, -ière *entire, whole*

entièrement *entirely*

entre *between*

entrecôte (f) *steak*

entrée (f) *entrance, entry*

entreprise (f) *firm*

entrer *to enter*

entretien (m) *interview, conversation*

entrevue (f) *interview*

enveloppe (f) *envelope*

envie: avoir — *to want, to fancy*

environ *about*

environs (m pl.) *sorroundings*

envoyer *to send*

épais, -aisse *thick*

épeler *to spell*

épicerie (f) *grocer's shop*

équipe (f) *team*

erreur (f) *mistake*

escalier (m) *staircase*

espagnol *Spanish*

espérer *to hope*

essai (m) *trial, testing*

essayer *to try*

essence (f) *petrol*

essuie-glace (m) *windscreen-wiper*

est *east*

et *and*

étage (m) *floor, storey*

États-Unis *United States*

été (m) *summer*

éteindre *to switch off*

étoile (f) *star*

étrange *strange*

étranger, -ère *foreigner*; à l' — *abroad*

être *to be*

étudiant, e (m, f) *student*

évident *obvious*

éviter *avoid*

exactement *exactly*

exagérer *to exaggerate*

s'excuser *to apologize*
exemple (m) *example*
explication (f) *explanation*
exposition (f) *exhibition*
extra *outstanding*

fabricant, e (m, f) *manufacturer*
fabriquer *to manufacture*
fâché *angry*
facile *easy*
façon (f) *manner, way*
facteur (m) *postman*
facture (f) *invoice, bill*
faillite (f) *bankruptcy*; faire —
   to go bankrupt
faim (f) *hunger*; avoir —
   to be hungry
faire *to make, to do*; — il fait
   chaud *it is hot*; il fait froid *it is
   cold* (weather); — la cuisine *to
   cook*; — la grève *to go on strike*; —
   le plein *to fill the petrol tank*; — la
   vaisselle *to do the washing up*
fait (m) *fact*; au — *by the way*; en —
   in fact
falloir *to be necessary*; il faut que *it is
   necessary that*
famille (f) *family*
farine (f) *flour*
fatigant *tiring*
fatigué *tired*
faute (f) *mistake*
faux, fausse *false*
féliciter *to congratulate*
féminin *feminine*
femme (f) *woman*
fenêtre (f) *window*
fer (m) *iron*
fermé *closed*
fermer *to close*
fermeture (f) *closing*
fête (f) *festival*
feu (m) *fire*; — rouge *red light*; —
   de circulation *traffic light*
février *February*
fiche (f) *form*

fille (f) *girl, daughter*
film (m) *film*
fils (m) *son*
fin (f) *end*
fin *fine, small, delicate*
fini *finished*
finir *to finish*
fleur (f) *flower*
foie (m) *liver*
fois (f) *time*; une — *once*;
   deux — *twice*
fonctionnaire (m, f) *civil servant*
fond (m) *bottom, back, end*
formidable *fantastic*
formulaire (m) *form*
fou, folle *mad*
foule (f) *crowd*
four (m) *oven*
fourchette (f) *fork*
fracture (f) *fracture (bone)*
frais, fraîche *fresh*
franc (m) *franc*
français, e *French*
frapper *to knock*
frein (m) *brake*
freiner *to brake*
fréquemment *frequently*
frère (m) *brother*
froid *cold*
fromage (m) *cheese*
frontière (f) *border*
fruit (m) *fruit*
furieux, -euse *furious*
futur (m) *future*

gagnant, e (m, f) *winner*
gagner *to win, to earn*
garage (m) *garage*
garçon (m) *boy, waiter*
garder *to keep, to look after*
gare (f) *station*
garer *to park*
gâteau (m) *cake*
gauche *left*
à gauche *on the left*
geler *to freeze*

gendarme (m) *policeman*
gendarmerie (f) *police head-quarters*
gens (m pl.) *people*
gentil, -lle *kind*
géographie (f) *geography*
gérant, e (m, f) *manager, man-ageress*
gérer *to manage*
geste (m) *movement*
gîte (m) *resting-place, shelter*
glace (f) *ice, ice-cream, mirror*
glacé *frozen*
goût (m) *taste*
goûter (m) *afternoon tea*
goûter *to taste*
goutte (f) *drop*
gouverner *to govern*
grâce à *thanks to*
grammaire (f) *grammar*
grand *tall, large*
grand-chose: pas — *not much*
grand-mère (f) *grandmother*
grand-père (m) *grandfather*
grands-parents (m pl.) *grand-parents*
grand-rue (f) *high street*
grappe (f) *bunch*
gras, -sse *fat, fatty*
gratte-ciel (m) *skyscraper*
gratter *to scratch*
gratuit *free*
grave *serious, severe*
grenouille (f) *frog*
grève (f) *strike*
gréviste (m, f) *striker*
grillade (f) *grilled meat*
griller *to grill*
gris *grey*
gros, -sse *big, bulky*
grossir *to put on weight*
guerre (f) *war*
guichet (m) *ticket-office, book-ing-office*
guider *to guide*

habillement (m) *clothing*
s'habiller *to dress*
habitant, e (m, f) *inhabitant*
habiter *to inhabit*
habitude (f) *habit, custom*
d'habitude *usually*
s'habituer *to get used to*
hasard (m) *chance*; par — *by chance*
hausse (f) *rise, rising*
haut *high*; en — *at the top*
hein? *what?*
herbe (f) *grass*
heure (f) *hour*
heureux, se *happy*
heurter *to hit*
hier *yesterday*
histoire (f) *history, story*
hiver (m) *winter*
hollandais, e *Dutch*
homme (m) *man*
hôpital (m) *hospital*
horloge (f) *clock*
horreur: avoir — *to have a horror (of s.th.)*
hôtel (m) *hotel*
huile (f) *oil*
huit *eight*
huître (f) *oyster*
humeur (f) *temper*
humour (m) *humour*

ici *here*
idée (f) *idea*
identité (f) *identity*
idiomatique *idiomatic*
il *he*
ils *they*
île (f) *island*
image (f) *image*
imaginer *to imagine*
imbuvable *undrinkable*
immatriculer *to register*
immense *vast*
immeuble (m) *block of flats, building*
immobilier, -ière *real estate*; agence —ière *estate agency*

imparfait *imperfect*
imperméable (m) *raincoat*
n'importe *never mind*
n'importe qui *anyone*
impôt (m) *tax*
imprévu *unforeseen*
imprimé (m) *printed paper*
inclus *included*
inconnu *unknown*
individu (m) *individual*
informatique (f) *data-proc-
   cessing, information technology*
ingénieur (m) *(graduate) engineer*
initiative: syndicat (m) d' —
   tourist bureau
inquiet, -ète *anxious*
insister *to insist*
s'installer *to settle down*
instant (m) *moment, instant*
instituteur, -trice (m, f) *primary-
   school teacher*
insupportable *unbearable*
interdiction (f) *prohibition*
interdire *to forbid*
interdit *forbidden*
intéressant *interesting*
s'intéresser *to take an interest (in
   s.th.)*
intérêt (m) *interest*
interprète (m, f) *interpreter*
interurbain *inter-city (call)*
inviter *to invite*
irlandais *Irish*
italien, -ienne *Italian*
itinéraire (m) *itinary*
ivre *drunk*

jamais *never*
jambon (m) *ham*
janvier *January*
japonais *Japanese*
jardin (m) *garden*
jaune *yellow*
je *I*
jeter *to throw*
jeu (m) *game*

jeton (m) *token*
jeudi (m) *Thursday*
jeune *young*
jeunesse (f) *youth*
joindre *to join*
joli *pretty*
jouer *to play*
jour (m) *day*
journal (m) *newspaper*
journée (f) *day(time)*; dans la — *in
   the course of the day*
joyeux, -euse *happy*
juge (m) *judge*
juillet *July*
juin *June*
jumeau (m), jumelle (f) *twin*
jupe (f) *skirt*
jusqu'à *until*
juste *just, fair*

kilogramme (m) *kilogram(me)*
kilomètre (m) *kilometre*
kiosque à journaux (m) *newspaper
   kiosk*
klaxonner *to hoot*

la *the*
là *there*
là-bas *over there*
laid *ugly*
laisser *to leave, let*
laisser tomber *to drop (s.th.)*
lait (m) *milk*
lampe (f) *lamp*
lancer *to throw*
langue (f) *language, tongue*
lapin (m) *rabbit*
large *wide*
lavabo (m) *wash basin*
laver *to wash*; se — *to wash
   oneself*
le *the*
leçon (f) *lesson*
lecture (f) *reading*
légende (f) *key*
légume (m) *vegetable*

lendemain (m) *next day*
lent *slow*
lentement *slowly*
lequel, laquelle, lesquels,
  lesquelles *who, whom, which*
les *the*
lettre (f) *letter*
leur *their*
levier (m): — de vitesse *gear lever*
libre *free*; — -service (m) *self-service*
licencié, e (m, f) *graduate*
licencier *to lay off (workers)*
lieu (m) *place*
lilas (m) *lilac*
limonade (f) *lemonade*
lire *to read*
lit (m) *bed*
litre (m) *litre*
livre (m) *book*
livre (f) *pound*
logement (m) *housing*
loi (f) *law*
loin *far*
loisir (m) *leisure*
Londres *London*
long, longue *long*
longtemps *a long time*
lorsque *when*
loterie (f) *lottery*
louer *to rent*
lourd *heavy*
loyer (m) *rent*
lui *him, her*
lumière (f) *light*
lundi (m) *Monday*
lycée (m) *high school*
lycéen, (m), lycéenne (f) *pupil at a
  lycée*

ma *my*
madame (f), mesdames
  (pl) *Mrs*
mademoiselle (f) *Miss*
magasin (m) *shop*
magazine (m) *magazine*
mai *May*

main (f) *hand*
maintenant *now*
maire (m), mairesse (f) *mayor,
  mayoress*
mairie (f) *town hall*
mais *but*
maison (f) *house*
maîtrise (f) *master's degree*
mal *badly, bad*
malade *ill*
maladie (f) *illness*
malgré *in spite of*
malheureusement *unfortunately*
maman *Mum*
mandat (m) *postal order*
manger *to eat*
manière (f) *manner*
manifester *to demonstrate*
manquer *to miss*
manteau (m) *coat*
se maquiller *to make up (one's
  face)*
marchand, e (m, f) *shopkeeper*
marché (m) *market*
marcher *to walk*
mardi (m) *Tuesday*
mari (m) *husband*
se marier *to get married*
marocain *Moroccan*
marque (f) *make, brand*
marraine (f) *godmother*
mars *March*
masculin *masculine*
massif *massive, bulky*
matin (m) *morning*
matinée (f) *morning, in the
  course of the morning*
mauvais *bad*
me *me, myself*
mécanicien, -ienne (m, f) *car
  mechanic*
meilleur *better*
mélanger *to mix*
même *even*
mensuel, -uelle *monthly*
menu (m) *menu*

mer (f) *sea*; au bord de la — *by the sea*

merci *thank you*

mercredi (m) *Wednesday*

mère (f) *mother*

mesurer *to measure*

métier (m) *profession*

mètre (m) *metre*

Métro (m) *the underground (tube)*

metteur en scène (m) *director (film, theatre)*

mettre *to put*

meuble (m) *furniture*

meublé (m) *furnished room(s)*

meubler *to furnish*

meunier, -ière *miller*

mi-août *mid-August*

midi *midday*

Midi (m) *South of France*

mieux *better*

milieu (m) *middle*

mille *thousand*

minéralogique: numéro — *car registration number*

minuit *midnight*

mistral (m) *wind in S.E. France*

mode (f) *fashion*

moi *me*

moins *less*

mois (m) *month*

moitié (f) *half*

mon, ma, mes *my*

monde (m) *world*

moniteur, monitrice (m, f) *assistant in holiday camp*

monnaie (f) *change*

montagne (f) *mountain*

monter *to go up*

montrer *to show*

mort *dead*

motard (m) *policeman on motorbike, road police*

motocyclette (f) *motorcycle*

mouchoir (m) *handkerchief*

moule (f) *mussel*

mourir *to die*

moyen, -enne *average*

moyen de transport (m) *means of transport*

municipal *municipal*

municipalité (f) *local council*

mur (m) *wall*

musée (m) *museum*

Muscadet *white wine*

nager *to swim*

naissance (f) *birth*

naître *to be born*

nappe (f) *tablecloth*

natation (f) *swimming*

naturellement *naturally*

néanmoins *nevertheless*

neige (f) *snow*

neiger *to snow*

n'est-ce pas? *isn't it?*

neuf *nine*

neuf, neuve *new*

neuvième *ninth*

neveu (m) *nephew*

nez (m) *nose*

ni . . . ni *neither . . . nor*

niveau (m) *level*

Noël *Christmas*

nom (m) *name, surname*

nombre (m) *number*

non *no*

nord *north*

noter *to note*

notre *our*

nôtre *ours*

nourrir *to feed*

nous *we, us*

nouveau, nouvelle *new*

novembre *November*

nuage (m) *cloud*

nuageux *cloudy*

nucléaire *nuclear*

nuit (f) *night*

numéro (m) *number*

objet (m) *object*

obligatoire *compulsory*
obliger *to oblige, to compel*
occupé *engaged*
s'occuper de *to attend to (s.th.)*
océan (m) *ocean*
œuf (m) *egg*
œuvre (f) *work*; — d'art *work of art*
offrir *to offer*
oignon (m) *onion*
oiseau (m) *bird*
ombre (f) *shade*
oncle (m) *uncle*
onze *eleven*
ordinateur (m) *computer*
oreille (f) *ear*
os (m) *bone*
ou *or*
où *where*
oublier *to forget*
ouest *west*
oui *yes*
outil (m) *tool*
ouvert *open*
ouverture (f) *opening*
ouvreuse (f) *usherette*
ouvrier, -ière (m, f) *worker*
ouvrir *to open*

paie (f) *wages*
paiement (m) *payment*
pain (m) *bread*
panne (f) *breakdown*; —
   d'essence *running out of petrol*
panneau (m) *road sign*
papa *Dad*
papier (m) *paper*
Pâques (f pl.) *Easter*
paquet (m) *parcel*
par *by, through*
paraître *to seem, to appear*
parapluie (m) *umbrella*
parc (m) *park*
parce que *because*
pardessus (m) *overcoat*
pardon! *sorry!*
pardonner *to forgive*

pare-brise (m) *windscreen*
pare-choc (m) *bumper*
pareil, -eille *alike, same*
parent, e (m, f) *parent*
paresseux, -euse *lazy*
parfait *perfect*
parfois *sometimes*
parier *to bet*
parlant *talking*; horloge — e
   talking clock
parler *to talk, to speak*
parmi *among*
parole (f) *speech*
parrain (m) *godfather*
part (f) *share*
partager *to share*
partance (f) *departure*;
   en — pour *bound for*
parti (m) *party (political)*
participer *to participate*
particulier, -ière *particular,
   special*
partie (f) *part, party*
partir *to depart, to leave*
partout *everywhere*
pas *not*
passager, -ère (m, f) *passenger*
passant, e (m, f) *passer-by*
passé (m) *past*
passeport (m) *passport*
passer *to pass, to show (film)*
se passer *to happen*
passe-temps (m) *pastime*
se passionner pour *to be enthusiastic
   about (s.th.)*
pâtisserie (f) *pastry,
   confectioner's*
patron, -onne (m, f) *manager,
   boss*
pauvre *poor*
payer *to pay*
pays (m) *country*
paysage (m) *landscape*
pêche (f) *fishing*
à peine *scarcely*
peinture (f) *painting*

peler *to peel*
pendant *during*
péniche (f) *barge*
pensée (f) *thought*
penser *to think, to believe*
Pentecôte *Whitsun*
perdre *to lose*
perdu *lost*
père (m) *father*
permettre *to allow*
permis *allowed*
personnage (m) *character*
personne (f) *person*
ne . . . personne *no-one*
personnel, -elle *personal*
peser *to weigh*
petit *small*
petite-fille (f) *granddaughter*
petit-fils (m) *grandson*
petits-enfants (m, f, pl.) *grand-
    children*
pétrole (m) *petroleum*
peu *little*
peuple (m) *nation*
peur (f) *fear*; avoir — *to be afraid*
peut-être *perhaps*
pharmacie (f) *chemist's shop*
photo (f) *photo*
photographe (m, f) *photo-
    grapher*
pièce (f) *coin, play (at the
    theatre)*
pied (m) *foot*
piéton (m) *pedestrian*
pilote (m) *pilote*; — d'essai *test pilot*
pire *worse*
piscine (f) *swimming-pool*
place (f) *place, square*
plage (f) *beach*
plaire *to please*; s'il vous plaît *please*
plaisir (m) *pleasure*
plat (m) *dish*
plein *full*
pleuvoir *to rain*
pluie (f) *rain*
plupart: la — *most*

pluriel (m) *plural*
plus *more*
plusieurs *several*
plutôt *rather*
pluvieux, -ieuse *rainy*
pneu (m) *tyre*
poche (f) *pocket*
poids (m) *weight*
poignée de main (f) *handshake*
point (m) *point, full stop*; mettre
    au — *to adjust, perfect*; à — *just
    right*
pois (m) *pea*
polichinelle (m) *puppet*
petits pois (m pl.) *green peas*
poisson (m) *fish*
poivre (m) *pepper*
poivrer *to pepper (food)*
poli *polite*
police (f) *police*
pomme (f) *apple*
pompiste (m, f) *petrol-pump
    attendant*
pont (m) *bridge*
porc (m) *pork*
port (m) *harbour*
porte (f) *door*
portefeuille (m) *wallet*
porte-monnaie (m) *purse*
porter *to carry, to wear*
portière (f) *door (car, coach,
    train)*
poser *to put*
poste (f) *post office*
Postes et Télécommunications *GPO
    (equivalent of)*
poster *to post, to mail*
poteau indicateur (m) *signpost*
poterie (f) *pottery*
poulet (m) *chicken*
pour *for*
pourboire (m) *tip*
pourquoi *why*
pourtant *however*
pourvu que *provided that, so long as*
pousser *to push*

pouvoir *to be able to (I can)*
pratique (f) *practice*
pratique *practical, convenient*
précédent *previous*
préfecture (f) *administrative headquarters of* département; —de police *police headquarters (Paris)*
préférer *to prefer*
premier,-ière *first*
prendre *to take*
prénom (m) *first name*
préparer *to prepare*
près *near*
présent (m) *present*
présenter *to introduce (s.o.)*
presque *nearly*
pressé *in a hurry*
prêt *ready*
prêter *to lend*
prier *to pray;* je vous en prie! *please do!*
primaire *primary*
principe: en — *in principle*
printemps (m) *spring*
priorité (f) *priority*
pris *caught*
privé *private*
prix (m) *price*
problème (m) *problem*
prochain, *nearest, next*
produit (m) *product*
professeur (m) *school-teacher, professor*
profond *deep*
promenade (f) *walk, outing*
se promener *to go for a walk*
promettre *to promise*
prononcer *to pronounce*
propos: à — *by the way*
propre *clean*
propriétaire (m, f) *landlord, landlady*
prudent *careful*
public, -ique *public*
puis *then*

puisque *since, as*

quai (m) *quay, platform*
qualifié *qualified*
ouvrier qualifié *skilled worker*
qualité (f) *quality*
quand *when*
quarante *forty*
quarantaine *forty or so*
quart (m) *quarter*
quartier (m) *district, neighbourhood*
quatorze *fourteen*
quatre *four*
quatre-vingt-dix *ninety*
quatre-vingts *eighty*
que *whom, which, that*
quel, quelle *what, which*
quelque *some*
quelque chose *something*
quelquefois *sometimes*
quelque part *somewhere*
quelqu'un *someone*
qu'est-ce que c'est? *what is it?*
la queue: faire la — *to queue up*
qui *who*
qui est-ce qui? *who?*
quinze *fifteen*
quinzaine (f) *fortnight*
quitter *to leave*
quoi? *what?*
quotidien (m) *daily paper*

raison (f) *reason;* avoir — *to be right*
ralentir *to slow down*
ranger *to tidy up*
rappel (m) *reminder*
se rappeler (qu. ch.) *to remember (s.th.)*
se raser *to shave*
RATP (Régie Autonome des Transports Parisiens) *Paris Transport*
ravi *delighted*
rayon (m) *department (in a store)*

récent *recent*
récépissé (m) *receipt*
recette (f) *recipe*
recevoir *to receive*
réclame (f) *publicity*
recommander *to recommend*
recommencer *to start again*
reconnaissant *thankful*
reconnaître *to recognize*
reculer *to move back*
refaire *to do (s.th.) again*
réfléchir *to reflect, to ponder*
refuser *to refuse*
regarder *to look at, to watch*
regretter *to regret*
relire *to reread*
remarque (f) *remark*
rembourser *to repay, to refund*
remercier *to thank*
remplir *to fill in, to fill up*
rencontrer *to meet*
rendre *to give back*
se rendre *to go (to)*
renseignement (m) *information*
rentrée (f) *reopening, start of new school year*
rentrer *to return home*
réparation (f) *repairing*
réparer *to repair*
repas (m) *meal*
répondre *to answer, to reply*
réponse (f) *answer, reply*
repos (m) *rest*
se reposer *to have a rest, to rest*
réseau (m) *network*
respectueux, -euse *respectful*
responsable *responsible*
ressembler *to look like*
reste (m) *rest, remainder*
rester *to stay*
résumé (m) *summary*
retard (m) *delay*; en — *late*
réunion (f) *meeting*
réussir *to succeed*
se réveiller *to wake up*
réveillon (m) *midnight supper*

revoir *to see again*
au revoir *goodbye*
rez-de-chaussée (m) *ground floor*
rien *nothing*
rire *to laugh*
robe (f) *dress*
roue (f) *wheel*
rouge *red*
rouler *to drive (along)*
route (f) *road*
routier, -ière: transport — *road transport*; restaurant des — s *transport café*
rue *street*
rustique *rustic*

sa *his, her*
sac (m) *bag*
sage *well-behaved*
sain *healthy*
sale *dirty*
saler *to salt*
salle à manger (f) *dining-room*
salle de séjour (f) *lounge*
salut! *hello!*
samedi (m) *Saturday*
sans *without*
santé (f) *health*
sapeur-pompier (m) *fireman*
saucisson (m) *dry sausage*
sauf *except*
saumon (m) *salmon*
sauter *to jump*
savoir *to know (s.th.)*
savon (m) *soap*
se *oneself*
second *second*
secondaire *secondary*
secours (m) *help*
secrétaire (m, f) *secretary*
Sécurité sociale (f) *National Health Service*
sel (m) *salt*
selon *according to*
semaine (f) *week*
sembler *to seem*

sens (m) *meaning, direction*
sentier (m) *path*
se sentir fatigué *to feel tired*
sept *seven*
septembre *September*
service (m) *service*
servir *to serve, to be used (for)*
se servir *to help oneself*
ses *his, her*
seul *alone*
seyant *becoming*
si *if, yes*
sien, sienne *his, hers, its*
signature (f) *signature*
signer *to sign*
signifier *to mean*
simple *simple*
sinon *otherwise*
six *six*
sociéte (f) *company*
sœur (f) *sister*
soif (f) *thirst;* avoir — *to be thirsty*
soi-même *oneself*
soin (m) *care*
soir (m) *evening*
soirée (f) *evening (course of the)*
soit lui, soit moi *either him or me*
soixante *sixty*
soixante-dix *seventy*
soldes (f pl.) *sales*
soleil (m) *sun*
solution (f) *solution*
somme (f) *sum*
sommeil (m) *sleep*
son *his, her*
sonner *to ring*
sortie (f) *exit*
sortir *to go out*
soucoupe (f) *saucer*
souhaiter *to wish*
sous *under*
sous-sol (m) *basement*
soutien-gorge (m) *brassière*
se souvenir *to remember*
souvent *often*
spécialisé *specialised*

spectacle (m) *entertainment*
sport (m) *sport*
station (f) *station (Métro)*
station-service (f) *service station*
sténodactylo (m, f) *shorthand-typist*
sucre (m) *sugar*
sud *south*
suédois, e *Swedish*
suffire *to suffice, to be sufficient*
suffisant *enough*
suffrage (m) *vote*
Suisse (f) *Switzerland*
suite (f) *continuation*
suivant *next, following*
suivre *to follow*
super (m) *high-grade petrol*
supermarché (m) *supermarket*
sur *on*
sûr *sure*
surtout *especially, above all*
sympathique *likeable*
syndicat (m) *trade union*

ta *your*
tabac (m) *tobacco;* bureau de — *tobacconist's*
table (f) *table*
taille (f) *size*
se taire *to keep quiet*
Tamise (f) *Thames*
tandis que *whilst*
tant *so much*
tante (f) *aunt*
tapis (m) *carpet*
tard *late*
tarif (m) *tariff, price-list*
tasse (f) *cup*
taux (m) *rate*
taxi (m) *taxi*
te *you*
technique (f) *technology*
technicien, -ienne (m, f) *technician*
tel, telle *such*
téléphone (m) *telephone*

téléphoner *to telephone*
télégramme (m) *telegram*
télévision (f) *television*
témoigner *to testify*
témoin (m) *witness*
température (f) *temperature*
temps (m) *weather*
tenir *to hold*
tente (f) *tent*
terminer *to finish*
terrain de camping (m) *camp-site*
terrasse (f) *terrace*
terre (f) *earth, ground*
tes *your*
tête (f) *head*
thé (m) *tea*
théâtre (m) *theatre*
tien, tienne *your*
tiens! *well!, there you are!*
timbre (m) *stamp*
tire-bouchon (m) *corkscrew*
toi *you*
toilette (f) *lavatory*
toit (m) *roof*
tomate (f) *tomato*
tomber *to fall*
ton *your*
tort *wrong*; avoir — *to be wrong*
tôt *early*
toujours *always*
tour (m) *turn*
tourner *to turn*
tout *all*; — le monde *every one*
traduire *translate*
traduit *translated*
trafic (m) *traffic*
train (m) *train*
trajet (m) *journey*
tranquille *calm*
travail (m) *work*
travailler *to work*
travers: à — *across*
traverser *to cross*
treize *thirteen*
trembler *to tremble, to shake*
trente *thirty*

très *very*
tribunal (m) *tribunal*
trimestre (m) *term*
triste *sad*
trois *three*
se tromper *to make a mistake*
trop *too much*
trou (m) *hole*
trouver *to find*
tu *you*
tuer *to kill*
tutoyer *to address someone as* tu

un, une *one, a*
unité (f) *unit*
urbain *urban*
urgence (f) *urgency*
usage (m) *use*
usine (f) *factory*
utile *useful*
utiliser *to use*

vacances (f pl.) *holidays*
vache (f) *cow*
vague (f) *wave*
vaisselle (f) *crockery*; faire la — *to wash up*
valise (f) *suitcase*
valoir *to be worth (money)*
varier *to vary*
vedette (f) *film star*
véhicule (m) *vehicle*
veille (f) *the day before*
vélo (m) *bicycle*
vendre *to sell*
vendredi (m) *Friday*
venir *to come*
vent (m) *wind*
vérifier *to check*
véritable *true, real*
vérité (f) *truth*
verre (m) *glass*
vers *in the direction of, towards*
verser *to pour*
vert *green*
veste (f) *jacket*

vêtement (m) *clothing*
veuf, veuve *widow, widower*
viande (f) *meat*
vide *empty*
vie (f) *life*
vieillir *to grow old*
vieux, vieille *old*
vigne (f) *vine, vineyard*
vignette (f) *car tax label, sticker*
village (m) *village*
ville (f) *town*
vin (m) *wine*
vinaigre (m) *vinegar*
vingt *twenty*
virage (m) *turning, bend*
visage (m) *face*
visite (f) *visit*
visiter *to visit*
vite *quick*
vitesse (f) *speed*; à toute — *at full speed*
vivant *alive*
vivre *to live*
vocabulaire (m) *vocabulary*
vœu (m) *wish*
voie (f) *way*
voilà *there is, there are*
voile (f) *sail*; faire de la — *to sail*
voir *to see*
voisin, e (m, f) *neighbour*

voiture (f) *car*
voix (f) *voice*
vol (m) *flight*
volant (m) *steering-wheel*
volaille (f) *poultry*
volontiers *gladly*
vote (m) *vote*
voter *to vote*
votre *your*
vôtre *yours*
vouloir *to want*
vous *you*
vous-même *yourself*
voyage (m) *travel*
voyager *to travel*
voyelle (f) *vowel*
vrai *true*
vraiment *really*
vu que *considering that*
vue (f) *view*

wagon (m) *carriage*; — -lit (m) *sleeper*; — -restaurant *restaurant-car*

y *there*
yeux (m pl.) *eyes*

zéro *nought*
zut! *damn!*

Index